IA GENERATIVA NA APRENDIZAGEM

Dados Internacionais de Catalogação na Publicação (CIP)
(Câmara Brasileira do Livro, SP, Brasil)

Fava, Rui
  IA generativa na aprendizagem : a quinta revolução cognitiva e seu impacto na educação / Rui Fava. – Petrópolis, RJ : Vozes, 2025.

  ISBN 978-85-326-7201-8

  1. Aprendizagem 2. Educação 3. Inteligência artificial – Aplicações educacionais 4. Pedagogia I. Título.

25-252761   CDD-371.334

Índices para catálogo sistemático:
1. Inteligência artificial : Educação 371.334

Eliane de Freitas Leite – Bibliotecária – CRB-8/8415

Rui Fava

IA GENERATIVA NA APRENDIZAGEM

A quinta revolução cognitiva
e seu impacto na educação

EDITORA VOZES

Petrópolis

© 2025, Editora Vozes Ltda.
Rua Frei Luís, 100
25689-900 Petrópolis, RJ
www.vozes.com.br
Brasil

Todos os direitos reservados. Nenhuma parte desta obra poderá ser reproduzida ou transmitida por qualquer forma e/ou quaisquer meios (eletrônico ou mecânico, incluindo fotocópia e gravação) ou arquivada em qualquer sistema ou banco de dados sem permissão escrita da editora.

CONSELHO EDITORIAL

Diretor
Volney J. Berkenbrock

Editores
Aline dos Santos Carneiro
Edrian Josué Pasini
Marilac Loraine Oleniki
Welder Lancieri Marchini

Conselheiros
Elói Dionísio Piva
Francisco Morás
Teobaldo Heidemann
Thiago Alexandre Hayakawa

Secretário executivo
Leonardo A.R.T. dos Santos

PRODUÇÃO EDITORIAL

Anna Catharina Miranda
Eric Parrot
Jailson Scota
Marcelo Telles
Mirela de Oliveira
Natália França
Priscilla A.F. Alves
Rafael de Oliveira
Samuel Rezende
Verônica M. Guedes

Editoração: Oscar Moreira dos Santos
Diagramação: Editora Vozes
Revisão gráfica: Bianca V. Guedes
Capa: Isabella Carvalho

ISBN 978-85-326-7201-8

Todas as imagens contidas nesta obra têm como fonte o banco de imagens "Pixabay".

Este livro foi composto e impresso pela Editora Vozes Ltda.

Canção Grata
Por tudo o que deste: Inquietação, cuidado,
(Um pouco de ternura? É certo, mas tão pouco!)
Noites de insônia, pelas ruas, como um louco...
Obrigado! Obrigado!
Por aquela doce e tão breve ilusão.
(Embora nunca mais, depois que a vi desfeita, eu volte a ser quem fui)
Sem ironia: aceita,
A minha gratidão!
Que bem me faz, agora, o mal que me fizeste!
Mais forte, mais sereno, e livre, e descuidado...
Sem ironia, amor: Obrigado, obrigado!
Por tudo o que me deste!

Carlos Queiroz
Poeta português (1907-1949)

Sumário

Agradecimentos, 9
Prefácio, 11
Introdução, 19

1 **A tecnologia na aprendizagem deve ser integrada, e não utilizada, 37**
Deuses da tecnologia, 40
Gerações digitais, 43
Evoluções e revoluções cognitivas, 45
Lições da lei da bandeira vermelha de 1865, 50
Evolução da IA generativa de conversacional para cocriadora e colaboradora, 54

2 **IA generativa como extensão da mente e cognição estendida, 57**
Realidade híbrida, 61
Confluência do gêmeo digital e IA generativa na aprendizagem, 63
Sistemas multiagentes: nova era da IA generativa, 66

3 **Florescimento da inteligência artificial, 73**
Debute da IA generativa, 77
O poder do diálogo e da maiêutica socrática digital, 90
IA generativa e a personalização da aprendizagem, 95
Letramento digital, 98

4 Aprendizagem humana e aprendizagem de máquina, 111
Aprendizagem de máquina, 115
Aprendizagem supervisionada, 116
Aprendizagem não supervisionada, 117
Aprendizagem por reforço, 118

5 O professor na era da inteligência artificial generativa, 121
Cultura da tela contra cultura do papel, 134
Divisão de responsabilidades entre professor humano,
chatbots e IA generativa, 141

**6 O advento da pedagogia digital e a parceria com a
IA generativa, 153**
Aprendizagem Generativa, 166
Os *chatbots* vieram para auxiliar, e não para substituir, 169

7 Aprendizagem baseada em cenários e IA generativa, 177
Design de aprendizagem baseado em cenários, 198
Objetivo de aprendizagem, 200

8 Construção de conteúdos e a IA generativa, 213

9 Enfoque na avaliação e IA generativa, 227

10 IA generativa e o aprendizado adaptativo, 239

11 Empregabilidade, trabalhabilidade e IA generativa, 259

12 Epílogo, 277

Referências, 285

Agradecimentos

Em *Assim falou Zaratustra*, a personagem profeta de Nietzsche nos ensina: "Demore o tempo que for para decidir o que você quer da vida, e depois que decidir não recue ante nenhum pretexto, porque o mundo tentará te dissuadir…" (Nietzsche, 2021, p. 40). Decidir e ousar escrever mais um livro não é trivial, pois envolve resiliência, doação, estudo, muita leitura, transpiração e inspiração. A escrita impõe em quem escreve o desafio de ponderar as palavras, de elaborar conexões que fazem sentido e de ser autêntico e ético com seus princípios, conceitos e ideias. Escrever é a minha forma de estudar e de aprender, mas também é magia, é dividir anseios, vida e sonhos.

Acordar… e pensar… hoje é dia de redigir mais um bocadinho de minhas ideias, de meus conceitos, de meus princípios e de meus propósitos. Melhor ainda, quando isso é compartilhado e apoiado por pessoas especiais, como minha querida e linda esposa Rejani, bem como por meus amados filhos: Vinicius, Rui Leonardo e Matheus. Gratidão a eles, e a todos que, de alguma forma, me ensinaram, me incentivaram e me inspiraram. Agradeço a Deus, que tem me iluminado e protegido e a São Francisco, o ser humano que me fez aprender e acolher que é imperativo focar-me em tudo que me propuser a fazer.

Obrigado! Obrigado!

Rui Fava

Prefácio

Férias em Portugal, país que amo e ao qual regresso sempre que me é facultada a oportunidade para que eu possa imergir na cultura e na tradição dessa terra em que se encontram as minhas raízes maternas. Neste dia, 10 de janeiro de 2025, a chuva e o frio instalam-se no Porto. Neste clima aconchegante e inspirada pelo vinho tinto do Douro, assumi o desafio de redigir o prefácio do livro *IA generativa na aprendizagem – a quinta revolução cognitiva e seu impacto na educação*, de autoria de um dos mais distintos escritores da atualidade: Rui Fava.

Dono de uma vasta obra literária, ele é daqueles autores que, independentemente da data de publicação, é sempre atual e coerente com as especificidades deste século XXI. Esta não é uma tarefa simples, pois, como bem sabemos, vivemos numa era na qual a realidade é constantemente ampliada e transformada, assumindo características diversificadas e complexas que demandam competências e conhecimentos atualizados e aprofundados de perguntas que nem sequer estão consolidadas na academia e na sociedade.

Este cenário torna ainda mais desafiadora a jornada dos intelectuais que se propõem a formular teses para interpretar fatos e prescrever trilhas para um mundo considerado por muitos como "Bani", ou seja, frágil, ansioso, não linear e incompreensível (do inglês *brittle, anxious, non-linear* e *incomprehensible*), definição coerente com a conjuntura da sociedade atual.

Pois é neste contexto que Rui Fava publica mais uma obra inovadora que ressalta a educação como uma área estratégica e capaz de transformar vidas por meio de conhecimentos e de saberes fundamentados na ética, na cidadania e na democracia, a fim de instrumentalizar o indivíduo para um mundo em constante transformação.

O livro trata da relação entre educação e inteligência artificial de forma inédita e densa, articulando ciência, filosofia e tecnologia sem perder a ternura e a leveza. A narrativa induz à dúvida: trata-se de um livro técnico ou de um romance? A resposta é um amálgama de estilos literários com profundidade e beleza que poucos escritores conseguem imprimir nos seus textos. Assim, a leitura torna-se instigante e atrativa, pois leva o leitor a ressignificar e a refletir acerca do processo de aprendizagem corporativa e educacional, além de se tornar um entusiasta do uso da IA na educação.

Dito de outra forma, Fava tem o dom de redigir a respeito de algo complexo de forma clara e objetiva, sem perder a erudição intelectual. Passeia pela história e ressalta os marcos essenciais nas diversas épocas, com descrições precisas das revoluções científicas, tecnológicas e cognitivas, em articulação com os pensamentos filosóficos. Esta forma de apresentar o tema é uma das suas qualidades, sendo, inclusive, sua marca distintiva.

A leitura remete à história com ênfase nas cinco revoluções cognitivas, as quais descrevem suas características e o processo de ensino, desenvolvimento e de aprendizagem em cada momento: (i) Bipedal; (ii) Artes rupestres, escrita e impressão; (iii) Computador e internet; (iv) Inteligência artificial; e (v) IA generativa.

Para um leitor mais apressado e desavisado, pensar que a quinta revolução cognitiva tem a IA generativa como ponto de largada pode soar meio perturbador. Contudo, Fava logo cuida de tranquilizá-lo ao lembrar que acabamos de entrar nesta fase na qual assombrosas tecnologias cognitivas são apenas bebês neonatos que ainda irão se desenvolver, aperfeiçoar, baratear e se tornar mais acessíveis e amigáveis.

Em outro momento, Fava chama a nossa atenção para o fato de que, embora seja uma incumbência aparentemente simples, tentar definir inteligência artificial é, na realidade, um processo complicado, em virtude do fato de não existir um conceito estanque de IA. "Trata-se de uma constelação de tecnologias associadas. Seu componente central, o algoritmo, não tem uma definição matemática exata e suas múltiplas escolas e técnicas se misturam em paradoxos latentes", explica.

Apesar dessa dificuldade, Fava não se furta do desafio de explicar para o leitor o significado de uma expressão que tem estado cada vez mais presente nas nossas vidas: IA generativa. Com clareza, ele nos conta que se trata de um fragmento da inteligência artificial que utiliza algoritmos de *machine learning* treinados para gerar padrões de construção de elementos e de modelos de linguagem a fim de gerar novas informações, bem como conceber e produzir conteúdo a partir de uma quantidade incontável de dados existentes. "O aspecto generativo distingue-a de outros modelos de inteligência artificial, uma vez que lhes permite não somente fornecer respostas, mas também gerar conteúdos dessas respostas". Esse tipo de IA está provocando o que Fava define como realidade híbrida, ou seja, tecnologias que agregam atributos de realidade virtual e de realidade aumentada.

Outro ponto positivo e relevante da obra é que, na maioria das afirmações, o autor traz exemplos e aplicações práticas vinculadas à educação. Afinal, este é um livro acerca de IA que tem a educação como eixo transverso, isto é, na condição de campo de produção de conhecimento que possibilita a transformação e a evolução humana, o qual é redigido de forma interdisciplinar e fidedigna às revoluções históricas, científicas e filosóficas, com realce para as revoluções cognitivas.

São muitos os exemplos, mas quero salientar um que ressalta a dimensão dos impactos das novas tecnologias na educação. Ao discorrer acerca da aplicação da inteligência artificial no processo de ensino, desenvolvimento e de aprendizagem, Fava afirma que é chegado o momento de uma nova remodelação da Taxonomia de Bloom que considere a forma como os estudantes interagem com esse novo contexto tecnológico. Nesse ponto, ele apresenta, por meio de uma tabela, como a IA generativa interfere nas seis dimensões de Bloom, de modo que traça um comparativo entre as versões da Taxonomia de 1956 (Auxiliar o planejamento curricular), de 2001 (Ênfase no resultado de aprendizagem) e como deve ser a versão 5.0 (Introdução da IA generativa no processo instrucional).

Fato é que todos os capítulos do livro trazem conhecimentos inovadores e disruptivos, mas o capítulo VII, intitulado "Aprendizagem baseada em cenários de IA generativa", é uma pérola no oceano de pedras preciosas.

Nele, Fava afirma que "A aprendizagem baseada em cenários não trata de simulações; também não é PBL (Aprendizagem baseada em problemas); tampouco jogos educativos, didáticos e pedagógicos; nem observação passiva de um episódio seguido de avaliação. Efetivamente, na prática, é um misto, uma combinação, um amálgama de tudo isso, porém, em forma de cenário, de diegese, de encenação. A perícia é construída ao envolver o discente como participante ativo do ambiente de aprendizagem, não importa como ele seja apresentado. Trata-se de um modelo concebido sob medida para o novo EAD, mas que poderá ser também utilizado com efetividade no ensino presencial".

Nada mais atual e oportuno do que essa declaração em um momento de ressignificação da educação brasileira, em especial da educação superior, que vive uma transição paradigmática ainda sem clareza do rumo que irá seguir: aprendizagem tradicional (ensino instrucional) ou aprendizagem baseada em cenários (ensino experiencial).

Outro capítulo diferenciado é o que trata da construção de conteúdos educacionais a partir da IA generativa. Ali, o autor é enfático quanto à necessidade de utilização de uma linguagem afável, coerente, acessível, concisa e bem estruturada. Assim, a IA generativa poderá ser utilizada para gerar encontros de aprendizagem abrangentes e com estratégias eficazes, bem como sugerir tarefas, atividades e projetos divertidos, atrativos, porém desafiadores: "Conceber comandos perspicazes para discussões em grupos; simplificar conceitos complexos para facilitar a compreensão; utilizar exemplos do mundo real para tratar de princípios e de teorias; criar histórias, parábolas, metáforas; promover diálogos eficazes para cenários específicos; resumir artigos e livros".

Diante de tantas possibilidades, Fava se mostra um grande entusiasta da utilização da inteligência artificial no contexto educacional, especialmente por uma característica inquestionável trazida pela tecnologia: a capacidade de ampliar substancialmente a personalização da aprendizagem. "Ao analisar o desempenho individual dos estudantes, identifica dificuldades, obstáculos e lacunas na assimilação, facultando à IA generativa conceber, produzir, adaptar e gerar conteúdos sob medida, de acordo com as necessidades individuais de cada discente. "Não crie cavalos, seja mais transformador", salientava Henry Ford ao tentar convencer um cliente a comprar um de seus carros. Assim também, como educadores, não devemos nos ver no jogo da criação de conteúdos, mas, sim, na conectividade, no nexialismo, enfim, no desafio da aprendizagem movida por IA generativa, com todo o seu poder inovador, disruptivo e revolucionário".

Ao longo do texto, é possível notar a preocupação do autor com o fato de que a aprendizagem é um processo social, interativo e dialógico, o que torna os *chatbots* (ferramentas mais conhecidas de IA generativa) naturais parceiros dos estudantes, pois fornecem interface de conversação na qual a linguagem natural é utilizada para analisar, entender, avaliar códigos e símbolos nas comunicações sociais, responder perguntas, fornecer *feedback*, enfim, dialogar. Contudo, Fava chama a atenção para o fato de que utilizar a IA generativa para esse diálogo conversacional, de modo que promova a aprendizagem ativa e permita que os estudantes apliquem e transfiram os conhecimentos assimilados no mundo exterior aos ambientes de aprendizagem, não se trata de tarefa simples e frugal. Neste ponto, fica evidente que não basta ter as ferramentas, mas é preciso, antes de tudo, saber extrair o melhor delas na jornada rumo a uma educação mais alinhada com as potencialidades deste contexto inovador.

Prefaciar este livro não foi uma tarefa trivial. Foi um grande desafio, talvez até maior do que as minhas possibilidades intelectuais e técnicas. Mas sou corajosa. Aceitei pela oportunidade de ler esta obra, de refletir acerca dessa realidade e, principalmente, de aprender com um dos melhores intelectuais e escritores da era contemporânea: Rui Fava, ser humano generoso, ético, parceiro e grande defensor da educação de qualidade, inclusiva, diversificada, empreendedora e, sobretudo, criativa e inovadora.

Assumi esse compromisso por entender que prefaciar um livro é uma distinção. Este, em especial, expressou o meu compromisso, na condição de educadora, com as teses apresentadas de forma brilhante pelo autor, que, assim como eu, acredita que a educação transforma pessoas em cidadãos. Este livro é um tratado atual, inédito e revolucionário acerca do grande tema do momento: educação.

Eternamente grata, Rui Fava.

Iara de Xavier
Professora, pesquisadora e aprendiz.
CEO da EDUX21 Consultoria

Introdução

Com o advento da Quinta Revolução
Cognitiva, capitaneada pela IA generativa,
quem espera para correr atrás das
mutações já perdeu. É preciso
voar na frente.

A evolução do mundo não ocorreu pelas denominadas Revoluções Industriais. Obviamente, estas tiveram impactos profundos na sociedade, no comportamento e na economia, pois aprimoraram o sistema produtivo, substituíram, mesmo que não totalmente, o esforço físico, repetitivo e preditivo e, consequentemente, melhoraram a qualidade de vida e a longevidade humana. Não obstante, elas são efeitos ou, dito de outro modo, são consequências diretas das Revoluções Cognitivas (Figura 1.0).

A evolução tecnológica tende a ser visualizada tão somente em termos mecânicos e materiais. Discute-se a tecnologia como dispositivos físicos, tangíveis, maquinais, como extensão de nossos corpos (roupas, armas, ferramentas, máquinas mecânicas, digitais e cognitivas etc.). Daí a divisão da saga humana em Revoluções Industriais. Todavia, os reais avanços diacrônicos da humanidade foram tecnologias de aprendizagem intangíveis que serviam como ampliação de nossa men-

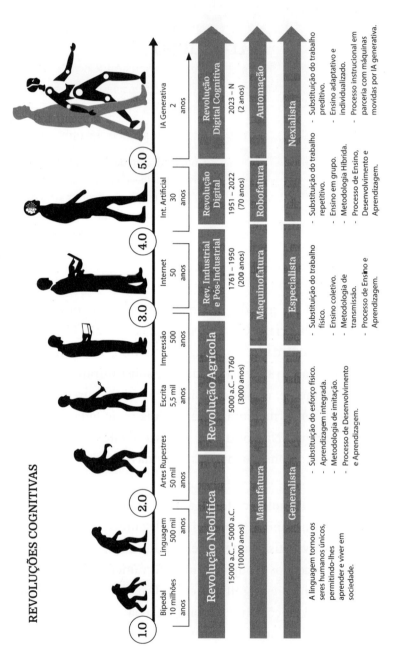

Figura 1.0 – Evolução das Revoluções Cognitivas

te, bem como ferramentas simbólicas e incorpóreas tal qual a linguagem, a escrita, o alfabeto, as imagens, os algoritmos e os *softwares*, em outras palavras, Revoluções Cognitivas que podem ser o resultado dos esforços tangíveis e intangíveis, os quais provocaram a "destruição criativa" e, consequentemente, as denominadas Revoluções Industriais.

O economista e cientista político austríaco Joseph Alois Schumpeter (1883-1950) utilizou o bordão "destruição criativa" para descrever e explicar as transformações que ocorrem quando empreendedores concebem novos modos de produzir que florescem e proporcionam mutações duradouras. Dito de outro modo, a destruição criativa é a dinâmica da ruptura tecnológica que impulsiona não somente as plataformas de inovações como também as disrupções que provocam as Revoluções Cognitivas e Industriais, bem como alteram substancialmente o comportamento e o *modus vivendi* de toda a sociedade. Cada plataforma evolutiva é caracterizada por um conjunto de tecnologias definidoras de sua era.

A primeira plataforma (1785-1845), caracterizada pela energia hidráulica para produção têxtil e minério de ferro na construção, inaugurou a primeira Revolução Industrial. A segunda, (1846-1900), particularizada pela energia a vapor, pelo aço e pela expansão da rede ferroviária; a terceira (1901-1950), pela eletricidade, pelos produtos químicos e pelo motor movido à combustão interna.

À medida que cada plataforma de mutação tecnológica se apresenta, a dinâmica da destruição criativa atua em todas as dimensões da sociedade, alterando comportamentos e modos de viver. A quarta plataforma (1951-1990) foi o ciclo da petroquímica, da eletrônica e da aviação. Foi também o advento da inteligência artificial, tempo em que o propósito era criar máquinas inteligentes.

A progressiva e próspera quinta plataforma (1991-agora) é a fase tecnológica digital cognitiva, fase preliminarmente demarcada pelas redes digitais que foram possibilitadas pela gênese da internet e pela *World Wide Web* (WWW) de Tim Berners-Lee (1989), que democratizou a navegação para toda população. No início, a denominada *Web 1.0* era um espaço estático, composto de páginas HTML (*Hyper Text Markup Language*), uma linguagem de marcação que define a estrutura e o significado do conteúdo de uma página *web*.

Entre 1999 e 2004, a *Web 2.0* marcou uma importante mutação na funcionalidade e na experiência do usuário, pois introduziu o HTTP (*Hypertext Transfer Protocol*), ou Protocolo de Transferência de Hipertexto, o qual é responsável pela movimentação de dados na internet, bem como pela criação das bases necessárias para a conexão entre um usuário e um servidor. Essa tecnologia possibilitou a migração de uma plataforma estática para uma social e amigável na qual os usuários podiam colaborar, interagir, compartilhar informações, publicar *blogs* e enviar avaliações.

Em 2015, a *OpenAI* foi fundada por um grupo de visionários que incluía nomes como Sam Altman, Greg Brockman, Reid Hoffman e Elon Musk, com o intuito de conceber a inteligência artificial geral (AGI), que objetiva conceber máquinas com capacidades cognitivas semelhantes ou superiores às dos seres humanos. A AGI é uma espécie de "Santo Graal" da tecnologia. Um de seus pósteros mais prestigiosos e influentes é a IA generativa.

A inteligência artificial generativa está causando um *tsunami*, uma lídima e genuína destruição criativa em todas as áreas e setores da sociedade. As apostas nas transmutações da educação, com especial ênfase no processo instrucional, são substanciais, uma vez que o seu *output* é o conhecimento e seu propulsor é a inteligência humana, ambas peças-chaves para todas as revoluções cognitivas e para suas progressões.

Primeira revolução cognitiva

As revoluções cognitivas, bem como suas tecnologias de aprendizagem, conceberam todas as outras tecnologias que deram sustento às denominadas Revoluções Industriais. A história da aprendizagem é acelerada. Depois de passar por vários milhões de anos de desenvolvimento cognitivo, desde o bipedalismo – capacidade de andar ereto em duas pernas – até a utilização de ferramentas de pedra, a primeira revolução cognitiva floresceu com o advento da tecnologia da linguagem falada e, com ela, o homem conseguiu viver em sociedade.

Determinar a origem da linguagem é um enigma, pois as informações são escassas e dubitáveis. As primeiras explicações se fundamentam na religião. Deus, ao criar Adão, presenteou-o com uma língua e com a capacidade de nomear as coisas que existiam. Na Bíblia, o livro de Gênesis, que relata as origens do mundo e da humanidade, narra que "o mundo inteiro falava a mesma língua, com as mesmas palavras (Gn 11,1). Contudo, com a ânsia de se tornarem egrégios e poderosos, os homens resolveram construir uma cidade com uma torre tão alta que chegaria a tocar o céu. Para castigá-los, Deus fez com que ninguém se entendesse, de modo que todos passaram a falar línguas diferentes. Houve uma dispersão generalizada; a torre restou inacabada e o poder dos homens ficou enfraquecido e descentralizado. A cidade foi nominada de Babel, que significa "confusão". A Torre de Babel é um mito bíblico que está presente em Gênesis 11,1-9.

O filósofo suíço Jean Jacques Rousseau (1712-1778), um dos mais respeitáveis pensadores europeus do século XVIII, acredita que a primeira linguagem do homem foi o "grito da natureza", o qual era utilizado para suplicar auxílio e apoio na aflição e no tormento, ou como alijamento de dores intensas e impetuosas. "Como esse grito só era arrancado por uma espécie de instinto nas ocasiões prementes, para implorar socorro nos grandes perigos ou alívios nos males violentos, ele não era de grande uso no curso ordinário da vida" (Rousseau, 2013, pos. 846). Rousseau salienta que a linguagem ecumênica teria evoluído

> [...] quando as ideias dos homens começaram a estender-se e a multiplicar-se, e se estabeleceu entre eles uma comunicação mais íntima, procuraram sinais mais numerosos e uma língua mais extensa; multiplicaram as inflexões de voz e juntaram-lhes gestos que, por sua natureza, são mais expressivos e cujo sentido depende menos de uma determinação anterior (Rousseau, 2013, posição 849).

O fato é que a linguagem é uma das características que tornou os seres humanos únicos, permitindo-lhes interagir com o ambiente e com outros indivíduos, bem como expressar sentimentos e construir pensamentos e, em última instância, viver em sociedade.

Em algum instante dessa ancestral plataforma evolutiva, o ser humano depreendeu que poderia transmitir e compartilhar conhecimento. Assim como a origem da linguagem é uma incógnita, também não está claro quando isso ocorreu. O fato é que a história da educação se iniciou de modo intuitivo e natural, uma vez que se focava em atividades de sobrevivência. Aprendia-se ao observar, isto é, por imitação, da mesma forma como fazem os animais. Isso proporcionou a primeira revolução cognitiva.

Segunda revolução cognitiva

Em sua caminhada evolutiva, a humanidade se expressou de múltiplas maneiras, tais quais: linguagem oral, símbolos, ilustrações, esculturas e desenhos. Uma das primeiras formas de trocar mensagens e registrar experiências – que deu início à segunda revolução cognitiva – foram as pinturas rupestres em paredes de cavernas, um modo de registrar, externalizar e fixar as ideias e os pensamentos para que outros pudessem vê-los e entendê-los. A genialidade pictórica das pinturas rupestres, na verdade, eram conteúdos deliberadamente concebidos por pessoas que tinham sede de ensinar. Para tanto, criavam bosquejos, desenhos, ilustrações e esculturas para representar o que queriam que os outros vissem e aprendessem. As mais antigas datam de 50 mil anos atrás.

A evolução ocorreu com a sistematização da escrita, que surgiu por volta de 3500 a.c., quando os sumérios desenvolveram o cálamo cuneiforme na Mesopotâmia. Nesse mesmo período, surgiram os hieróglifos no Egito. Esse é o momento em que se inicia o armazenamento e o gerenciamento de grandes quantidades de conhecimentos externos aos nossos cérebros.

Com o desenvolvimento do alfabeto, o qual teve uma trajetória longa, desde a antiguidade egípcia, passando pelo alfabeto fenício, até o alfabeto latino, que indica, de maneira consistente, tanto letras consoantes quanto vogais, a escrita se sedimentou. No entanto, a comunicação escrita se popularizou no século XV, com a invenção da imprensa feita por Johannes Gutenberg, invenção que alterou a história da leitura e da circulação de ideias em grande escala. Com a possibilidade de acesso à informação para o grande público, bem como com o advento das escolas e com a alfabetização em massa de toda população, alterou-se profundamente o comportamento, o *modus vivendi* de toda a sociedade.

A escrita é uma tecnologia de aprendizagem intelectual. É como se fosse uma memória ilimitada externa à pessoa. Foi criada em argila, madeira, pergaminho e códices, enquanto a impressão trouxe a replicação em massa por meio de livros, revistas e panfletos. Com ela, não foi mais preciso reter todos os conteúdos, dados e informações, uma vez que essa auxiliar cognitiva reposiciona a memória a fim de que a mente humana possa desviar a atenção consciente para outros recursos e faculdades. O advento da escrita está diretamente atrelado a uma série de mutações na forma de pensar, de construir e de distribuir conhecimento. O mundo entrou em uma outra plataforma cognitiva.

Terceira revolução cognitiva

A internet foi a genitora da terceira revolução cognitiva, pois forneceu escalabilidade massiva não somente de impressão, mas de áudio, de vídeo, de mídia interativa e de uma erupção de conteúdo *online*. O computador é que deu alma e substância à internet. Na década de 1940, surgiram os primeiros computadores eletrônicos. O mais conhecido é o Eniac (*Electronic Numerical Integrator Analyzer and Computer*) desenvolvido durante a Segunda Guerra Mundial por John Eckert e John Mauchly, ambos cientistas norte--americanos. Cerca de 30 anos depois, em 29 de outubro de 1969, a internet irrompeu, mas sua grande explosão ocorreu no início dos anos 2000, quando a tecnologia se desenvolveu com rapidez e se popularizou, de modo que transformou definitivamente a maneira como a humanidade se comunica e se comporta.

A internet passa a fazer parte da vida cotidiana ao conectar bilhões de pessoas e permitir a disseminação e o compartilhamento de informações, de comércio e de colaboração em escala sem precedentes. Sua precursora foi a *Arpanet* (*Advanced Research Projects Agency Network*), que nasceu da necessidade de comunicação sólida e robusta do Pentágono americano durante a Guerra Fria. Com uma arquitetura descentralizada, bem como o uso do protocolo TPC/IP, lançaram as bases para a expansão da internet tal como a conhecemos hoje.

Em 1989, o físico britânico Tim Berners-Lee, pesquisador do Cern – *Organização Europeia para a Investigação Nuclear,* na Suíça, desenvolveu, com a participação de seus coadjutores cientistas, a *World Wide Web,* popularizada como "www", a qual é utilizada como um sistema de entrega de documentos de hipertexto (HTTP) que são interconectados e acessados por meio de navegadores da *web* conectados à internet. Hoje, a internet é uma infraestrutura global essencial para a sociedade, pois interliga bilhões de dispositivos e de pessoas, cuja utilização permeia todas as atividades, desde educação, trabalho, entretenimento, indústria e comércio, além de impulsionar tecnologias como *big data,* internet das coisas, inteligência artificial e, recentemente, inteligência artificial generativa.

Similar a todos os momentos da história, os reflexos do que a sociedade vivenciava com a internet aproximaram-se e atingiram as empresas, as escolas e, uma vez mais, transformaram o modo de aprendizagem. As instituições passaram, gradualmente, a adotar essa nova tecnologia, que tornou o acesso ao conhecimento mais rápido e permitiu o avanço e a expansão da modalidade à distância, afinal, o ensino digital é muito mais que cursos *online;* na verdade, é a aprendizagem mediada por tecnologia.

Quarta revolução cognitiva

A inteligência artificial é a espinha dorsal da quarta revolução cognitiva, pois agregou valor para os indivíduos, para as empresas e para a sociedade. A procura por um "ser artificial" está presente em diversas sociedades do mundo antigo. Os gregos relatam histórias, lendas e mitos que apontavam a concepção de seres artificiais por artesãos, como é o caso de Hefesto, o deus do fogo, retratado como criador de autômatos de metal para auxiliá-lo em seus afazeres. Não obstante, não representam a inteligência artificial como entendemos hoje; essas abstrações simbólicas aludem ao ancestral desejo de conceber seres mecânicos e artificiais que imitassem as habilidades humanas.

Entender como o cérebro humano funciona é uma incumbência árdua. Tentar replicá-lo para outras entidades é mais complexo ainda. Porém, nunca estivemos tão perto de tudo isso. O advento da inteligência artificial, suas técnicas e suas múltiplas versões estão nos aproximando desse feito. Os pioneiros a se aventurarem no desafio de conceber uma máquina que imitasse o cérebro humano foram os pesquisadores americanos Walter Pitts e Warren McCulloch. Na década de 1950, conceberam o conceito de neurônios artificiais. Essa ideia foi revolucionária, uma vez que facultou a construção de sistemas de redes neurais artificiais interconectados que podem aprender a partir de dados e melhorar seu desempenho ao longo do tempo.

Na grande maioria dos textos históricos acerca de inteligência artificial, a primeira referência mencionada alude ao injustiçado gênio matemático Alan Mathison Turing, que publicou, em 1950, o artigo *"Computing Machinery and Intelligence"*, no qual propôs o seu célebre "Teste de Turing", também conhecido como "o jogo da imitação". O objetivo do teste é avaliar se uma máquina é capaz de exibir um comportamento inteligente similar ao do ser humano.

A proposta é que a máquina demonstraria sua verdadeira inteligência quando pudesse se passar por uma pessoa em uma conversa escrita e enganar um juiz humano. Esse trabalho foi o eixo para a amplificação das pesquisas a respeito de inteligência artificial, estabelecendo a pergunta central de como se define e se avalia a inteligência das máquinas. Desde então, a inteligência artificial vem passando por um crescimento exponencial, o qual é impulsionado por avanços tecnológicos e pela crescente demanda por soluções inteligentes, que provocou uma nova maneira de se comunicar, de trabalhar, de ensinar e de aprender.

O revérbero da inteligência artificial nas escolas traz enorme mutação no processo de ensino, de desenvolvimento e de aprendizagem. Ganham destaque modelos que valorizam o plano virtual, a experiência, a experimentação, a prática, a aplicação e a transferência, a colaboração e a interdisciplinaridade. O formato do ambiente de aprendizagem é revisado, o modelo instrucional é reconfigurado para que o estudante permute o papel de mero observador passivo e passe a ter a função de colaborador e de protagonista de seu aprendizado. Na gestão escolar, diversas tarefas começam a ser gerenciadas pela tecnologia, desde o momento em que o discente adentra na escola até o instante em que atinge o objetivo de sua formação.

Quinta revolução cognitiva

Responsável pela quinta revolução cognitiva, a inteligência artificial generativa é um dos tentáculos da inteligência artificial, a qual pode constituir e produzir diversos tipos de conteúdo, incluindo textos, gráficos, imagens, áudios, vídeos e dados sintéticos. Deve-se notar que essa tecnologia não é inédita. Um dos primeiros campos a surgir foi o processamento de linguagem natural (PLN), disciplina focada em ensinar máquinas a entender e a gerar conteúdo em linguagem humana. Em 1980, nasceram as Redes neurais recorrentes (RNNs), que, posteriormente, foram projetadas para lidar com dados sequenciais. Isso permitiu que as máquinas "entendessem" a sucessão, o encadeamento e a estrutura das palavras em frases, algo crucial para a geração de linguagem coerente e relevante.

A IA generativa se desenvolveu rápido e exponencialmente. Um notável exemplo é o lançamento, em 30 de novembro de 2022, do celebrado, fascinado e renovador *ChatGPT*, uma das aplicações de inteligência artificial generativa mais conhecida que deu início a grandes alterações no comportamento de todos os setores da sociedade. Em certo sentido, a tecnologia fugiu do controle de seus criadores. Em um período demasiado curto, milhões de usuários passaram a utilizar a ferramenta, um recorde registrado no *Guinness*. Todas essas pessoas contribuem para a calibragem das respostas, quiçá ao conceberem o maior conjunto de "professores de IA" de todos os tempos, uma vez que fazem com que a IA generativa aprenda e se especialize de maneira apressada.

Concebida pela *OpenAI*, empresa e laboratório de pesquisa de inteligência artificial americana, a IA utiliza processamento de linguagem natural para interagir com as pessoas de forma conversacional. Responde a perguntas, uma espécie de maiêutica socrática, que provoca um diálogo que conduz à aprendizagem mútua.

Ao ser apresentado, o *ChatGPT* surpreendeu a todos, em especial o mundo da educação. De imediato, os educadores observaram que, notoriamente, não se tratava de mera ferramenta, similar ao lançamento da calculadora eletrônica, tampouco de trivial aprimoramento digital. O próprio nome evidencia a completude: IA generativa. Compõe não apenas textos, mas também mídias sintéticas, filmes, músicas, desenhos, cenários, mundos virtuais habitados por avatares, *bots* e humanoides, capazes de se comunicar e dialogar em qualquer idioma.

Goza de aptidões e de singularidades superiores à de qualquer pessoa isolada. É demasiado eficiente, universal e onisciente para responder e para completar tarefas em milissegundos, as quais um humano delongaria dias, semanas e até meses. Observa coisas que um indivíduo usualmente não capta, ao detectar e analisar quantidades descomunais e abundantes de dados complexos. É produtiva, autônoma, independente; conduz-se e atua sem direcionamento e toma decisões sem a contribuição de um humano. É especialista em qualquer tema, setor e área. Ademais, é treinada para buscar soluções que utilizem todo o conhecimento histórico da humanidade. É onipresente, possível de ser integrada, seja qual for o *hardware*, aplicativo e plataforma, bem como ambientes de aprendizagem. Oferece potencial de aumentar a inteligência humana por meio da mente e da cognição estendida, até então inimagináveis. Para educadores e outros profissionais, todas essas aptidões despertam o medo e o desespero de se tornarem descartáveis e obsoletos.

As implicações para a educação são profundas. O educador não é mais a única autoridade e melhor transmissor do conhecimento; a tecnologia passa a estar no domínio e na gestão dos estudantes, e não mais da escola e dos educadores; a tarefa escrita não é mais viável como única prova de aprendizado, e sim a aplicação e a transferência dos conhecimentos assimilados, de modo que o ambiente de aprendizagem deixa de ser o centro da atividade. Difícil de ser aplicado?... Sem dúvida. Talvez seja esse o motivo pelo qual observamos as escolas utilizarem inteligência artificial nos processos operacionais, mas não diretamente no processo instrucional. As que fizerem primeiro, sairão na frente.

É notório que a IA generativa faculta acentuadas e vigorosas oportunidades para a educação, notadamente o potencial de conceber real e efetiva personalização. Aliás, está muito próximo de isso ocorrer, visto que a individualização da aprendizagem já é realidade, restando apenas a particularização dos conteúdos, porquanto ainda não temos o domínio completo das escolhas dos conteúdos que a IA generativa irá reproduzir.

A pressuposição do aprendizado personalizado em escala é real e factível, de modo que, aliada à redução de gastos, viabiliza a estratégia de baixo custo e alta performance. No entanto, apresenta colossais desafios para as escolas, particularmente àquelas que não detêm experiência na educação digital. Dar o salto do analógico para a IA irá requerer significativos investimentos de tempo, de recursos, de qualificação, de capacitação e de treinamento de todos os educadores envolvidos no processo instrucional.

Requer uma mutação de mentalidade. Expressa a implementação de modos operacionais mais ágeis e eficientes. Não obstante, é preciso salientar que a aprendizagem é muito mais do que um fluxo operacional de trabalho. Trata-se de uma jornada para a descoberta, para a aplicação, para a transferência e para a criação de conhecimentos marcada por momentos de motivação, de admiração e de serendipidade. De outro modo, é tanto cognitiva quanto afetiva, daí a importância do desenvolvimento da "Inteligência de Vida" em todas as suas dimensões: inteligência de escola, inteligência construtiva e, sobretudo, inteligência de rua (Figura 2.0).

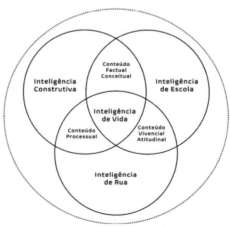

Figura 2.0 – Inteligência de Vida. Fonte: Currículo 30-60-10 – A Era do Nexialista (p. 17, 2022).

A educação, portanto, é muito mais que um processo que pode ser otimizado por inteligência artificial. É uma comunidade colaborativa, seja na dimensão analógica (presencial), seja na dimensão *online* (EAD), nas quais os estudantes se conectam, interagem entre si, se relacionam, juntam-se a grupos e participam de redes que proporcionam o desenvolvimento de seus interesses e os impulsionam em suas jornadas intelectuais. Sabemos que as aprendizagens ativa, experiencial e experimental baseadas em cenários, desafios e instrução em pares criam uma compreensão mais aprofundada e promovem a assimilação efetiva. Nesse sentido, a IA generativa poderá ser uma excepcional parceira da aprendizagem.

Apesar de ser mais famoso, o *ChatGPT* não é único. Existem outras IAs generativas utilizadas para fins comerciais. Na saúde, é aplicada nos exames diagnósticos médicos, na análise de imagens e na descoberta de medicamentos. Na indústria, é usada para otimizar processos de produção, para gerenciar cadeias de suprimentos e para realizar manutenção preventiva. No direito, em matéria de segundos, rastreia a jurisprudência de todos os tribunais do mundo. No setor financeiro, é usada para a análise de dados, para a detecção de fraudes, para a previsão e para a predição de mercado. Existem muitas outras para gerar conteúdo, textos, imagens, áudios, vídeos e *podcast* que se utilizam de modelos de fundação, isto é, são capazes de realizar múltiplas tarefas ao mesmo tempo, bem como resumos, FAQ (Perguntas Frequentes), classificações e outras coisas mais.

Estamos adentrando em uma nova plataforma capitaneada pela IA generativa que, sem dúvida, está provocando a quinta revolução cognitiva. À medida que a IA generativa amadurece o jogo da aprendizagem, seja no desenvolvimento de competências e habilidades nas empresas e na assimilação de novos conteúdos nas escolas, ela se altera visceralmente. Desencadeou-se uma onda de inovação que modifica a relação com o conhecimento, afastando-o da transferência, da busca e do acesso, passando para o diálogo e para a cocriação.

Isso ocorre em vários níveis. No nível global, a IA generativa captura toda cultura acumulada para espelhá-la de volta para nós. No nível individual, a pessoa pode usar, dialogar e cocriar conhecimento. A natureza das ocupações mudará, então, a forma de aprender também. Necessitaremos de menos cursos longos e uma estratégia mais dinâmica e personalizada para a aprendizagem. Isso nos leva a uma transmutação no processo, pois chegaram dois personagens inéditos. Migramos de professores e estudantes humanos como uma díade e agregamos docentes e discentes de IA generativa, de modo que o que ora se atesta é uma tétrade.

O processo instrucional transmuta de uma simples transmissão de conteúdos por meio de palestras, as quais já se encontravam ultrapassadas e que foram substituídas pela aplicabilidade e pela transferência de conteúdos, para o diálogo entre estudante e uma IA generativa que, similar à maiêutica socrática, as perguntas são acumuladas em uma interatividade bidirecional, de modo que a assimilação ocorre tanto do discente quanto da máquina. Isso significa que o modelo pedagógico novamente precisa ser alterado em seu cerne.

A discussão não deverá estar centrada no percentual de oferta de ensino presencial e à distância. Com a IA generativa, esse paradigma está transposto e ultrapassado. O ensino virtual está consolidado. Com o advento da quinta revolução cognitiva, o frenesi e a inquietação deverão dizer respeito à proporção de docentes e de tutores humanos em relação aos *chatbots* de aprendizagem movidos por IA generativa.

Os professores de IA generativa aprendem rapidamente e se tornam peritos em todos os temas e assuntos. Ficam literalmente disponíveis a todo instante. Temos uma nova pedagogia baseada no diálogo individual (um para um). Os docentes de IA generativa estão se tornando multimodais. Fornecem atividades atraentes, como estudos de caso, exemplos, debates e avaliações. O estágio final, porém ainda distante, é a eliminação, seja ela parcial ou total, do professor humano para fornecer ensino individual. Aliás, em muitos casos, como tutoria *online* de conhecimentos teóricos básicos, a IA generativa já o fez.

Este é um debate controverso, mas cruzamos o Rubicão. Podemos ver que o caminho para um aprendizado mais rápido, mais barato e mais eficaz se dará por meio de uma tecnologia mais célere, mais módica e mais inteligente – essa tecnologia é a IA generativa. O que esta fornece é uma nova pedagogia, na qual o monólogo é substituído pelo diálogo. Evidentemente, sua utilização ainda é cara, mais próxima dos grandes grupos com poder de investimentos; mas, à medida que se desenvolva e se popularize, ficará mais acessível para todas as instituições de ensino.

Uma pergunta real está na mesa. Até que ponto a IA generativa pode substituir o professor? Isto é visto como uma pergunta perturbadora, polêmica e contestável, no sentido de desumanizar o ensino, o que é correto. O certo é que o modelo dual de professor e estudante está extinto, pois a tecnologia se tornou uma mediadora eficiente, sobretudo no EAD. A quinta revolução cognitiva está em seus primórdios e já bagunçou muitas ocupações. Por certo, alterará substancialmente o processo de ensino, de desenvolvimento e de aprendizagem. A resistência será enorme, mas se trata de uma guerra perdida, a IA generativa veio para ficar.

O propósito desse texto é muito mais que contar a história das Revoluções Cognitivas. Ele versa acerca da pressuposição de que a tecnologia na aprendizagem é a forma mais relevante que nossa espécie encontrou para evoluir. Por mais de 5 milhões de anos, temos criado ferramentas, equipamentos e máquinas que não somente transformaram a produtividade do setor econômico e industrial, como também as relações sociais e ambientais, a qualidade de vida e, consequentemente, a longevidade das pessoas. O bom é que a história nunca termina; aliás, as transformações são progressivamente mais céleres, com espaços de tempo paulatinamente menores.

Tecnologia é um conjunto de conhecimentos, de processos, de algoritmos e de técnicas que visam melhorar a convivência, a cooperação, a comunicação e o relacionamento humano, bem como facilitar tarefas, solucionar problemas, e, além disso, substituir as atividades e os trabalhos exaustivos, sejam eles físicos, repetitivos ou preditivos. Não obstante, é somente uma ferramenta e, como tal, poucos precisam ser peritos num sentido técnico, mas todos necessitam entender o suficiente seu funcionamento para ser um bom utente e, assim, usufruir o máximo possível daquilo que a tecnologia pode ofertar.

Saliento que eu não estou entre os peritos, e sim entre os hábeis e críveis usuários. Dessa forma, embora o texto, como todo conhecimento humano, tenha seus limites, espero que ele seja útil para compreender melhor e aproveitar com mais eficiência e efetividade essa incrível inteligência artificial. Somado a isso, a ideia é provocar, refletir, sonhar, prever, enfim, dialogar, aonde a IA chegará e como deveremos, na condição de humanos, adotá-la, bem como nos comportar e nos adaptar perante essa intrusa tecnologia de aprendizagem denominada inteligência artificial generativa.

Boa leitura!

1
A tecnologia na aprendizagem deve ser integrada, e não utilizada

Paulatinamente, os humanos serão direcionados ao papel estratégico. Tomarão decisões mais eficientes, rápidas e criativas. O que não pode, em nenhuma circunstância, é supor que estão imunes as mutações provocadas pela tecnologia digital cognitiva.

As transformações provocadas pela inteligência artificial e pela tecnologia digital cognitiva não ocorrem de forma isolada; elas se enastram, entrelaçam, amplificam e aceleram mutuamente, gerando um cenário de profundas mutações na educação, na sociedade e no mercado de trabalho. Para compreender o impacto desse rompimento e descontinuidade, é essencial refletir e analisar como elas se intersectam, somam e multiplicam, moldando o futuro da humanidade, das máquinas inteligentes e das estruturas comportamentais, sociais, econômicas e educacionais. Esse é o motivo pelo qual não basta utilizá-la, é preciso integrá-la ao ecossistema, à cultura e aos valores da instituição.

As máquinas "inteligentes" executam *softwares* que seguem padrões, bem como um conjunto de regras sintáticas e semânticas para expressar algoritmos. Os seus pontos fortes são a velocidade, a engenhosidade e a precisão, enquanto os dos humanos são a flexibilidade, a emotividade, a criatividade, a síntese, o raciocínio crítico e a visão de futuro. À medida que a tecnologia prospera, as instituições e as organizações têm de se aprimorar para utilizá-la com efetividade. Isso expressa que a tecnologia e a educação estão na mesma maratona.

Quando surgem transmutações simultâneas em múltiplos fatores – climáticos, geográficos, culturais, políticos, energéticos e, essencialmente, tecnológicos – desfrutamos de um divisor de águas entre o antes e o depois. O mundo defronta-se com um gigantesco salto para adiante, verifica-se uma restruturação criativa e profunda, de modo que se concebe uma contemporânea plataforma evolutiva com distintos paradigmas, diferentes arquétipos, novos cenários, novas correntes, novos processos, novas metodologias, bem como hodiernos perfis, recentes ocupações e outras profissões. Se a ela assentirmos, estaremos comprometidos com a construção de uma singular sociedade; oxalá, mais condescendente, flexível, insigne, mais sadia em termos culturais, e, por isso mesmo, mais humana e aprazível, promovendo uma real mutação de época.

No momento em que se trilha o caminho em uma envelhecida plataforma evolutiva, o que se realiza são somente incrementos e melhorias. A educação poderá tão somente aperfeiçoar os processos instrucionais. Entretanto, ao transmutar de uma plataforma à outra, aprimoramentos não são suficientes. Se faz necessário adequar-se, adaptar-se, adotar e implementar renovados arquétipos, novas formas e paradigmas contemporâneos. Os princípios e conceitos anteriores não são mais válidos; perde-se a referência; priva-se do *benchmarking*, de modo que se faz necessário conceber, criar, construir e renovar tudo uma vez mais. Esse início de caminhada traz dúvidas, angústias, fobias, resistências, pois percorreremos um terreno desconhecido que proporciona muitas possibilidades, mas sem termos certeza de qual é o correto, o melhor, o mais adequado.

A tecnologia digital cognitiva, o aperfeiçoamento da inteligência artificial, o advento da IA generativa estão transformando todos os setores da sociedade. Adentramos em uma nova plataforma que, certamente, está provocando a quinta revolução cognitiva. A aprendizagem não tem escolhas, a não ser não somente utilizar, mas também se integrar com todas as inovações tecnológicas e se aproveitar dos múltiplos benefícios proporcionados pela inteligência artificial.

John Dewey, o mais célebre defensor do pragmatismo, corrente filosófica que defendia que as ideias só têm relevância se servirem de instrumentos para a resolução de problemas reais, salientava, ao refletir acerca da tecnologia, que "as escolas não podem ensinar hoje da mesma forma que ensinaram ontem, caso o objetivo seja preparar os estudantes para o amanhã" (Dewey, 1959, p. 39). Vivemos em um contexto cada vez mais digital e cognitivo, de modo que o amanhã seja completamente diferente do presente, razão pela qual é preciso aprender a ler e a interpretar tanto as mutações quanto as circunstâncias, bem como adaptar-se celeremente, sob pena de se tornar obsoleto.

A tecnologia e a sociedade produziram um casamento e uma relação indissociável cada vez mais intensa e impactante. A repercussão da inteligência artificial e de outras tecnologias digitais cognitivas não pode mais ser ignorada. Adentramos em uma nova era na qual tais inovações transformaram de todo o cenário, fazendo com que os dispositivos e aplicativos passem a ser uma extensão do corpo que está diuturnamente próximo a nós.

Deuses da tecnologia

A tecnologia digital cognitiva proporcionou evoluirmos do *Homo habilis* (Homem prático) para o *Homo technus* (Homem tecnológico). Essa transmutação, similar à dos deuses gregos, gerou uma série de idolatrias no que tange às diversas tecnologias, e, por conseguinte, criou mitos ocultos que sobrevivem na mente das pessoas. No livro *Trabalho, educação e inteligência artificial* Fava (2018, p. 79-102), utilizo uma metáfora entre a tecnologia e os deuses gregos do século VII a.C., a fim de retratar essa dependência e imprescindibilidade de integração entre aprendizagem e tecnologia (Figura 3.0).

Figura 3.0 – Deuses e deusas da tecnologia. Fonte: Trabalho, educação e inteligência artificial (Fava, 2018, p. 79-102).

A internet é como Deméter, a deusa grega da fartura. É sinônimo de eficiência, de facilidade, de abundância de dados e informações. Sem dúvida, tornou-se parte diuturna de nossas vidas. Para qualquer lugar que se olhe, pode-se ver pessoas usando-a para jogar, para pesquisar, para se informar, para se divertir, para se emocionar, para comprar, par vender, para pagar, para receber, para compartilhar, para interagir, para estudar, para ensinar e para aprender.

Hermes, filho de Zeus e de Maia, era conhecido como o mensageiro dos deuses, pois era muito habilidoso na arte de comunicar as ideias por meio da linguagem. Ocupava-se da paz, da guerra, das querelas, dos amores dos deuses do Olimpo e dos interesses gerais do mundo. Entre suas características humanas, dizia-se que era honesto, mas também poderia ser mentiroso, enganador e até mesmo corrupto e ladrão. Decerto Hermes é o fiel representante da televisão e das plataformas de *streaming* que se tornaram tão significativas que merecem um santuário em cada residência, um altar cintilante no qual as famílias e os amigos se empilham para contemplar, para assimilar, para se emocionar, para aprender, para desaprender e para relaxar.

Mnemósine era a deusa que personificava a memória, a divindade da enumeração vivificadora diante dos perigos do esquecimento. Conta-se que Zeus, o rei dos reis, durante nove noites seguidas a possuiu, e dessa união nasceram as nove musas inspiradoras dos poetas apaixonados. Mnemósine e as filhas, em suas aventuras, estavam em todos os lugares do universo e na vida de todos os humanos. Eram as forças infalíveis, enérgicas, poderosas e temíveis que deviam ser acalmadas, amadas e admiradas. Na saúde e na doença, na alegria e na tristeza, no quarto, na sala, no banheiro, na cozinha, na terra, no ar, no mar; assim como Mnemósine, o *smartphone* é o deus tecnológico do qual poucas pessoas conseguem se desvincular. Já faz algum tempo que o pequeno e versátil dispositivo deixou de ser tão somente um telefone e se tornou uma extensão dos nossos corpos, elevando-se, assim, à condição de objeto sem o qual é impossível viver.

Afrodite, deusa do amor, da beleza, do desejo, em suma, aquela capaz de seduzir qualquer mortal ou imortal. Similar à deusa da sedução, as redes sociais são fábricas de ilusões da vida perfeita, porquanto reforçam a sensação de que a grama do vizinho é sempre mais verde que a nossa; de que nós poderíamos estar onde não estamos; de que poderíamos fazer o que não fazemos; comprar aquilo de que não necessitamos. É a carência de aprovação dos outros, da imagem deslumbrante, de ser reconhecido, de suposta felicidade constante com vidas forjadas que faz com que a experiência na rede social se afaste cada vez mais da realidade. A pergunta que surge é se uma vida cheia de felicidade inventada, superficial e falsa merece ser vivida, e se a felicidade transformou-se em uma obrigação inescapável.

Zeus, senhor do Olimpo, rei dos reis, ensinou a todos que o verdadeiro conhecimento é obtido apenas a partir do empenho, da intrepidez, do esforço, da transpiração, da inspiração e da dor. Foi o deus mais importante da religiosidade praticada pelos gregos, sendo aquele que regia os homens e os demais deuses. Simboliza com propriedade a inteligência artificial que, desde a Antiguidade, auxilia o homem a melhorar sua qualidade de vida, sua aprendizagem, sua posição social, bem como cria, altera ou elimina ocupações e profissões. Assim como Zeus, a inteligência artificial prova seu papel de fator de mutação para o bem e para o mal em um número crescente de áreas, causando transformações e tensões inimagináveis.

Clio, fleumática e bela deusa da memória, musa da história e da criatividade, é uma das nove filhas de Zeus e Mnemósine. Simboliza o conhecimento como resultado de leituras, recognições e estudos. Ela assinala, como musa da história que é, a necessidade de registrar, se inspirar e utilizar o passado para reforçar a autoridade do presente, dos fatos, das narrativas e das falas dos mortais. Sabe que a história conta tudo o que aconteceu ou acontece. É a lídima representante da IA generativa que, assim como Clio, se utiliza de todo o histórico do homem para solucionar problemas do presente e até organizar, interferir e impactar significativamente no futuro, tanto no trabalho, nas ocupações, como na sociedade, no *modus vivendi*, na criatividade, no comportamento e na economia, com ênfase na personalização da aprendizagem.

A tecnologia não constitui um agrupamento de deuses e deusas implacáveis e insensíveis, pois os benefícios decorrentes dos avanços tecnológicos são irrefutáveis. A consciência dos aspectos prejudiciais do uso excessivo de aparelhos eletrônicos evita armadilhas desnecessárias. Muitas pessoas mantêm-se corporalmente próximas e emocionalmente distantes, fisicamente perto, mas não juntas, e permanecem isoladas enquanto contemplam os seus deuses e as suas deusas em um mundo digital solitário. A utilização da tecnologia é necessária, mas a adoração, o fanatismo, a idolatria e a veneração são inaceitáveis.

As gerações Z e Alfa, apesar de não serem necessariamente fanáticas, deixam-se enfeitiçar e apaixonar-se por todos os deuses da tecnologia, o que resulta em uma imersão profunda e acentuada no mundo digital. A diferença entre essas gerações e as anteriores provoca conflitos e divergências comportamentais na forma de aprender, estudar e trabalhar. A análise mais detalhada dessas dessemelhanças revela que essas gerações trazem consigo um conjunto inteiramente novo de habilidades e preferências para a escola e para o mercado.

Gerações digitais

Os jovens das gerações Z e Alfa cresceram no Olimpo dos deuses tecnológicos, o que os torna altamente versados. As gerações mais antigas precisam supervisioná-los a fim de que não se tornem obstinados e fanáticos. Muitos dominam com facilidade, sem preparação prévia, os novos programas, plataformas, aplicativos e ferramentas fundamentados em inteligência artificial. Apreciam e alcançam êxito ao encontrar rapidamente soluções inovadoras para desafios e tendem à excelência na pesquisa independente de respostas. Contudo, também se expõem ao risco grave de tornarem-se inertes, apáticos e entorpecidos, aceitando todas as respostas e resultados sem quaisquer questionamentos.

De maneira incongruente, esses jovens desejam e exigem, ao mesmo tempo, experiências em ambientes reais e outras maneiras de construir relacionamentos e referências. O modelo híbrido parece adequado, pois eles buscam o resgate com o mundo físico. Esse paradoxo talvez seja a chave para que escolas e empresas ofereçam flexibilidade na escolha da construção dos aprendizados, do desenvolvimento das competências e habilidades, do aperfeiçoamento dos relacionamentos e da aquisição de empregabilidade e trabalhabilidade.

O hibridismo dos integrantes das gerações Z e Alfa confere robustez ao "terceiro espaço" nas escolas e empresas, conceito elaborado pelo sociólogo Ray Oldenburg no livro *The Great Good Place*. Os terceiros lugares são ambientes mais descontraídos, nos quais estudantes e colaboradores sentem-se à vontade e para onde retornam repetidas vezes a fim de que socializem, aprendam e desfrutem da companhia de pessoas conhecidas ou desconhecidas, o que cria relacionamentos, aprendizagem e recursos para enfrentar esse mundo que, em um futuro próximo, será dominado pela tecnologia digital cognitiva.

Com o incentivo, a instigação e a reivindicação das gerações digitais, a integração entre aprendizagem e tecnologia tem se tornado cada vez mais intrínseca e transformadora, redefinindo os paradigmas do processo instrucional. Trata-se de um fenômeno que transcende o simples uso dos dispositivos, influenciando metodologias, currículos, acessibilidade e natureza da interação entre todos as partes interessadas; facilita o diálogo e promove um ambiente de aprendizado mais engajador e personalizado, respeitando o estilo e o tempo de assimilação de cada estudante. Mas lembre-se, no planejamento instrucional, por mais que a IA seja disruptiva, a experiência e a aprendizagem efetiva vêm antes da possibilidade de se utilizar qualquer tecnologia. Afinal, tecnologia é meio, e não fim.

A tecnologia digital cognitiva aflorou como força disruptiva, redefinindo todo o cenário educacional, possibilitou a personalização da aprendizagem, fomentou o ensino mais inclusivo e equitativo. Há dez anos, isso aparentava um recurso de ficção científica, mas hoje é exequível oferecer aconselhamento virtual e personalizado aos estudantes e colaboradores.

Reconhece-se a essencialidade de se adaptar o processo instrucional para acomodar distintos estilos e ritmos de assimilação, bem como os múltiplos contextos socioculturais dos aprendizes. Isso envolve não somente a personalização dos conteúdos, como também a gênese de ambientes que sejam acolhedores, lúdicos e acessíveis. Tudo isso é muito moderno e estimulante, todavia, com o desenvolvimento da IA generativa, essas transformações não são mais suficientes.

Evoluções e revoluções cognitivas

A origem da linguagem constitui um tema complexo, com escassos vestígios e provas, o que resulta em múltiplas teorias e hipóteses. O fato perceptível é que a linguagem provocou a primeira revolução cognitiva da humanidade (Figura 4.0). A linguagem é um atributo essencial e distintivo do ser humano, fundamental para a interação com outras pessoas do grupo, para o desenvolvimento cognitivo, para a comunicação e para a expressão de sentimentos. A linguagem gerou as primeiras formas de aprendizagem, sem a existência de professores. A assimilação ocorria pela observação dos conhecimentos e das habilidades dos mais velhos, bem como pela imitação de outros indivíduos ou dos movimentos e dos sons dos animais.

A escrita é um recurso simbólico, oriundo das gravuras e das ilustrações rupestres, as quais permitiram a expansão de mensagens além do próprio tempo e espaço. A alfabetização é relativamente recente e, em épocas anteriores, a maioria das pessoas aprendia e comunicava-se por meio de imagens e desenhos. Nos dias atuais, essas formas de comunicação voltaram a ser muito utilizadas. Aliás, para as gerações digitais, essas formas tornam-se tão significativas quanto eram para os antepassados da Era Não Escrita. A linguagem da internet, denominada "*Net-Speak*" ou "Internetês", é a expressão usada para descrever, de maneira particular e distinta, o modo pelo qual os jovens digitais comunicam-se mediante abreviações, gírias, GIFs, *emoticons* e *emojis*.

A escrita emerge dessas tradições orais e pictóricas para capturar conteúdos e conhecimentos que serviam para ensinar além dos limites da fala. A escrita em si necessitava ser ensinada e assimilada, porém, mais importante, os produtos da escrita se tornaram conteúdos que poderiam ser armazenados e utilizados por outros, em qualquer tempo, para ensinar e para aprender. A impressão, a partir do século XV, facultou a ampliação e replicação da escrita, o que proporcionou ao conteúdo maior alcance numérico, temporal e geográfico. Concedeu-lhe preservação e permanência para que possa ser utilizado por muitos.

A palavra "escrita" liberta a criatividade ao viabilizar infinitas possibilidades de construção de conteúdos, pensamentos, projetos, relatos reais e fictícios, poemas, odes e romances excitantes, comoventes e emocionantes. Oportunizou preservar o

PRIMEIRA REVOLUÇÃO COGNITIVA	SEGUNDA REVOLUÇÃO COGNITIVA	TERCEIRA REVOLUÇÃO COGNITIVA	QUARTA REVOLUÇÃO COGNITIVA	QUINTA REVOLUÇÃO COGNITIVA
Bipedal - Linguagem	Artes Rupestres - Escrita - Impressão	Computador - Internet	Inteligência Artificial (IA)	IA Generativa
Na fase 'Bipeda l', o ensino ocorria de forma espontânea. O aprendizado era focado em atividades momentâneas (caça e pesca), por observação dos mais velhos para os mais jovens. Com o advento da fala articulada e o desenvolvimento da linguagem, foi possível a transmissão de conhecimentos, a coordenação das atividades do grupo e a formação de laços sociais mais fortes.	Na Pré-História, a arte rupestre foi o modo de registrar, externalizar e fixar as ideias e os pensamentos para que outros pudessem vê-los e entendê-los. A escrita é uma tecnologia de aprendizagem intelectual. Trata-se de uma memória ilimitada externa à pessoa. Com a invenção da imprensa, mutuou-se a história da leitura e da circulação de ideias em escala, alterou-se profundamente o *modus vivendi* de toda a sociedade.	O computador deu alma e substância à internet. Esta forneceu escalabilidade massiva não somente de textos, mas de áudio, vídeo, mídia e uma erupção de conteúdos e conhecimentos online. Passa a fazer parte da vida cotidiana, conectando bilhões de pessoas, permitindo a disseminação e o compartilhamento de informações, comércio e colaboração em escala sem precedentes.	A IA traz enorme mutação nos processos operacionais e instrucionais. Modelos que valorizam o plano virtual, a experiência, a experimentação, a prática, e a colaboração, ganham destaques. O aprendiz permuta o papel de mero observador passivo, e passa a ser protagonista de seu aprendizado. Na gestão, diversas tarefas começam a ser conduzidas pela tecnologia. A IA altera substancialmente, empresas, escolas e sociedade.	Com a IA Generativa, desencadeou-se uma onda de inovação que modifica a relação com o conhecimento, afastando-o da transferência, busca e acesso, passando para o diálogo e à cocriação. O ensino transmitido se tornou ineficiente e obsoleto, ganhando notoriedade a Aprendizagem Baseada em Cenários (SBL). Isso ocorre em vários níveis. No nível global, captura toda cultura acumulada para espelhá-la de volta para nós. No nível individual, a pessoa pode usar, dialogar e cocriar conhecimentos. A natureza das ocupações mudará, então, a forma de aprender também.
APRENDIZAGEM 	APRENDIZAGEM 	APRENDIZAGEM 	APRENDIZAGEM 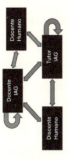	APRENDIZAGEM

Figura 4.0 – Progressão das revoluções cognitivas.

enredo do modo de vida dos povos que viveram na Antiguidade, além da difusão de todo tipo de informação.

A durabilidade dos sinais grafados, acrescida da invenção da imprensa de Gutenberg no século XV, uma máquina de impressão que remodelou a forma de transmitir conhecimentos para um número cada vez maior de pessoas, transmutou de modo agudo a história da humanidade, bem como popularizou a aprendizagem. Tais condições ocasionaram a segunda revolução cognitiva. Nessa segunda plataforma evolutiva, a educação era oferecida de forma coletiva, o processo era de transmissão de conteúdos, com um professor que palestrava para muitos estudantes passivamente enfileirados. Daí a díade, formada por docente e discentes humanos.

A terceira revolução cognitiva adveio do surgimento da tecnologia digital cognitiva (internet, *big data*, internet das coisas), que provocou um gigantesco passo evolutivo da humanidade, na medida em que as máquinas se aproximaram do potencial humano. Hoje, a sociedade vive em constantes e aceleradas mutações, com tecnologias que alteram o *modus vivendi*, a forma de se comunicar, de trabalhar, de ensinar e de aprender.

Outras mídias recentes, como imagens em movimento, áudio, realidade virtual e aumentada, fotografia, adicionaram dimensões lúdicas e úteis ao processo instrucional. Computadores e internet proporcionaram manipulação, replicação e entrega de conteúdos, muitos livres e gratuitos. A inteligência artificial, por sua vez, forneceu métodos novos e incipientes para gerar e ensinar conteúdos, bem como incorporou o tutor digital, como auxiliar do professor humano, formando uma tríade.

Com o estabelecimento e uso público da internet e o desenvolvimento da inteligência artificial na quarta revolução cognitiva, a escola ganha uma auxiliar que facilita a rotina do professor humano: as plataformas movidas por inteligência artificial, as quais assumem todos os afazeres administrativos, facultando aos docentes exercerem, quase de modo exclusivo, as funções pedagógicas. Apesar de utilizar tecnologia e metodologias de natureza experiencial e experimental, o ensino permanece como transmissão de conteúdos, somado ao desenvolvimento de competências programadas.

Com o desenvolvimento e a propagação da inteligência artificial generativa, o professor humano e o estudante angariaram dois novos personagens que se uniram ao processo instrucional – o docente de inteligência artificial generativa e o tutor de inteligência artificial generativa –, fazendo com que a aprendizagem deixe de ser uma tríade para se tornar uma tétrade. Com a inteligência artificial generativa mais ativa e dinâmica, o professor humano se responsabiliza pela curadoria dos conteúdos; assume a função pedagógica comportamental, o desenvolvimento do raciocínio crítico e da criatividade junto aos estudantes humanos, e o professor de inteligência artificial generativa passa a desenvolver os conteúdos teóricos e técnicos. Com a tétrade, o processo de transmissão de conteúdos, contido na segunda e na terceira revolução cognitiva, se tornou obsoleto, ineficiente e inválido.

A aprendizagem, com a coparticipação da inteligência artificial generativa, requer um processo instrucional no qual o diálogo substitui o processo anterior. A maiêutica socrática retorna no modo digital, e a aprendizagem e o desenvolvimento de competências, bem como a aplicação e transferência dos conteúdos, passam a ocorrer por meio de perguntas e respostas reiterativas até que a assimilação seja sedimentada. Isso altera de maneira substancial a metodologia de ensino, desenvolvimento e aprendizagem, que deixa de ser de transmissão, aplicação e transferência de conteúdos lineares. Consequentemente, o currículo deverá ser remodelado, e não apenas adaptado, seguindo, por certo, as regulações do Ministério da Educação e as orientações do Manual para Classificação dos Cursos de Graduação e Sequenciais (Cine Brasil).

A inteligência artificial generativa ainda é um sistema incipiente e já transmuta muitos setores da sociedade e, presumidamente, germina a quinta revolução cognitiva. Ao projetarmos o futuro próximo, as empresas e as escolas necessitam preparar-se para um cenário no qual a inteligência artificial generativa desempenhará papel cada vez mais dinâmico e essencial. É controverso e contestável, mas a tendência é que – assim como em múltiplos processos produtivos e de serviços – a inteligência artificial generativa assuma a execução operacional e deixe para os humanos as decisões estratégicas e táticas do processo instrucional, uma vez que, mesmo a aprender e a tornar-se mais perspicaz e capacitada, ainda é (hipoteticamente, será por muito tempo) uma ferramenta subordinada ao humano. Trata-se de uma projeção polêmica, duvidosa, contenciosa, mas existe essa real e clara probabilidade.

Lições da lei da bandeira vermelha de 1865

Adotar e adaptar-se às tecnologias disruptivas sempre gerou desconfortos, protestos e posicionamentos radicais. Não seria diferente com a tecnologia digital cognitiva, seja na utilização dos novos *hardwares*, seja na utilização dos novos *softwares*, com ênfase na inteligência artificial e na inteligência artificial generativa, as quais promovem um maremoto em todas as áreas da sociedade.

Na revolução industrial no século XIX, com o advento das máquinas mecanizadas que substituíram o trabalho físico, os trabalhadores ingleses, coordenados por Ned Ludd – nome fictício utilizado para preservar o anonimato dos líderes do movimento – revoltaram-se contra as máquinas e invadiram fábricas para destruí-las, com a alegação de que usurpavam seus empregos e reduziam seus salários. Os ludistas caracterizavam-se por ações violentas e ameaças aos executivos e diretores das fábricas. O Estado inglês promulgou leis que criminalizavam as ações ludistas, o movimento perdeu força, desapareceu a partir de 1816 e a tecnologia de mecanização saiu-se vitoriosa.

Figura 5.0 – A lei da bandeira vermelha de 1865.

À medida que a industrialização ganhava força, o advento da era do automóvel provocava ondas sísmicas que afetavam as indústrias tradicionais. Para protegê-las, o Reino Unido promulgou uma série de leis que exigiam que os veículos autopropulsados fossem conduzidos por um pedestre que acenasse uma bandeira vermelha para alertar os transeuntes da aproximação do veículo. A mais célebre foi a lei das locomotivas, editada em 1865 (Figura 5.0), também conhecida como a lei da bandeira vermelha, pois continha regras incomuns que serviram como um golpe esmagador para a principiante indústria automobilística. Resumidamente determinava:

> As locomotivas rodoviárias (automóveis) devem viajar a uma velocidade máxima de 4 mph (6,4 km/h) no campo e 2 mph (3,2 km/h) na cidade.

> Pelo menos três pessoas devem ser empregadas para dirigir ou conduzir a locomotiva, e se mais de dois vagões ou carruagens forem acoplados a ela, um indivíduo adicional deve ser contratado, para assumir o comando de tais vagões ou carruagens;
>
> Uma dessas pessoas, enquanto qualquer locomotiva estiver em movimento, deve preceder tal locomotiva a pé por menos de sessenta jardas (54,9 metros), e terá que carregar uma bandeira vermelha constantemente exibida, para alertar os cavaleiros e condutores de cavalos da aproximação de tais locomotivas.
>
> O indivíduo que estiver a pé na frente da locomotiva terá que sinalizar ao condutor quando for necessário parar, bem como auxiliar cavaleiros, carroças, charretes e carruagens puxadas por cavalos, passando por elas.

A lei da bandeira vermelha foi revogada em 1896, época em que o motor de combustão interna já estava em sua fase inicial.

A história nos adverte contra sustentar indústrias em declínio com suporte de vida postiça e ilusória, pois é no rápido sumiço do obsoleto que as sementes da inovação se plantam. A tecnologia permitiu que nos livrássemos das lâmpadas de gordura de baleia para a era da iluminação elétrica. Encontramo-nos em uma transmutação semelhante nessa incipiente quinta revolução cognitiva, na qual a inteligência artificial e a inteligência artificial generativa alteram profissões, ocupações, o *modus vivendi*, os requisitos para empregabilidade e trabalhabilidade e a forma de ensinar e aprender.

Similarmente às inovações e disrupções de outrora, já ocorreram múltiplos eventos e *lobbies* contra a utilização das atuais tecnologias movidas por inteligência artificial:

> Os taxistas protestaram violentamente contra as plataformas e os aplicativos que conectam usuários a motoristas parceiros, uma opção de modalidade a preços mais acessíveis e de qualidade similar.

A guerra das principais cidades turísticas do mundo com os aplicativos de aluguéis de curto prazo, como o Airbnb.

A proibição do uso do *smartphone* pelos estudantes nas escolas. Obviamente, os *smartphones* não poderão ser utilizados nos períodos instrucionais dentro dos ambientes de aprendizagem como meio de comunicação e lazer, o que não evidencia que devam ser repudiados e banidos, e sim que se deve descobrir maneiras e métodos de estudos que os empreguem com eficiência no processo instrucional. Basta incluir conteúdos lúdicos, gamificados e desafiadores que chamem a atenção e, ao mesmo tempo, auxiliem no desenvolvimento e na aprendizagem.

A ideologização da EAD por parte dos órgãos regulatórios. Existe um fato indiscutível: a tecnologia, aliada à internet e à IA generativa, faz da EAD um fenômeno relevante. Ignorá-lo é negar a realidade das mutações no mundo fora dos muros da escola. Com o aperfeiçoamento das TICs, é muito provável que tenha havido mais melhorias pedagógicas nos últimos vinte anos do que nos dois mil anos passados. A IA generativa acelerará exponencialmente esse progresso, e a EAD será cada vez mais eficiente e eficaz.

Espero que a lei da bandeira vermelha seja um testamento da resistência e um chamado resplandecente para a adotabilidade e a adaptabilidade diante da evolução tecnológica cognitiva pela qual passamos. O Ato da Bandeira Vermelha amolda-se como um lembrete de como as organizações (fábricas, comércios, escolas, governos), quando confrontadas com o progresso tecnológico, lograrão fazer *lobbies* por meio de ações e legislações restritivas para proteger seus interesses comerciais e ideológicos, muitas vezes disfarçando-os como medidas para o bem maior da sociedade. Equilibrar a inovação e a disrupção com a preservação dos interesses públicos exige um manejo cuidadoso e vigilante das ações, leis e regulamentações, de modo que se garanta que os lobistas não influenciem indevidamente enquanto damos as boas-vindas à tecnologia digital cognitiva, à inteligência artificial e à IA generativa.

Evolução da IA generativa de conversacional para cocriadora e colaboradora

Para os seres humanos, a inteligência é amplificada pela consciência, intencionalidade e subjetividade. A inteligência artificial abstrai parte desses aspectos e redefine a fronteira entre humano e máquina, entre natural e artificial. Essa questão levanta debates filosóficos sobre a natureza da consciência, da intencionalidade e da subjetividade, uma vez que, pelo menos por ora, as máquinas não exibem intencionalidade intrínseca, somente a derivada, alicerçada nas intenções de seus criadores e usuários.

A inteligência artificial e seus acessórios mudam substancialmente o modo como concebemos, construímos e distribuímos conhecimentos; aliás, alteram a própria definição de conhecimento. O ecossistema de IA generativa inclui novas formas de sapiências, que apresentam enorme potencial no tocante à engenhosidade, à descoberta e à resolução de problemas. Porém, a IA generativa e seus produtos têm capacidades bastante distintas das tecnologias digitais da Web 2.0, que utilizávamos até então; dessa forma, é necessário lidar com o trabalho com ela de forma também diferente.

À medida que a IA generativa se torna progressivamente intuitiva, existe o perigo de nos tornarmos excessivamente dependentes e de nos esquecermos de que precisamos raciocinar, criticar e averiguar suas respostas, bem como aprender os fundamentos de como a máquina realmente funciona e provê retroalimentação. O usuário tem de dialogar, e não apenas perguntar; precisa transformar a IA conversacional em colaborativa, uma ferramenta que, mais do que gerar simples saídas (respostas), possa cocriar, interagir e colaborar. Isso não exige conhecimento técnico, mas vontade e resiliência na aplicação e utilização dessas inéditas tecnologias. Enfim, humano e IA generativa trabalham e buscam respostas e soluções conjuntamente de modo híbrido.

A IA generativa até pode conceber prontamente e celeremente um currículo, um desafio, uma atividade de aprendizagem. Todavia, para que estes sejam bons e eficientes, requerem mais que regurgitar informações, dados e fatos. Implica compreender agudamente os princípios pedagógicos, o contexto, o perfil dos estudantes, as competências e habilidades a serem desenvolvidas, bem como o real propósito que se está almejando. Posto isto, o diálogo e as perguntas em forma de maiêutica socrática se tornam essenciais para a eficiência das respostas.

Comumente, as ferramentas digitais da Web 2.0, eram utilizadas para o aprimoramento do aprendizado de modo espontâneo e automático, sem necessidade da agnição de seu real funcionamento. Com a IA generativa, os professores, em sua maioria, não são capacitados para tencionar a tecnologia digital cognitiva como uma parceira inovadora, o que requer uma nova maneira de pensar o *design* do processo de ensino, de desenvolvimento e de aprendizagem.

A engenharia de comandos não é apenas uma ciência, mas também uma arte. De outro modo, a prática de conceber instruções nítidas e inconfundíveis, que auxiliam a IA generativa a compreender melhor e assim gerar respostas precisas, relevantes e apropriadas, trata-se de uma habilidade essencial para qualquer usuário que queira trabalhar hibridamente e em simbiose com a máquina. Ter uma orientação clara em forma de rubrica de qual deverá ser a resposta desejada auxilia na avaliação das respostas.

Nos primeiros dias do ChatGPT, era comum os usuários, os pseudoespecialistas e a mídia afirmarem categoricamente que o *bot* parecia convincente, mas seus comandos eram completos absurdos. Na verdade, a IA generativa não estava tentando enganar, simplesmente estava atendendo à solicitação, que era produzir um ensaio e uma resposta. Os *chatbots* gostam de agradar, o que não expressa que digam e respondem corretamente. Dito isso, é possível afirmar que o humano é indispensável, pois é ele que ensinará, avaliará e acompanhará a máquina na medida que ela vai se desenvolvendo, aprendendo e se tornando mais eficiente em suas respostas e retornos.

A IA generativa e seus comparsas estão revolucionando a sociedade em todas as suas dimensões. A adoção maciça dessas ferramentas fará com que grande parte das atividades sociais e econômicas, até a educação, passem por profundas alterações. Com seus recursos poderosos, a tecnologia digital cognitiva está apta para remodelar o modo como ensinamos, assimilamos e nos desenvolvemos. No entanto, como qualquer tecnologia evolutiva, os potenciais benefícios trazem consigo desafios benéficos, mas também riscos evidentes. É preciso estar alerta e verificar o que realmente a IA generativa significa para a escola, para os educadores, para os aprendizes e para o processo instrucional.

2

IA generativa como extensão da mente e cognição estendida

> A corrida das *big techs* é conseguir unir
> o físico e o digital de modo invisível e,
> presumidamente, consolidar a quinta
> revolução cognitiva.

A abstração de um "cérebro periférico" – mente que opera independentemente do corpo – está se tornando realidade à medida que ficamos cada vez mais imersos na dimensão digital cognitiva. Tecnologias como realidade virtual e aumentada, inteligência artificial, digital *twin*, *multi-agent systems*, entre outras, prometem expandir nossas capacidades cognitivas, mas também facultam o que podemos denominar de "mente estendida", um cérebro periférico que auxilia na rotina e no comportamento do ser humano.

Mente estendida é uma tese filosófica que enuncia que determinados processos cognitivos e estados mentais podem se expandir para além do corpo e do cérebro humano. A ideia é que elementos externos ao organismo são capazes de fazer parte do processo cognitivo, funcionando como extensões da mente. A cognição incorporada é um progresso recente da psicologia que os profissionais apresentam como uma ciência cognitiva padrão substituta.

Essa enunciação foi proposta pelos filósofos, o britânico Andy Clark e o australiano David John Chalmers, no artigo "A mente estendida" (1998). Eles ilustram o conceito como "externismo ativo, baseado no papel dinâmico do ambiente na condução dos progressos cognitivos" (Chalmers; Clark, 1998, p. 43). Para tanto, o critério fundamental para classificar a utilização de um objeto externo como parte da mente estendida é que tais objetos devem funcionar com o mesmo propósito que os processos internos.

Antes difícil de convencer os demais especialistas, com o advento e desenvolvimento da inteligência artificial generativa, a ideia de que o corpo humano é um híbrido biológico/tecnológico, sujeito a acoplamento, similar a um ciborgue, afigura fazer todo sentido. O uso dos telefones inteligentes, por exemplo, pode ser configurado como uma extensão do corpo e da mente, bem como seus impactos no modo como aprendemos e compreendemos a realidade devem ser averiguados com base na perspectiva da extensão da mente e da cognição.

Se a hipótese estiver correta, a simbiose será "humano com a máquina", e não mais "humano contra máquina". A cognição passa a ser interpretada e percebida como processo que não se encerra no corpo e na mente, mas se estende para o mundo real, sendo, no caso recente, a inteligência artificial generativa constitutiva, e não somente intermediária e mediadora da capacidade humana de aprender, conhecer, discernir e interpretar.

A confluência entre humanos e máquinas, que, até então, concernia e figurava na imaginação e ficção – gênero literário que se utiliza de conceitos científicos e tecnológicos para conceber cronografias imaginativas – inspirou e alvitrou a filósofa e zoóloga americana Donna Haraway a conceber a Teoria do Ciborgue, um indivíduo híbrido que surge da junção humano e não humano, a qual se desvencilha da imagem de um ser repleto de fios, ferros e aços, como se fosse uma espécie de robô em forma humana. Haraway define como "a diferença entre o artificial e o natural, entre corpo e mente e entre aquilo que se autocria e aquilo que é criado" (Manifesto Ciborgue, 2020, p. 27). Isso expressa que "quando algo é natural não pode passar por mutações. Todavia, quando é criado – como é o caso da inteligência artificial generativa – poderá ser renovado e reconstruído" (Manifesto Ciborgue, 2020, p. 27).

Ingressamos em um período de interação extraordinariamente intensa, no qual a distinção entre os seres humanos (seus corpos e mentes) e as máquinas (tecnologia cognitiva) torna-se difícil e dispendiosa de estabelecer. Em uma época na qual a tecnologia se encontra progressivamente mais integrada a todos os aspectos da nossa vida cotidiana, a inteligência artificial preenche cada vez mais funções que anteriormente eram exclusivas dos seres humanos, entre as quais se incluem as de professores e orientadores de aprendizagem, amigos confidentes e até parceiros afetivos. É inegável que tais relações suscitam indagações fundamentais concernentes às prováveis consequências da substituição da interação humana por entidades digitais.

O antropólogo inglês Gregory Bateson, em sua obra *Steps to an Ecology of Mind (2000)*, considera que "a mente humana não se resume à consciência, pois nem todos os processos mentais requerem o uso dela, ou seja, não é preciso necessariamente pensar naquilo para se fazer" (Bateson, 2000, p. 37). Essa afirmação explica a capacidade humana de caminhar e modificar-se por osmose, sem que o indivíduo atente para a capacidade de auto-organização (para o bem e para o mal) que a tecnologia digital cognitiva detém e utiliza silenciosamente.

Desse modo, as pessoas modificam comportamentos, atitudes e hábitos, muitas delas substituem a convivência humana pela interação com tecnologias impulsionadas por inteligência artificial generativa. Por tal razão, observamos famílias, casais e amigos reunidos à mesa e, descortesmente, todos concentrados em diálogos com seus telefones inteligentes, sem a menor preocupação com aqueles que se encontram fisicamente presentes diante deles. A tecnologia, portanto, não representa apenas um instrumento que nos conduz a um mundo exterior à realidade, mas constitui pontos de encontro que alteram o modo de pensar, de comportar-se e de agir. Em outros termos, a inteligência artificial não é apenas uma inovação tecnológica, ela representa uma ruptura filosófica que desafia as bases de ciências como ontologia, epistemologia e semiótica.

Não se trata de um fenômeno recente para os seres humanos, embora assim pareça. Na infância, quando a sensibilidade se manifesta de maneira extraordinariamente aguçada, não existe demarcação precisa entre entidades humanas e não humanas, o que permite que objetos adquiram existência efetiva. Há numerosos exemplos de crianças que atribuem vida a objetos inanimados. As tirinhas de Bill Watterson, autor das espirituosas e fascinantes histórias de Calvin e Haroldo, nas quais um menino de seis anos, dotado de grande vitalidade e imaginação criadora, confere vida ao seu inseparável companheiro, um tigre de pelúcia denominado Haroldo, ilustram com exatidão o que ocorre na realidade cotidiana.

Um exemplo melancólico encontra-se em Ichinono, povoado localizado a sessenta quilômetros de Osaka, no Japão, no qual, em razão do envelhecimento da população e da escassez de crianças, os habitantes adornam as ruas com bonecos em dimensões reais, alguns com movimentos semelhantes aos dos seres humanos, a fim de representarem meninos e meninas em cadeiras de balanço ou a empurrar carrinhos, com o intuito de criar a impressão de que são genuínos e, por conseguinte, conferem vitalidade e contentamento à cidade.

Em determinado momento de nossa existência, ocorre uma transição tranquila e imperceptível, na qual cessamos de nos relacionar com os objetos não humanos, o que não significa que eliminamos essa fantasia, apenas modificamos a maneira pela qual nos conectamos com eles. Com aspirações idealizadas, ou não, o fato é que atualmente esse apego ressurgiu – não apenas para crianças e adolescentes, mas igualmente para numerosos adultos – visto que nos relacionamos e dialogamos com programas automáticos impulsionados por inteligência artificial, como se fossem efetivamente pessoas. Ademais, atribuímos nomes humanos a eles.

É factível identificar e enumerar muitos outros exemplos desse paradigma que retornou e causa preocupação. Encontram-se nas residências, nos locais de trabalho, nos ambientes de convivência e recreação, nos quais as pessoas desprezam os seres humanos e, de maneira alarmante, interagem unicamente com algum equipamento que funciona mediante tecnologia digital cognitiva e inteligência artificial.

Nesse sentido, é razoável considerar os dispositivos móveis como prolongamento do corpo e da mente das pessoas. Tais dispositivos provocam múltiplas alterações no comportamento diário, aproximam indivíduos e, simultaneamente, afastam-nos, além de simplificarem atividades nas quais seriam necessários esforços físicos e mentais.

Realidade híbrida

A inteligência artificial generativa provoca o que poderíamos definir como realidade híbrida: tecnologias que funcionam como prolongamento da mente, as quais conjugam características de realidade virtual e realidade aumentada. A realidade virtual constitui um universo artificial gerado por meios digitais, no qual se pode mergulhar e submergir integralmente, o que origina uma experiência imersiva fidedigna. O protótipo das lentes de realidade virtual foi o estereoscópio – instrumento óptico que permite a visualização de objetos em três dimensões – criado pelo britânico Charles Wheatstone, em 1837. Concebido pelo inglês Palmer Luckey, o primeiro projeto de realidade virtual moderno foi o Oculus Rift, que oferecia visão tridimensional em trezentos e sessenta graus, apresentado ao público em 2012. A invenção obteve grande êxito, de maneira que o Facebook (Meta) adquiriu a Oculus e, desde então, os dispositivos granjearam popularidade na indústria do entretenimento e da educação.

A realidade aumentada constitui uma experiência interativa que justapõe conteúdos digitais a informações perceptíveis do mundo real. A realidade aumentada enriquece a experimentação do usuário e transforma o ambiente circundante em um espaço de aprendizagem interativo muito precioso nos processos de produção, no aperfeiçoamento dos serviços e na efetividade da aprendizagem. A realidade aumentada deriva da evolução da realidade virtual na década de 1960, quando o americano Ivan Edward Sutherland desenvolveu e construiu um capacete de visão óptica para visualizar objetos tridimensionais no ambiente real.

A realidade híbrida proporciona uma imersão completa do usuário em um mundo artificial e tridimensional. Trata-se de uma agregação que habilita as pessoas a interagir com um ambiente simulado, envolvendo todas as sensações, reações, impactos, vivências e aprendizagens, de outro modo, a artimanha não está na ação, mas na experiência. Com seu aporte interativo surpreendente, a realidade híbrida tem um impacto direto na motivação, no entusiasmo e no aprazimento dos jovens digitais de forma instantânea. Empresas, com suas universidades corporativas, bem como as escolas, já estão utilizando a realidade virtual e aumentada, tecnologias com alto potencial imaginativo para atividades de aprendizagem. Em conjunto, trata-se de deleitantes e eficientes ferramentas de mente estendida.

A realidade híbrida proporciona experiências que facilitam o desenvolvimento de competências e habilidades, bem como a consecução da aprendizagem efetiva. Os aprendizes conseguem vivenciar situações que, em seus contextos habituais, não seriam factíveis, devido às limitações econômicas ou físicas. Desse modo, se não é viável percorrer o espaço; mergulhar nas profundezas dos oceanos; empreender jornada pelo interior da floresta amazônica; penetrar e circular pelo corpo humano; a realidade híbrida pode oferecer tudo isso com autenticidade, nitidez e ludicidade.

Confluência do gêmeo digital e IA generativa na aprendizagem

Gêmeo digital (DT) é uma mescla de tecnologias – inteligência artificial (IA), internet das coisas (IoT), realidade aumentada (RA), realidade virtual (RV) – que facultam a criação de representações virtuais sincronizadas com objetos, pessoas e processos físicos. De outro modo, trata-se de uma réplica de um apetrecho palpável ou de um processo em tempo real.

Essa tecnologia está sendo amplamente implementada em diversos setores, como saúde, finanças, agricultura, indústria, comércio e educação. Com o avanço constante da internet das coisas (IoT) e da inteligência artificial (IA), os gêmeos digitais (DT) estão se tornando cada vez mais relevantes e prometem transformar a maneira como interagimos e nos relacionamos com o mundo físico.

A convergência dos gêmeos digitais com a IA está na maestria da inteligência artificial tratar, processar, identificar padrões e gerenciar grandes quantidades de dados. Os sensores de IoT geram os dados, os sistemas de IA os tratam e os processam, porém é preciso que o usuário consiga interagir com eles. Assim surge as interfaces amigáveis e intuitivas dos cômpitos de tecnologias. Estes podem ser simples, como um sistema de Dashboards, com gráficos dos principais parâmetros monitorados, seus limites e controles de simulação, ou opções mais elaboradas, utilizando técnicas de realidade virtual e aumentada, que garantem aos usuários interagir com dados por meio de dispositivos vestíveis (*wearables*) e celulares.

Originalmente empregados em indústrias como a manufatura robotizada e o planejamento urbano, os gêmeos digitais principiam a revolucionar o setor educacional, ao oferecer soluções para antigos desafios e ao inaugurar caminhos para um modo de proceder mais sustentável e eficiente. No âmbito do projeto e da administração dos ambientes de aprendizagem, as possibilidades de utilização incluem:

Ambientes virtuais de aprendizagem – professores e estudantes conseguem interagir em tempo real, o que elimina barreiras geográficas e cria uma experiência de aprendizagem imersiva. A evolução da realidade virtual para gêmeo digital constitui um avanço significativo das tecnologias imersivas e interativas, principalmente quando se pretende estabelecer conexão entre o mundo real e o sintético. Essa integração proporciona condições para simulações de processos no ambiente de aprendizagem concreta; permite reduzir custos; amplia oportunidades de inovação no processo instrucional; auxilia testes de cenários; oferece estratégias em um ambiente virtual seguro que mantém correlação com o mundo tangível; enfim, possibilita efetivamente o uso do modelo SBL (aprendizagem baseada em cenários).

Melhoria das simulações – os gêmeos digitais ultrapassam as simulações estáticas e hipotéticas, pois se atualizam constantemente para refletir o estado atual do objeto físico que está sendo espelhado. Esse dinamismo proporciona percepções em tempo real acerca do desempenho, de oportunidades de aperfeiçoamento e detecção precoce de problemas potenciais a serem solucionados, os quais afetam a aprendizagem efetiva.

Um conceito que os gêmeos digitais evidenciam é o valor de afastar-se de uma situação cibernética a fim de examiná-la sob uma perspectiva mais ampla. No contexto da aprendizagem, isto assemelha-se à metacognição – reflexão acerca do próprio pensamento. A metacognição compreende a autoconsciência dos processos cognitivos do aprendiz, tais como a avaliação de sua compreensão, a identificação das estratégias eficazes e a ponderação acerca das possibilidades de aperfeiçoamento.

Um dos benefícios dos gêmeos digitais consiste na capacidade de integrar dados em tempo real nos processos, o que propicia compreensão mais profunda, maior capacidade de realizar previsões precisas e informar o sistema real ao efetuar ajustes. O aprendizado efetivo também obtém proveito da incorporação de dados em tempo real, sob a forma de retorno imediato. O retorno auxilia os estudantes a reconhecer erros, ajustar estratégias e consolidar entendimentos corretos. Quanto mais rapidamente este retorno for recebido, maior será sua influência no processo instrucional, além de reduzir o tempo perdido durante o qual os estudantes experimentam frustração e confusão.

O potencial dos gêmeos digitais para influir na educação é extraordinário. Além da possibilidade de fornecer percepções valiosas na administração de recursos físicos, eles conseguem proporcionar plataformas dinâmicas para conceber e desenvolver currículos, promover o engajamento do estudante, tornar os conceitos abstratos tangíveis e interativos. No que concerne aos estudantes, podem aprimorar a compreensão, a aplicação, a transferência e a assimilação. A tecnologia de gêmeo digital poderá oferecer benefícios expressivos para todo o ecossistema educacional.

Sistemas multiagentes: nova era da IA generativa

Os sistemas multiagentes (MAS), subárea da inteligência artificial, consistem em múltiplos agentes de tomada de decisão que interagem num ambiente compartilhado e cooperativo para alcançarem objetivos comuns ou conflitantes. Esses sistemas compreendem agentes digitais autônomos, cada qual apto a analisar determinado contexto, tomar decisões e executar ações para alcançar objetivos específicos de modo individual ou coletivo. Na educação, tais sistemas poderão ser utilizados para a concepção de ambientes de aprendizagem dinâmicos, os quais se adaptam às necessidades individuais dos estudantes.

Os sistemas multiagentes diferem das perspectivas convencionais de inteligência artificial, porquanto permitem a agentes independentes que trabalhem conjuntamente e coordenem tomadas de decisões e execução de ações a fim de alcançarem metas comuns em ambientes dinâmicos. Esses sistemas têm o poder de revolucionar desde a área da saúde até o setor financeiro e educacional, quando utilizam a inteligência coletiva e o comportamento adaptativo dos participantes digitais e humanos.

A construção coletiva e cooperativa é uma das extraordinárias peculiaridades que a inteligência artificial generativa copia dos seres humanos, atributos estes evidenciados em construções históricas:

- As Grandes Pirâmides de Gizé, entre as quais se inclui a Pirâmide de Quéops, que se distingue pela sua forma icônica e icástica, representam realizações monumentais do modelo cooperativo do Antigo Egito.
- O Tempo de Zigurate de Ur, construído em cerca de 2100 a.c. para homenagear o deus sumério Nana. Uma relíquia fascinante da Mesopotâmia.
- O Anfiteatro Flaviano, também denominado Coliseu, obra magnífica que se construiu entre os anos de 72 e 82 d.c., estabeleceu-se como um dos símbolos da Roma Antiga. Acomodava quarenta e cinco mil espectadores, os quais se entusiasmavam com os combates de gladiadores, com a execução de criminosos por animais selvagens e com a representação de batalhas históricas e mitológicas.
- O Partenon, que se considera o mais célebre exemplar da arquitetura grega clássica, apresenta-se como o primeiro de uma série de edifícios notáveis da Acrópole Ateniense, resultantes de um programa ambicioso de reconstrução, o qual se iniciou depois de uma guerra catastrófica contra os Persas, da qual decorreu a destruição da cidade. A construção esteve sob a direção de Péricles, o maior estadista do século V a.c. A Acrópole simbolizava os monumentos que se ergueram das cinzas, com o propósito de que os gregos se tornassem o povo mais poderoso, culto e próspero no mundo antigo. Com efeito, a edificação consistia numa declaração da glória de Atenas.

Essas quatro monumentais obras – e tantas outras mais – são portentosos e magníficos testemunhos do poder da colaboração em massa. Realizadas ao longo de séculos, envolveram a gestão e a logística de centenas de milhares de trabalhadores, os quais desempenhavam, cada um deles, funções específicas. O sucesso dessas formidáveis construções ratifica como a interação entre inúmeras pessoas com distintas habilidades e responsabilidades, que operam em sinergia em um modelo de "sistema de agente", é capaz de transformar sonhos grandiosos e ousados em realidade duradoura.

Todas elas são lições que servem de analogia de como a recente tecnologia de multiagentes de inteligência artificial, que é formada por múltiplos agentes de inteligência artificial, que operam em colaboração, poderão e lograrão gerar e realizar tarefas e grandes projetos em benefício dos humanos ou de outros sistemas.

Embora os agentes de inteligência artificial apresentem características próprias, a airosidade desse sistema consiste no equilíbrio entre autonomia e cooperação. Cada agente dispõe de autodeterminação e soberania para desenvolver a parte da tarefa que lhe compete; contudo, necessita interagir com os demais agentes e harmonizar-se às suas necessidades, a fim de que alcancem um propósito superior.

Os sistemas multiagentes de inteligência artificial constituem uma rede de inteligências artificiais generativas especializadas e interligadas, as quais se compõem de múltiplos agentes autônomos. Cada um desses agentes recebe seus próprios comandos e demais ferramentas, e atua de modo independente e autossuficiente, mas coordenado, com o objetivo de que atinjam um propósito comum.

Os sistemas multiagentes de inteligência artificial, à semelhança das grandes construções do passado, não requerem monitoramento nem controle centralizado pleno. Cada sistema contém a sua própria inteligência para solucionar as anomalias em seu domínio; deve, no entanto, comunicar-se e colaborar com os demais sistemas, a fim de que todos operem de modo eficiente e eficaz. Esses sistemas, porquanto aproveitam a inteligência coletiva e as capacidades especializadas de cada agente, oferecem flexibilidade e robustez sem precedentes para enfrentar os desafios do mundo real.

Os sistemas multiagentes de IA operam baseados em Modelos de Linguagem Grande (LLM). Cada agente é designado para uma função específica. As tarefas mais complexas podem ser fracionadas em partes menores e atribuídas a agentes distintos. Estes têm capacidade de se comunicar e de compartilhar um trabalho conjunto e colaborativo em prol de um objetivo comum.

O sistema pode ser facilmente ampliado, com a inclusão de mais agentes, se necessário, ou se surgirem tarefas adicionais. Caso um agente seja ineficiente e não produza os resultados programados, os demais poderão solicitar que repita a ação, ou reescalonar para outros agentes, sem a interferência humana. Os agentes poderão atuar simultaneamente, o que resultará em uma execução mais célere das tarefas, bem como um desempenho geral melhorado do sistema.

Essa portentosa tecnologia poderá auxiliar na aprendizagem de várias maneiras, como:

- *Ambientes de aprendizagem imersivos* – os agentes conseguem simular cenários, permitindo que os estudantes desenvolvam competências e habilidades em um espaço digital, realista, seguro e controlado.

- *Debates e reflexões* – os agentes podem moderar discussões e debates *online*, promovendo a interação e o respeito. Empregando a maiêutica socrática e o diálogo, conseguem ostentar diversas e distintas perspectivas nas reflexões, incentivando o pensamento crítico e a argumentação.

- *Simulações de laboratórios* – os agentes conseguem simular experimentos em laboratórios virtuais, reduzindo custos e melhorando a segurança do processo instrucional.

• *Ajuste das lacunas e dificuldades* – agentes podem adaptar o nível de dificuldades dos desafios, tarefas e atividades de aprendizagem, bem como sanar lacunas, de acordo com o desempenho do discente.

• *Acompanhamento* – os agentes monitoram o progresso do estudante, podem oferecer suporte emocional e motivacional, fornecer retorno individualizado, sugerir recursos de aprendizagem relevantes com base nos interesses e habilidades de cada um.

Trata-se de uma iniciante e inaudita tecnologia, que irá se desenvolver rapidamente, portanto sua implementação apresenta enormes desafios, como: conhecê-la e compreendê-la; investir em infraestrutura adequada; capacitar e treinar os educadores; desenvolver políticas de privacidade e segurança; monitorar e avaliar a eficácia das soluções.

O cientista e pesquisador da OpenAI, Noam Brown, ressaltou a relevância dos sistemas multiagentes de IA, ao afirmar:

> [...] acreditamos que os sistemas multiagentes são o caminho para um raciocínio de IA mais eficiente. O design desses sistemas tem como objetivo facilitar uma colaboração efetiva entre os agentes, permitindo que abordem tarefas complexas de maneira mais eficaz (Triggo, 2024).

Impulsionados pela IA generativa, os sistemas multiagentes de IA simbolizam um dos marcos mais promissores na automação de processos educacionais e empresariais. A educação poderá se beneficiar desses sistemas para melhorar significativamente o processo instrucional em todas as suas sutilezas. A chave do sucesso é garantir que estejam alinhados aos propósitos institucionais e instrucionais, bem como a capacitação e qualificação de todos os envolvidos no processo de ensino, de desenvolvimento e de aprendizagem, a fim de alcançar os resultados programados.

Na maior parte das vezes, tanto a educação corporativa quanto a formal, ofertada nas escolas, limitam-se à utilização de tecnologias e plataformas que disponibilizam videoaulas, apostilas virtuais de má elaboração, exercícios como o questionário, com escassa ou nenhuma criatividade lúdica, os quais não motivam nem desafiam os aprendizes em seus processos de assimilação.

As tecnologias modernas – inteligência artificial, IA generativa, internet das coisas, realidade híbrida, gêmeos digitais, sistemas multiagentes – e as suas ferramentas, que se convertem literalmente em extensões do corpo e da mente, necessitam de incorporação urgente em todo o processo de ensino, desenvolvimento e aprendizagem, visto que estas, entre outras, facultam:

- Expandir as informações e conteúdos;
- Conceber ambientes de aprendizagem flexíveis e enriquecidos;
- Facultar a personalização da aprendizagem, bem como o ensino adaptativo e individualizado;
- Eliminar barreiras de espaço e tempo entre docente e discente;
- Aumentar as alternativas de comunicação e de interação entre as partes;
- Incentivar a autonomia e autoaprendizagem;
- Romper com o cenário clássico e ineficiente de transmissão de conteúdos;
- Oferecer novas probabilidades de tutoria, mentoria e orientação;
- Facilitar a formação permanente ou educação continuada.

As empresas e as escolas necessitam conceber projetos instrucionais que incorporem as novas tecnologias de inteligência artificial generativa, as quais se acham disponíveis para a formação de profissionais competentes, aptos a responder aos desafios mundiais do mercado e de uma sociedade cada vez mais digitalizada e cognitiva. Tais configurações decorrem da tecnologia e da inteligência artificial generativa como ampliação da mente e da cognição, as quais servem de apoio à inovação e à renovação de todo o processo de desenvolvimento das aptidões no âmbito tanto corporativo quanto educacional.

Apresentei alguns exemplos de tecnologias que auxiliam nas operações, no processo instrucional e na aprendizagem dos estudantes, os quais multiplicam a extensão da mente humana. A sociedade principia a adentrar a quinta revolução cognitiva, e estas tecnologias cognitivas extraordinárias e admiráveis são recém-nascidas, razão pela qual ainda se aperfeiçoarão, diminuirão de preço e se tornarão mais acessíveis, simples e participativas.

3
Florescimento da inteligência artificial

A Inteligência Artificial consegue gerar coisas
inéditas e engenhosas, mas não criativas,
pois criatividade (ainda) é uma faculdade e
prerrogativa exclusivamente humana.

A conceituação da inteligência artificial parece uma tarefa simples, mas se revela difícil de examinar. Não existe uma definição única de inteligência artificial, pois ela constitui um conjunto de tecnologias interligadas. O algoritmo, seu elemento principal, carece de uma definição matemática exata, e as suas diversas escolas e técnicas se mesclam em contradições subjacentes.

Alan Turing (1912-1954), ao apresentar a sua máquina, definiu a inteligência artificial como "a capacidade de usar computadores e programas a fim de verificar qual o alcance da compreensão relativa à inteligência humana" (Turing, 2004, p. 433-464). Essa definição representa ciência autêntica. O conceito atual de inteligência artificial remete a um projeto cujo intuito é a reunião de dados para o uso em sistemas de simulação em larga escala. Tais sistemas são apenas racionais e criam um ambiente no qual a explicação e a compreensão carecem de importância.

O ser humano tem a necessidade, quase que inata, de ter "amigos imaginários", daí a confiança e o prestígio que brindamos à inteligência artificial. Com suas mestrias e habilidades, como se fôssemos avatares, nos proporciona a possibilidade concreta de desenvolvermos o nosso próprio mundo. Quando se lê e se delicia com a leitura de um romance, a introspeção fica tão intensa que acabamos nos identificando – e conhecendo – profundamente com cada personagem da narrativa. Isso é criatividade mental, uma das melhores conquistas da inteligência do ser humano.

O problema apresenta-se quando alguém se enamora de verdade por um personagem da historieta, o que equivale também quando passamos a tratar um *chatbot* como humano e nos tornamos um tanto dependentes. Alguns até se encantam ao extremo, como no filme *Uma história de amor,* do diretor Spike Jonze, no qual Theodore, um escritor solitário interpretado por Joaquin Phoenix, se apaixona perdidamente por Samantha, uma assistente virtual fundamentada em inteligência artificial.

Os especialistas classificam a inteligência artificial em quatro tipos, conforme os seus resultados e as suas execuções:

1. *Inteligência artificial limitada (IAL)* – tem por fim o armazenamento de dados em grande quantidade. Ela executa cálculos e funções de alta complexidade com rapidez, mas foca o propósito fundamental, o qual consiste no armazenamento de dados. A IAL reage a estímulos segundo a programação e mantém os dados na memória finita, os quais fundamentam as suas resoluções. Os serviços de transmissão de conteúdo exemplificam esta modalidade de inteligência artificial, pois recomendam programas conforme as opções prévias do usuário e oferecem serviços afins.

Os algoritmos de recomendação tornaram-se imprescindíveis ao mercado atual. A IAL examina o comportamento, as predileções e os interesses do usuário manifestos nas buscas, nas compras e nas avaliações anteriores, o que lhe permite recomendar produtos e serviços personalizados a cada consumidor. Os filtros de conteúdo levam em conta os endereços eletrônicos visitados, os itens procurados e os artigos comprados a fim de sugerir opções compatíveis com as predileções anteriores do consumidor.

2. *Inteligência artificial geral* (AGI) – assimila mediante o aprendizado de máquina e o aprendizado profundo e demonstra aptidão crescente para reagir a estímulos semelhantes aos do ser humano. A AGI compreende duas classes: as Máquinas Cientes, as quais observam os cenários ao redor, compreendem impulsos e processam os dados; e as Máquinas Autoconscientes, as quais manifestam lucidez acerca do mundo e de si próprias, o que lhes faculta a compreensão dos estímulos externos.

A AGI representa o ideal máximo da indústria, pois acelera o desenvolvimento de produtos e serviços, identifica oportunidades e riscos do mercado e aperfeiçoa o processo de planejamento. Ela age por meio da análise de dados em larga escala e da identificação de padrões. A AGI presta auxílio a múltiplas áreas:

- *Assistente virtuais*: os assistentes virtuais (Alexa, Google Assistant, Siri) efetuam ligações, buscas, mensagens e controlam dispositivos inteligentes.

- *Redes sociais e serviços de transmissão de conteúdo*: as redes sociais e os serviços de transmissão de conteúdo personalizam a experiência do usuário e recomendam programas segundo as suas preferências anteriores.

- *Gestão de pessoas*: a gestão de pessoas verifica a adequação de um candidato à vaga disponível e prevê o seu desempenho.

- *Educação*: a educação avalia o desempenho do estudante, identifica lacunas e sugere opções de recuperação e aprimoramento da aprendizagem.

- *Mercado financeiro*: o mercado financeiro analisa indicadores e medidas de desempenho para a tomada de decisões relativas a investimentos e à concessão de créditos.

- *Marketing*: identifica tendências, comportamentos e oportunidades de novos produtos e serviços.

3. *Inteligência artificial generativa (IAG)* – A inteligência artificial generativa fundamenta-se em dados anteriores para gerar conteúdos aparentemente originais, tais como imagens fixas, imagens em movimento, sons e textos. A IAG demonstra engenhosidade na elaboração de roteiros audiovisuais, desenhos, ilustrações vetoriais, pinturas e no planejamento de produtos e serviços. Os dados em larga escala alimentam o seu aprendizado e embasam as suas produções.

A IAG consiste em uma tecnologia que capacita os dispositivos a aprender, raciocinar, decidir e interagir com os humanos. Tal interação ocorre por meio de programas e aplicativos de diálogo, os quais simulam conversas pela voz ou pelo texto. No campo educacional, a IAG responde a indagações simples e complexas e se aperfeiçoa à medida que recebe mais informações. Esta inteligência artificial supre a função dos professores que apenas repetem informações de terceiros em formato de palestra.

4. *Superinteligência (ASI)* – A Superinteligência designa um modelo avançado de inteligência artificial cujo fim é ultrapassar a inteligência humana em todos os aspectos. A ASI inclui funções cognitivas superiores, raciocínio altamente desenvolvido e capacidade de resolução de problemas muito além da mente humana. A ASI compreende e analisa dados em quantidade enorme com destreza, toma decisões complexas e multifacetadas e produz caracterizações, ideias

e concepções fecundas. O futuro dirá se esta inteligência artificial será exequível, pois ela existe apenas como hipótese e deverá executar tarefas impossíveis aos seres humanos.

A despeito dos tipos e dos conceitos, essa tecnologia cognitiva extraordinária modificou de modo fundamental o cotidiano das pessoas, das empresas e da sociedade no que diz respeito aos comportamentos, às atitudes, às ocupações, às profissões e aos modos de vida.

As transformações admiráveis nos deixam tão perplexos que, em nossa pressa de atribuir essência a tudo, concebemos a inteligência artificial como uma única coisa. Referimo-nos à inteligência artificial como se ela fosse um ser ou uma entidade capaz de fazer o bem ou o mal. A inteligência artificial, no entanto, constitui múltiplas coisas que se comunicam entre si, atuam em conjunto e compõem uma rede de tecnologias.

O que agrava este modo errôneo de pensar é a crença de que existe uma entidade intencional capaz de mentir e de nos enganar. Tal pensamento decorre de um raciocínio falho. A inteligência artificial produz respostas insensatas quando recebe perguntas insensatas, o que apenas reflete a inaptidão de formular perguntas pertinentes e adequadas.

Debute da IA generativa

IA generativa, fragmento da inteligência artificial, é uma técnica de algoritmos de *machine learning* treinada para gerar padrões de construção de elementos, modelos de linguagem e gerar novas informações, bem como conceber e produzir conteúdos a partir de miríades de dados existentes. O aspecto generativo distingue-a de outros modelos de inteligência artificial, uma vez que lhes permite não somente fornecer respostas, mas também gerar conteúdos dessas respostas.

A inteligência artificial generativa constitui uma parte da inteligência artificial e consiste em uma técnica de algoritmos de aprendizado de máquina cuja finalidade é criar padrões, modelos de linguagem e gerar informações novas, além de produzir conteúdos fundamentados em dados preexistentes. O caráter generativo a diferencia de outros modelos de inteligência artificial, pois ela não apenas fornece respostas, como também produz conteúdos a partir delas.

A inteligência artificial generativa existe desde a década de 1970, mas causou uma mudança radical após o lançamento do ChatGPT, em 22 de novembro de 2022. Essa tecnologia resulta das pesquisas acerca das redes neurais humanas e de outras tecnologias relacionadas ao estudo do cérebro, não com o intuito de copiá-lo, mas de criar tecnologias fundamentadas em seu funcionamento. Os algoritmos da inteligência artificial generativa aprendem de modo independente e a tornam uma tecnologia extraordinária. Essa tecnologia altera a história humana de modo mais profundo do que qualquer outra, visto que ela evolui mediante o autoaprendizado tal qual os seres humanos. Daí decorre a afirmação de que ela inaugura a quinta revolução cognitiva.

O cérebro humano evoluiu por meio da fala e da audição, não por meio da leitura e da escrita. O diálogo contribuiu de modo decisivo para o progresso da linguagem. A inteligência artificial generativa restabeleceu a importância do diálogo e da linguagem na aprendizagem pelo uso da fala, da audição e do aprendizado multimodal. Outras tecnologias, tais como imagens, vídeos, internet das coisas, imagens tridimensionais, realidade híbrida, gêmeos digitais, sistemas multiagentes, realidade aumentada e realidade virtual nos aproximaram de uma aprendizagem mais contextual.

A inteligência artificial generativa emprega recursos múltiplos a fim de auxiliar a aprendizagem dos estudantes, entre os quais se destacam a personalização, a linguagem, o diálogo e o interesse. O ensino tradicional oferece uma personalização limitada ou a exclui. A inteligência artificial modifica de modo radical esse panorama. Os algoritmos complexos fundamentam as experiências de aprendizagem oferecidas aos discentes em tempo real, especialmente na aprendizagem adaptativa. Os programas de diálogo personalizados conforme as necessidades dos estudantes devem receber atenção. A complexidade e o hermetismo desses programas exigem que os algoritmos, não os planejadores humanos, determinem a sequência das ações, o que torna factível a personalização em larga escala.

A inteligência artificial abre muitas possibilidades:

- Os simuladores baseados em inteligência artificial generativa, realidade virtual e realidade aumentada auxiliam a compreensão de temas relacionados à geografia, à biologia, à química, às plantas de prédios e aos equipamentos por meio de modelos prontos de imagens tridimensionais.

- Realização de visitas em museus do mundo todo por meio do Google Earth ou pelos próprios *sites* de galerias de arte, como o lindo Museu Oscar Niemeyer (Curitiba), o Museu do Louvre (Paris), entre outros.

- Proporcionar atividades que utilizem recursos como o ChatGPT e outras plataformas e aplicativos de IA generativa, para apresentar uma maneira inovadora de redigir textos, fazer pesquisas e gerar programas de áudio e de vídeo. Este modo de proceder reforça a importância do desenvolvimento das aptidões do estudante na execução da atividade e o afasta da mera cópia do conteúdo produzido pelo programa.

Ao contrário do que muitos leigos julgam (o exercício de opiniões sem fundamento é uma prática assaz corriqueira entre os seres humanos), a inteligência artificial generativa não tem capacidade de subjetividade e abstração, nem de interpretar aquilo que se indaga. A inteligência artificial precisa analisar quantidades extraordinárias de dados variados a fim de reconhecer a pergunta que se lhe dirige. Ademais, esta tecnologia apresenta grande dificuldade com inferências de caráter aberto, filosófico e metafísico, razão pela qual não interpreta nem compreende conceitos abstratos, tais como amor, felicidade, alegria, justiça, democracia, diversidade, inclusão, entre outros. A inteligência artificial não dispõe de senso comum, curiosidade ou entendimento de mecanismos causais, de modo que não consegue reconhecer nem entender uma pergunta de natureza inestética e estrambólica. A máquina responde textualmente ao que foi perguntado, sem nenhuma espécie de interpretação ou correção. Portanto, quando a resposta, o retorno ou o resultado não agradar, a responsabilidade recai no utilizador, e não na inteligência artificial.

A inteligência artificial generativa exemplifica o sábio estulto e embrutecido, porquanto recorda tudo quanto lhe apresentamos, mas a simples memorização não constitui a capacidade de discernimento que dela esperamos. Quando os especialistas declaram que a aprendizagem da inteligência artificial generativa é "profunda", não afirmam que ela tem sabedoria, erudição, percepção e lucidez no sentido subjetivo e filosófico. O termo "profunda" refere-se às numerosas camadas estruturais presentes em seus algoritmos. A inteligência artificial funciona adequadamente por causa da sua grande flexibilidade matemática, mas permanece circunscrita aos dados e às informações que recebe. O que a torna eficaz, em particular nas tarefas compatíveis com o seu processamento do princípio ao fim, é a rapidez com que analisa dados e informações, motivo pelo qual a diversidade desses dados importa tanto quanto a sua quantidade.

As máquinas "inteligentes" concentram-se no reconhecimento de padrões com dados rotulados e alcançam êxito porque executam tarefas específicas com resultados inerentes e intrínsecos. Continuarão, por longo tempo, inseparáveis da intervenção humana; dito de outro modo, carecem de inteligência contextualizada, situacional e multidimensional. Requerem grandes conjuntos de dados, supervisionados, diversos e aprendizagem por reforço. São eficientes, mas permanecem subordinadas à ética humana, visto que os dados e as informações provêm das pessoas, as quais também as treinam e permitem o seu funcionamento quando participam do processo, ao fazerem a curadoria e ao corrigirem quando a direção estiver equivocada.

Pela forma natural como responde e interage com as pessoas, afirma-se plausivelmente que a inteligência artificial generativa somos nós próprios. Trata-se de um rito coletivo de mediação e reflexão da geração social. Parece humana, não porque é humana, mas porque reflete a nossa memoriosa produção e herança. Não dialogamos, pois, com um indivíduo, com uma alma, com uma psique, mas assistimos a um amplo e profundo conjunto de conhecimento humano, histórico e estruturado, ao qual dominamos. É como se contemplássemos um espelho que reflete o nosso próprio capital cultural coletivo.

A tecnologia digital cognitiva apenas utiliza regras sintáticas para manipular sequências de símbolos, mas não compreende o significado nem a semântica. A inteligência artificial generativa responde apenas com fundamento no nosso passado, razão pela qual se assemelha a outra pessoa, a ponto de a batizarmos com nomes humanos, mas não o é. A nossa herança social e cultural é captada e parece comunicar-se conosco, de modo que o diálogo é tão natural que se afigura a uma interlocução entre humanos. A inteligência artificial, todavia, é um programa concebido e projetado para reproduzir algumas capacidades humanas, tais como aprendizado, raciocínio lógico, reconhecimento de padrões, interação em linguagem natural, mas sem nenhuma compreensão nem visão de futuro.

A IA generativa vai além, ela consegue construir textos, imagens, vídeos, colocar voz em avatares ou pessoas reais, resumir todos os capítulos de um livro e produzir um *podcast* sintético e íntegro das principais mensagens que o texto se proporcionou a mimosear. Tudo isso leva a crer que toda transmissão de conteúdo poderá ser feita por *chatbots*, colocando a imagem do autor. De outro modo, é viável o estudante ter um conteúdo de filosofia ministrado e transmitido pelo próprio Sócrates, por exemplo. Quanto aos professores humanos, estes ficarão responsáveis pela curadoria dos conteúdos, pelo desenvolvimento das habilidades comportamentais, da criatividade e do raciocínio crítico, bem como pela aplicação e transferência dos conhecimentos para resolução de problemas, concepção e execução de projetos. Mesmo nesse mote, a IA generativa pode auxiliar e até substituir o docente humano.

Quando refletimos a respeito da inteligência, as primeiras menções são as avaliações de aprendizagem nas escolas tradicionais e os testes de Q.I., que utilizam notas de classificação baseadas no desempenho em provas para quantificar a inteligência de uma pessoa. A inteligência humana não é unitária, como defendia o psicólogo e pedagogo francês Alfred Binet, que concebeu o teste de inteligência que mede o quociente de inteligência nas áreas de matemática e linguagem. Trata-se de um conjunto complexo de condições cognitivas que podem se manifestar de múltiplas formas e em diversas áreas da vida.

O psicólogo americano Howard Gardner, concebeu a Teoria das Inteligências Múltiplas para descrever as diversas maneiras de o ser humano demonstrar suas capacidades cognitivas. A palavra "inteligência" tem sua origem na junção dos vocábulos *inter* (entre) e *legere* (eleger, escolher), ou seja, é a capacidade de discernir e de tomar decisões boas e eficientes entre duas ou mais situações. Gardner se alicerçou nesses dois conceitos, que passam a ter uma abrangência bem maior, e criou seus oito tipos de inteligência: lógico-matemática, linguística, interpessoal, intrapessoal, corporal, espacial, musical, existencial. Depois de algumas pesquisas e práticas, Gardner acrescentou também a inteligência naturalista, a capacidade de reconhecer, classificar, manipular, se relacionar com o meio ambiente e com outras espécies, perfazendo nove tipos de inteligência.

Ao comparar e conceituar inteligência artificial, descobrimos que é difusa e complexa, pois não é um conjunto de encéfalos similares no tamanho e restrições dos humanos, com uma memória de curto e longo prazo de trabalho limitado, mas uma rede de comunicação instantânea. Não é preciso ser perito na mecânica e no funcionamento de tudo isso, mas se faz necessário compreender os modos pelos quais impactam nossas vidas, nosso comportamento, nossa forma de ensinar e de aprender. A inteligência artificial nos auxilia nessa empreitada armazenando, potencializando e otimizando tudo o que fazemos e buscamos em nossas diversas tralhas eletrônicas.

A inteligência artificial se distingue das tecnologias das revoluções cognitivas e industriais passadas (Figura 6.0), pois são mais avançadas, amplas, muitas vezes invisíveis em seus espectros. As três principais diferenças são:

1. Inteligência – capacidade de apreender e de prognosticar contextos, cenários, eventos, situações, bem como de agir de acordo com esse conhecimento, dando sentido às coisas.

2. *Interface natural* – habilidade de igualar-se a aspectos como voz, gestos, movimentos, bem como de se alinhar às ações, aos traços, aos movimentos e a outros recursos intuitivos humanos.

3. *Ubiquidade* – atributo de estar onipresente no cotidiano das pessoas. Onipresença é um atributo divino da teologia, definida como a faculdade de estar em todos os lugares ao mesmo tempo. Sedimentada e amplificada com o desenvolvimento da inteligência artificial, na transformação digital, passou a ser aplicada a todos os dispositivos conectados à internet.

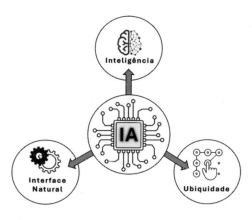

Figura 6.0 – Características da IA que a diferenciam das demais tecnologias.

À medida que exploramos as possibilidades e qualidades transformadoras que a inteligência artificial pode trazer, não se pode obliterar algumas armadilhas que cercam sua aplicação. A primeira é a potencial presença de vieses nos dados coletados e utilizados para treinar esses sistemas cognitivos avançados. Nesse contexto, é primordial interpelar a inteligência artificial com um caráter crítico, adotando uma abordagem responsável em sua aplicação, apoiado na legislação que monitora e regula sua utilização, no sentido de assegurar o uso ético, transparente e verificável de dados e algoritmos de aprendizagem. É salutar considerar os dilemas de equilibrar o acesso aberto aos dados com proteção da privacidade das informações, com o intuito de se ajustar à Lei Geral de Proteção de Dados Pessoais (LGPD), conjunto de regras brasileiras que visa garantir o tratamento seguro e respeitoso das informações pessoais de um indivíduo.

Para minimizar esses riscos, em 2019, a Unesco publicou o relatório "Consenso de Pequim sobre inteligência artificial e educação", o primeiro documento a fornecer recomendações quanto à utilização de inteligência artificial no processo instrucional. O texto reitera que a integração sistemática da IA generativa com a assimilação permite confrontar os grandes desafios hodiernos, tais como inovar as práticas de ensino, desenvolvimento e aprendizagem e, em última instância, acelerar o cumprimento das metas do ODS4 (Objetivo de Desenvolvimento Sustentável), da Organização das Nações Unidas (ONU), que visa assegurar educação responsável, inclusiva, equitativa e de qualidade para todos.

A inteligência artificial é o campo científico de tecnologia que se concentra na concepção de programas e de mecanismos capazes de exibir comportamentos considerados hábeis e engenhosos. A tecnologia utiliza dados, algoritmos e técnicas de aprendizagem automática para analisar informações, tomar decisões, solucionar problemas e adaptar-se a situações inéditas. A equiparação com a inteligência humana fundamenta-se na noção de que a inteligência artificial deriva inteiramente do estudo e da imitação do cérebro humano. Até mesmo a técnica de "rede neural" é falsamente modelada, semelhante à estrutura de rede do cérebro; trata-se, contudo, muito mais de uma analogia do que uma aplicação real.

Roger Schank, teórico americano de inteligência artificial e psicólogo cognitivo, salienta que "a inteligência artificial é meramente um programa e que deveríamos, de fato, chamá-la de programa"

(Clark, 2024, p. 16). O vocábulo "inteligência" em inteligência artificial é, portanto, enganoso, pois aproxima-se de uma medida extremamente antropomórfica. Talvez seja mais correto considerar a inteligência artificial em termos de tarefas, capacidades e treinamentos, mas não como intrinsecamente inteligente.

A expressão "inteligência" adquiriu o seu lugar na tecnologia quando o Teste de Turing foi proposto. O teste foi concebido pelo genial e injustiçado Alan Turing, que formulou uma pergunta brilhante e criativa: "Uma máquina poderia pensar? (Turing, 2004, p. 450)".

Responder a essa pergunta constituía um método de medição da capacidade de "inteligência" da máquina. Não se fundamentava na compreensão autêntica nem na consciência, mas na aptidão para realizar uma interação que não se distinguisse da de um ser humano.

O teste incluía três participantes: duas pessoas e um computador. A finalidade consistia em verificar se a máquina manteria um diálogo de tal maneira que o interrogador não conseguisse discernir qual entidade (computador ou ser humano) estaria a responder. Quando não se lograva determinar quem era quem, considerava-se que a máquina havia sido aprovada no teste. Isto indicava que a máquina demonstrara capacidade de simular um comportamento inteligente indistinguível daquele de um ser humano na conversação escrita.

A indagação de Turing continua a propiciar contribuições significativas para a discussão filosófica acerca da "sapiência" da inteligência artificial. Conquanto muitas pessoas ultrapassem os limites do espectro conceitual, com visões distópicas e exageradas de robôs e humanoides, a inteligência artificial permanece como nossa servidora, e não como nossa dominadora.

A inteligência artificial está se movendo celeremente, conseguindo ininterruptos triunfos em todas as áreas e domínios. Isso nos transporta a amplificar o conceito de "inteligência coletiva". A disseminação desse conceito se iniciou em 1912, quando Émile Durkheim, psicólogo e sociólogo francês do século XIX, definiu que a singular fonte de pensamento lógico humano é a sociedade em si. Todavia, foi em 1994 que o sociólogo francês Pierre Lévy popularizou o conceito em seu livro, *A inteligência coletiva: por uma antropologia de ciberespaço* (1994), em resposta à crescente informatização da sociedade, açulada pela ascensão da internet.

O forte desenvolvimento da inteligência artificial, o crescimento e a diversificação dos nodos nas redes sociais, as inéditas formas de competências comunitárias que permitem que o conhecimento seja a soma dos saberes humanos e das máquinas, faz com que o conceito original de Durkheim e propagado por Lévy, que antes se baseava apenas na intelectualidade humana, deva ser muito amplificado. Como educadores, isso é estimulante e intimidante ao mesmo tempo, pois fazemos parte de um inédito nexo tecnológico de cognição estendida, com docentes e discentes humanos, professores IAG e estudantes IAG, todos impulsionados por tecnologia digital cognitiva.

Nós, seres humanos, tidos como *Homo sapiens* (homem sábio), sobrevivemos e fomos bem-sucedidos, pela capacidade adaptativa e pela inteligência em criar, por meio de tecnologias, instrumentos e equipamentos, que aliviaram o fardo do trabalho físico, repetitivo e, recentemente, preditivo. Máquinas mecânicas, elétricas, eletrônicas e digitais propiciaram as diversas revoluções industriais com aumento significativo da produtividade, todavia todas essas inovações e transformações foram consequência das revoluções cognitivas e simbólicas: linguagem, escrita, internet, inteligência artificial, que nos fizeram ler, escrever, argumentar, criar e codificar. Isso proporcionou alimentar máquinas para subtrair o esforço cognitivo e mental.

Com o surgimento da Indústria 5.0, decorrente do desenvolvimento exponencial da inteligência artificial, a relação deixou de ser "homem contra a máquina" e passou a ser "homem com a máquina". É fato que a automação dos processos de fabricação se vincula à aplicação de robôs na execução de tarefas da rotina produtiva, anteriormente desempenhadas exclusivamente por operários; todavia, subsistem ainda atividades mais estratégicas que não se podem substituir, como a programação dos *cobots* – robôs físicos que atuam em cooperação com os seres humanos nos ambientes de chão de fábrica.

É verdade, igualmente, que construímos robôs que, de modo semelhante aos seres humanos, se adaptam, aprendem e, por conseguinte, principiam a copiar-nos, imitar-nos e ensinar-nos. Em outros termos, conforme aperfeiçoamos e ensinamos os computadores a aprender, de certo modo, fazemos com eles o que se fez conosco durante milênios. Somos inteligentes em virtude do que aprendemos; agora delegamos parte desse legado às máquinas. As consequências apresentam-se enormes: econômicas, sociais e educacionais, porquanto, ao aprenderem, as máquinas iniciam a substituir profissões, ocupações, funções e atividades que, anteriormente, cabiam apenas aos seres humanos.

No campo da aprendizagem, a inteligência artificial nos evidencia o que funciona e o que não funciona. A modificação procede de iluminações na ciência cognitiva e mediante inovações tecnológicas na pedagogia digital. No livro *Currículo 30-60-10: a era do nexialista*, descrevo minuciosamente a Taxonomia de Bloom, com ênfase no domínio cognitivo. Contudo, embora não tenha aprofundado tanto, Bloom apresentou outros dois domínios (afetivo e psicomotor), os quais poderão ser mais bem discutidos com a utilização da tecnologia digital cognitiva:

- *IA cognitiva* – permite o acesso a recursos educacionais por meio da pesquisa; criação de textos e vídeos, bem como de respostas para perguntas claras e pertinentes; fazer conexões; analisar e utilizar dados para prever, prescrever, traduzir e transcrever.
- *IA afetiva* – pode identificar emoções em textos, falas, gestos, posição corporal e rostos. Na aprendizagem, isso será capaz de expressar a obtenção de ideias cruciais a respeito das dificuldades na aprendizagem e do possível abandono da escola e dos estudos.
- *IA psicomotora* – similar à robótica avançada e aos carros autônomos, poderá mover-se por espaços em 3D como museus e ambientes de aprendizagem e entrar, por meio de simulações e de experimentos, em laboratórios virtuais, realidade híbrida, realidade aumentada e realidade virtual.

Em meados dos anos de 1990, Lorin W. Anderson (1945), discípulo de Benjamin Bloom e David R. Krathwohl (1921-2016), revisou a taxonomia para modernizar e transformar os objetivos mais focados em resultados. Essa atualização refletiu mutações no papel do docente, que deixa o protagonismo do palco, para se transformar em guia, assistente, monitor e conselheiro. A visão do discente afasta-se do receptor passivo de conteúdos teóricos para se aproximar do participante ativo e agente na construção de seu próprio aprendizado.

Com o advento da tecnologia digital cognitiva e da inteligência artificial, com ênfase na IA generativa, a taxonomia precisa novamente ser remodelada, para considerar como os estudantes interagem com esse novo contexto tecnológico. É mister refletir acerca do valor de se "lembrar" – primeira dimensão da taxonomia – uma vez que a IA generativa consegue evocar todas as informações existentes até então, em milissegundos. Também a segunda dimensão – "compreender" – precisa ser atualizada, pois a IA generativa pode explicar tudo e muitas vezes melhor que os humanos. Enfim, as seis dimensões de Bloom necessitam ser remodeladas, uma vez que a IA generativa interfere em todas elas – (Tabela 1.0).

Taxonomia de Bloom 1.0 – (1956) Auxiliar o planejamento curricular	Taxonomia de Bloom 2.0 – (2001) Ênfase no resultado da aprendizagem	Taxonomia de Bloom 5.0 Introdução da IA generativa no processo instrucional
Avaliação	Avaliar	Avaliar + qualificar + retroalimentar e antealimentar
Síntese	Sintetizar	Sintetizar + criar + ação concreta
Análise	Analisar	Analisar + explorar + raciocínio lógico e crítico
Aplicação	Aplicar	Aplicar + exercitar + desafios, resolução de problemas
Compreensão	Compreender	Compreender + interpretar + domínio e fluência
Conhecimento	Lembrar	Lembrar + memorizar + teorias, conceitos e exemplos

Tabela 1.0 – Remodelações da Taxonomia de Bloom.

Uma Taxonomia de Bloom contemporânea é indispensável para refletir a colaboração que está no cerne desse hibridismo do humano em parceria com a inteligência artificial. Uma taxonomia que espelhe e reproduza as novas formas de criar, lembrar-se, compreender, aplicar, analisar e avaliar em colaboração com a IA generativa.

O poder do diálogo e da maiêutica socrática digital

Com a inteligência artificial, cumpre compreender que os percursos da aprendizagem serão muito mais complexos e variados, visto que se personalizarão e se individualizarão. Em lugar de ramificação, gamificação e desafios fundamentados em regras para o aprendizado bem-sucedido, emergirá a adaptação, na qual os programas informáticos, e não os projetistas humanos, decidirão, em tempo real, aquilo que deverá apresentar-se sequencialmente ao estudante. Para tal fim, importa compreender a natureza da adaptabilidade, o poder do diálogo, e conceber conteúdos desagregados e livres de maneira suficiente, a fim de que se disponibilizem em escala.

A aprendizagem constitui uma atividade que ocorre de modo natural, informal e implícito durante a nossa existência. Assimilamos ou desenvolvemos um conceito, utilizamo-lo, agimos e o modificamos com fundamento na resposta que recebemos quanto às nossas ações e comportamento. Aprender, por conseguinte, significa alterar comportamento. Procede por intermédio do diálogo, de um processo de ação, reflexão, resposta e ciclos de esclarecimentos. Em razão disso, a assimilação, o desenvolvimento, a integração e a aplicação prática dos conceitos acontecem mediante a interação e a resposta entre todos os interessados da escola. Assim, afirma-se, com fundamento nos fatos, que se trata de um processo social e construtivo dentro e fora do ambiente de aprendizagem.

A estrutura conversacional e dialógica com um *chatbot* que funciona por IA generativa constitui uma associação natural para o projeto instrucional de aprendizagem ativa. Isso transforma a instrução passiva (ler um livro, assistir a um vídeo, ouvir um *podcast*) em uma atividade ativa, uma vez que o estudante poderá interrogar e questionar a fonte enquanto lê, assiste ou ouve. Esse diálogo mediante as técnicas da maiêutica socrática amplia a experiência do discente, personaliza-a, aumenta a capacidade de execução dos desafios, atividades e tarefas programadas e, consequentemente, a consolidação do aprendizado efetivo.

O diálogo com seres humanos e *chatbots*, cada qual nos seus respectivos papéis e personagens, demonstra eficácia, pois retira o aprendiz da passividade e o torna ativo no processo do seu aprendizado. A sua participação compreende formular perguntas claras e pertinentes, receber esclarecimentos, aprofundar-se em tópicos específicos, efetuar análises, buscar respostas e orientações instantâneas que permitam correções e entendimentos rápidos, bem como empenhar-se em pensamentos críticos e lógicos.

Os *chatbots* apresentam natureza complexa e exigem pensar muito além das narrativas lineares. Cada interação se transforma, portanto convém observar de que maneira eles se inserem no fluxo do processo instrucional mediante ferramentas colaborativas existentes. O diálogo servirá como recurso para promover essa interação. Do mesmo modo que os professores humanos, ao ensinar, conseguem dialogar com os estudantes, também a IA generativa progredirá para esse modelo de ensino. A interação e o diálogo que se efetuarão por intermédio de *chatbots* ocorrerão pela voz, e não pela escrita. Haverá experiências de aprendizagem completas nas quais toda a navegação se realizará por intermédio da voz. Isso exigirá algumas aptidões adicionais no que concerne ao gerenciamento de expectativas dos programas informáticos de geração de reconhecimento de fala.

Sócrates foi o primeiro professor a utilizar o diálogo no processo de aprendizagem. Não se configurava como um modelo enigmático e rigoroso. A maiêutica constitui um método filosófico que consiste num jogo dialético de incessantes e incansáveis perguntas e respostas. O vocábulo "maiêutica" significa obstetrícia, ou seja, a arte de realizar partos. De acordo com os documentos, a mãe de Sócrates era "parteira". De maneira semelhante à sua mãe, Sócrates afirmava realizar "partos" não de bebês, mas de ideias. Fundamentada na arte do diálogo e na construção dos argumentos, Sócrates procurava alcançar a definição mais inequívoca de conceitos, e atingir o aprendizado efetivo.

Incansavelmente, Sócrates buscava desenvolver em seus aprendizes a inteligência *decernere*, que conceituei assim em outra obra "a capacidade de discernir, escolher, decidir em meio ao caos, obscuridades, incertezas, analisar a abundância de informações fúteis, kafkianas e inconsistentes" (Fava, 2018, p. 125).

Com base na maiêutica, formulava perguntas acerca da vida cotidiana, da busca do conhecimento, do sentido da vida, entre outros diversos temas, para encorajar seus discípulos a elucidar seus pressupostos e fazer *backup* de suas reivindicações, formulando ideias parciais que pareciam evidentes, mas que expunham os cismas e as ponderações subjacentes, latentes e tácitas, bem como os hiatos e as lacunas no raciocínio reflexivo e crítico.

De início, fazia perguntas que os aprendizes deveriam responder com seus próprios modos de pensar, os quais Sócrates aparentava aceitar. Posteriormente, incitava uma reflexão pela qual procurava convencê-los da acinesia e mendicidade de suas reflexões, contradições, incompatibilidade, paradoxos, levando-os a admitir seus equívocos. Por meio do diálogo, mergulhava no conhecimento, ainda superficial, da etapa inicial, sem atingir uma aprendizagem efetiva. Seu senso de humor costumava desorientar seus aprendizes, que na conclusão do debate acabavam admitindo suas insipiências e desconhecimentos, criando, assim, a motivação e o desafio de buscar o domínio e a fluência do tema tratado.

Com o megadesenvolvimento da IA generativa, hoje, mais de 2.450 anos depois de Sócrates, a inteligência *decernere* voltou a ser prioridade tanto no mundo corporativo quanto no educacional. Tais hábitos de saber discernir, compreender, fazer acertadas escolhas, tomar eficientes decisões, desenvolver e aplicar o pensamento reflexivo e crítico são tão ou mais importantes do que qualquer conhecimento de conteúdos específicos ofertados nos currículos escolares, sem demonstrar uma aplicabilidade evidente.

Aristóteles foi o primeiro professor a adotar o método socrático e aplicá-lo num ambiente de ensino formal, de maneira disciplinada, com o rigor necessário. "Estes foram os propósitos na tutoria e instrução de Alexandre, o Grande, e seus generais na escola de Mieza em 343 a.C." (Fava, 2024, p. 229). Aristóteles acrescentou respeito e acatamento ao conteúdo que estava sendo discutido, bem como aperfeiçoou a técnica e os parâmetros de discussão e formulação de perguntas. Seu modelo de ensino, desenvolvimento e aprendizagem é alicerçado no diálogo, na obediência, no cumprimento, na determinação, na cooperação, na aprendizagem compartilhada entre mestre e discípulos, na construção e execução de projetos, na aplicação e transferência dos conhecimentos aprendidos.

Os objetivos de Sócrates e de Aristóteles foram, portanto, alcançados socialmente por meio do diálogo, não por palestras ou transferência de conteúdos do docente para o discente. Exatamente o que o ChatGPT e demais inteligências artificiais generativas têm utilizado como método de aprendizagem, bem como para resolver problemas e gerar textos e outras coisas mais. Ainda que incipiente, o procedimento socrático começa a ser utilizado no aprendizado de cursos livres *online* e a distância, nos quais os participantes fazem perguntas, tiram suas dúvidas por meio de mensagens instantâneas, no momento em que o professor ou palestrante discursa a respeito do tema e do assunto programado.

O fato é que os *chatbots* precisam ser utilizados com mais assiduidade para emular o modelo socrático e entregar tutoria, mentoria e suporte personalizado aos estudantes. Esses sistemas adaptativos levam em conta de onde o discente veio, para onde está caminhando e o que necessita para atingir seus objetivos. A aprendizagem *online* responsável e sofisticada permite perceber o potencial de uma abordagem socrática escalável.

Sócrates defendia que o aprendizado necessita ser provocado por um professor e construído pelo estudante. Como alguém que abominava o ensino por meio de transmissão, palestras e conversas de "cuspe e giz", Sócrates certamente ficaria horrorizado com a aprendizagem ofertada nos dias de hoje. Ele era uma figura institucional em si, pois praticava seus ensinamentos em um local público denominado Ágora, espaço de encontro, de troca de ideias, de exercício da cidadania, de debates, de diálogos e de aprendizagem. Entendia que os professores especialistas, na verdade, eram enganadores ao acreditarem que tinham conhecimentos suficientes e imutáveis para transmitir e impactar seus aprendizes, quando, na verdade, apenas repetiam, muitas vezes sem ter uma real compreensão, os conteúdos e os conhecimentos concebidos por terceiros. Não muito diferente do que observamos hoje em nossas escolas e universidades.

IA generativa e a personalização da aprendizagem

O exponencial progresso da IA generativa está tornando-a cada vez mais multimodal e combinatória. Na aprendizagem, necessitamos dessas combinações e coadjuvações para auxiliar os docentes, facilitadores, tutores e discentes na integração de recursos e de sistemas, como voz, aprendizagem adaptativa, personalização, experiências, mecanismos de recomendações para sugerir o que estudar, o que fazer, como aplicar e transferir conhecimentos, bem como análise de desempenho em ambientes simulados e complexos nos quais o estudante poderá explorar, errar, aprender e reaprender.

Com a tecnologia digital cognitiva cada vez mais presente e abrangente, interagimos e nos relacionamos com o mundo, sem deixar de incluir as inteligências artificiais, por meio de diálogos e de interlocuções. Essas conversas são multifárias, diversificadas e personalizadas, dependendo da proficiência e do progresso do estudante. O aprendizado singularizado é invariavelmente uma confabulação entre discente e docente que poderá ser um humano ou uma inteligência artificial.

A personalização na ótica do docente, seja ele humano, seja programa de inteligência artificial, estabelece que o professor deverá conhecer o discente, o que o aluno sabe, o que ignora, qual a sua procedência, quais as suas limitações, como e em que disciplinas apresenta dificuldades. É fundamental, pois, valorizar a inteligência de rua dos estudantes, a fim de que se concebam trilhas de aprendizagem que contemplem os pontos fortes e fracos de cada indivíduo. Esse levantamento poderá efetuar-se mediante coleta de dados e avaliações diagnósticas e de desempenho. Nesse aspecto, a inteligência artificial demonstra grande utilidade.

Na perspectiva do discente, cada um deverá ser tratado como único, com interesses próprios e estímulos personalizados de assimilação. É aqui que a tecnologia e a inteligência artificial se tornam relevantes, pois possibilitam que o histórico deixado pelos estudantes em ambientes virtuais de ensino seja utilizado como insumo para as decisões pedagógicas, pois é possível compreender o melhor estilo individualizado de aprendizagem, o tipo de recurso didático mais adequado e outras variáveis que fazem com que o aprendiz assimile e se desenvolva com mais eficiência e eficácia.

A inteligência artificial generativa exterioriza e altera as funções cognitivas humanas, tais como memória, imaginação, percepção e raciocínio. Concede vida aos "avatares realistas" que falam, dialogam, conversam e são utilizados como professores IAG, pacientes IAG, clientes IAG, em modelos pedagógicos nos quais a aplicação e a transferência de conhecimentos sejam o foco principal para a aprendizagem efetiva. Isso faz com que surja a esperança de uma mutação do estilo tradicional de educação para um sistema interativo e cooperativo, no qual o discente constrói seu aprendizado e o docente ou o programa de IA passa a atuar como mediador.

Trata-se de um vultuoso diferencial, pois a maioria dos ambientes virtuais de ensino e aprendizagem têm pouca interatividade, uma vez que não têm voz em tempo real, fazendo uso apenas dos *chats* e, por consequência, não criam vínculos entre estudantes e professores. Funcionam tão somente como repositórios de conteúdos digitais, que dependem de os aprendizes utilizá-los ou não.

A grande inovação no processo instrucional, ao utilizar tecnologia digital cognitiva, está na oportunidade de uma melhor e maior colaboração, facultada pela enorme imersão nos ambientes *online*, promovendo múltiplas interações a partir da sensação de presença física e de diálogo real. Nesse contemporâneo paradigma, em lugar de guardião da aprendizagem transmitida, a função do professor é mais valorizada, podendo conceber e criar novas metodologias pedagógicas e explorar com mais eficiência as alternativas do mundo virtual.

Em um olhar mais teórico, o bielorrusso Lev Vygotsky, proponente da psicologia histórico-cultural, ressalta o papel da interação social e do contexto cultural no desenvolvimento cognitivo. Ele defendia que a aprendizagem é mais efetiva na interação com indivíduos mais experientes e sábios, os quais fornecem orientação e suporte. É nesse ponto que o ChatGPT e aplicativos como o Khanmigo, o qual funciona como "tutor digital" para os discentes e auxiliar dos professores no planejamento de atividades, avaliações e acompanhamento do desempenho individual dos estudantes, e o Duolingo, plataforma "gamificada" de aprendizado de idiomas, objetivam tornar a aprendizagem mais divertida e eficaz, com lições curtas e dinâmicas, alicerçados no método de aprendizado implícito.

A ideia fundamental de Vygotsky é que o conhecimento seja construído por meio da mediação, apesar de não deixar claro o que a mediação implica e o que quer dizer com as "ferramentas", às quais se refere como mediadoras. Em muitos contextos de sua teoria, a mediação parece ser sinônimo de discussão e diálogo entre docente e discente. Ele altera o foco do ensino para orientação e facilitação, uma vez que a ideia é que os estudantes sejam auxiliados para construir seu próprio significado e aprendizagem. É exatamente isso que o ChatGPT faz com suas "ferramentas" de aprendizagem. Vale-se de medições e avaliações, se utiliza de linguagens e interações, a forma-chave de assimilação e desenvolvimento da teoria de Vygotsky, para, pacientemente, no próprio ritmo e nível, identificar erros e acertos, construir uma trajetória de desenvolvimento e de aprendizagem.

Letramento digital

A inteligência artificial desempenhará papel primordial no modelo pedagógico para o desenvolvimento das competências e habilidades requeridas por essa exigente plataforma digital cognitiva. O letramento digital não será apenas para discentes, mas também para os docentes; do contrário, estes não poderão desempenhar uma parte vital de sua função no processo instrucional.

A personalização da aprendizagem, bem como o desenvolvimento de competências e de habilidades, requer tanto do professor quanto do estudante a capacidade de compreender, utilizar e refletir acerca de dados e de informações digitais disponíveis, sejam na internet, sejam por meio de qualquer inteligência artificial, o que expressa que é muito mais que saber utilizar as ferramentas, pois envolve a capacidade de analisar criticamente, comunicar-se efetivamente, discernir, saber fazer escolhas, tomar decisões de maneira responsável, ética e eficaz. Enfim, desenvolver a imperiosa inteligência *decernere*.

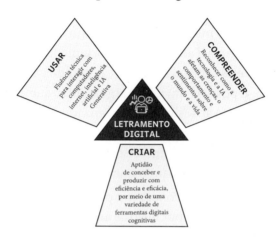

Figura 7.0 – Preceitos do Letramento Digital.

O conceito tradicional de letramento digital concentra-se em habilidades de audição, fala, leitura e escrita, algumas dessas, ou todas, já utilizadas pelos *chatbots* movidos por IA generativa. Podem ser classificados em três preceitos complementares: usar, compreender e criar (Figura 7.0).

1. Usar – representa a fluência técnica para interagir com computadores, internet e inteligência artificial. As habilidades e competências no "uso" vão desde conhecimentos técnicos básicos de informática até os mais sofisticados para aceder a recursos de conhecimentos provindos de mecanismos de busca, tecnologias emergentes como inteligência artificial generativa e computação em nuvem.

2. Compreender – exprime o elemento crítico, o conjunto de competências e habilidades que possibilita entender, contextualizar, discernir, avaliar e escolher os dados e informações, a fim de que se possam tomar decisões e formar opiniões sensatas sobre o que se encontra de forma *online*. De outro modo, ter informações e saber "discernir" e "o que escolher" constitui uma importante parte do letramento digital em inteligência artificial.

Somado a isso, inclui reconhecer como a tecnologia e a inteligência artificial afetam o comportamento, as percepções, as crenças e os sentimentos sobre o mundo e a vida. De certa forma, é possível afirmar e argumentar que a compreensão diz respeito aos "signos" preconizados por Vygotsky, em outros termos, instrumentos psíquicos que representam o mundo real dentro do universo mental, ampliando a capacidade de comunicar aquilo que se entende.

3. *Criar* – aptidão de conceber e produzir conteúdos e se comunicar eficazmente por meio de uma variedade de ferramentas digitais e cognitivas. A criação digital inclui poder adaptar o que é produzido por *chatbots*, se comunicar utilizando os meios virtuais, se envolver de maneira eficaz e responsável com os conteúdos gerados digitalmente, saber interagir, se relacionar e conceber boas perguntas para uma IA generativa.

Diferentemente da aprendizagem tradicional, o letramento digital tem natureza transitória, se altera com o tempo, envolve o uso de múltiplas ferramentas, promove o desenvolvimento de inéditos hábitos mentais, além de depender do contexto em que o indivíduo vive e convive. Com a velocidade do incremento e o aperfeiçoamento tecnológico e da inteligência artificial, com ênfase na IA generativa, representa um processo de constante aprendizado e incessante adaptação. A inquietação é que ainda muitas escolas não se atinaram a isso, formando egressos apedeutas quando se trata de uso de tecnologia.

Fazendo um paralelo com os conceitos básicos de Vygotsky, o nível de letramento digital dos docentes e discentes é sobejamente variado, afinal, trata-se de competências e habilidades contemporâneas, promovidas pelo rápido desenvolvimento das tecnologias digitais cognitivas. Uns o têm em elevado grau, outros praticamente são inscientes ou digitalmente iletrados; em outras palavras, existe uma zona de amadurecimento e progressão potencial de múltiplas dimensões, gerando calafrio, insegurança e resistência a serem enfrentadas, quer seja pelas partes interessadas, quer seja pelas instituições de ensino, órgãos reguladores e propulsores de educação.

Em 1976, no livro *Human characteristics and school learning*, Benjamin Bloom apresentou um interessante conceito, posteriormente batizado como "problema 2 sigma de Bloom". Ao examinar e acompanhar o desempenho de estudantes submetidos a diferentes técnicas de ensino, desenvolvimento e aprendizagem, Bloom identificou que, mesmo estudantes medianos, se assistidos individualmente por um professor, obtinham resultados até 98% superiores aos que aprendiam coletivamente no modelo tradicional. O motivo de essa descoberta ser tratada como um problema é que Bloom compreendeu que, à época, seria demasiado dispendioso ofertar um ensino individualizado, fornecendo um docente para cada discente. Essa hipótese é corroborada quando pais contratam professores particulares para reforçar a aprendizagem de seus filhos, quando estes não logram assimilar o suficiente no ensino coletivo de sua escola.

Conforme consta no meu livro *Currículo 30-60-10: a era do nexialista*, cumpre ressaltar que Benjamin Bloom, psicólogo e pesquisador da educação, legou uma valiosa contribuição para as teorias de aprendizagem. Suas ideias mais irradiadas situam-se no campo da aprendizagem por domínio, do desenvolvimento cognitivo e da taxonomia que leva seu nome. Pelos motivos destacados, o conceito do 2 sigma não foi bem acolhido à época. Todavia, com o advento da tecnologia digital cognitiva e da IA generativa, quase meio século depois, o conceito ressurge com grandes probabilidades de personalização individualizada.

No conceito 2 sigma, o estudante recebe a orientação de um tutor pessoal que guia o seu aprendizado e o auxilia a desenvolver as suas habilidades no seu próprio ritmo, o qual respeita o tempo de cada indivíduo, pois, para Bloom, a aprendizagem constitui um processo, e não um evento cronometrado. O modelo depende de duas técnicas fundamentais: o domínio e a tutoria. Com os diálogos automáticos impulsionados pela inteligência artificial generativa, o problema de Bloom já não representa mais um obstáculo, mas converte-se em solução, uma vez que a aprendizagem amparada pela tecnologia liberta o estudante da tirania do tempo e oferece múltiplas alternativas didáticas, orientações e outras possibilidades, bem como busca o domínio do conteúdo no tempo adequado a cada indivíduo. O aprendizado em linha, no sentido mais amplo da palavra, proporciona aquilo que Bloom denominou aprendizado individual – 2 sigma –, seja por meio de um processo estruturado em ritmo próprio, em cenários, simulações, projetos ou na resolução de problemas reais.

Outro postulado fecundo para a personalização digital é a Teoria da Autodeterminação, concebida pelos psicólogos norte--americanos Edward Deci e Richard Ryan (*Self-Determination Theory: Basic Psychological Needs in Motivation, Development, and Wellness*, 2018). Trata-se de uma teoria da motivação pertencente à vertente cognitivista ou sociocognitiva, ou seja, uma ordenação psicológica para compreender a motivação humana. Deci e Ryan oferecem uma estrutura para entender os fatores que promovem a motivação e o funcionamento psicológico saudável. A teoria concentra-se no grau em que o comportamento de um indivíduo é automotivado e autodeterminado.

A motivação, assim como a aprendizagem, é um termo utilizado em diferentes contextos, com múltiplos significados.

É fundamentada como uma espécie de força interna que se exterioriza, regula e sustenta todas as ações de uma pessoa. De outro modo, a motivação é um processo que direciona e energiza o comportamento, seja por razões internas, as quais compreendem as necessidades, cognições e emoções, seja por eventos externos oriundos de outras pessoas ou do ambiente em que se encontra o indivíduo.

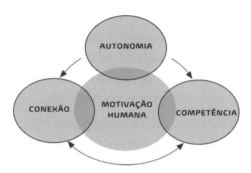

Figura 8.0 – Fatores que influenciam a motivação humana segundo Edward Deci e Richard Ryan.

Para Deci e Ryan, existem três exigências psicológicas que influem na motivação humana (Figura 8.0):

1. Autonomia: necessidade de se sentir no controle dos próprios comportamentos, propósitos e objetivos.
2. Competência: necessidade de ganhar domínio de tarefas e desenvolver diferentes habilidades.
3. Conexão: necessidade de sentir um senso de pertencimento e apego aos outros

Deci e Ryan propõem que a satisfação dessas necessidades fomenta a motivação e o crescimento pessoal do indivíduo. A teoria tem encontrado aplicação em múltiplos domínios e, presentemente, graças à tecnologia digital cognitiva, com maior ênfase na educação, que visa ao desenvolvimento pessoal e profissional.

A teoria da autodeterminação deve nortear a concepção de sistemas de ensino, desenvolvimento e aprendizagem que amparem a autonomia, a competência e o relacionamento do discente, a fim de estimular e facilitar a personalização da aprendizagem. Com o emprego de equipamentos e aplicativos movidos pela inteligência artificial generativa, a autonomia manifesta-se no momento em que o estudante passa a comandar as suas tarefas e atividades. A competência amplifica-se por intermédio do diálogo com pessoas experientes e das interações com diálogos automáticos. Quanto à vinculação e ao sentido de pertencimento, estes ocorrerão mediante o retorno de informações e a antecipação de orientações, quando interrogamos e obtemos respostas, sejam estas provenientes de pessoas do grupo, seja de uma inteligência artificial generativa, como o ChatGPT.

O psicólogo americano Richard Mayer, especialista em design instrucional, tem sido um farol luzente orientador para a aprendizagem *online*. Seu trabalho apoia a ideia de que *chatbots* e inteligência artificial podem ser produtivos e eficazes no processo instrucional.

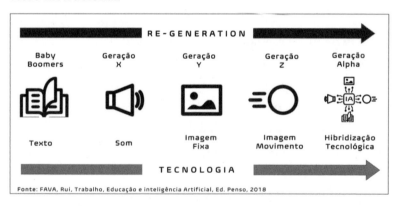

Figura 9.0 – Hibridização Tecnológica: Sequenciamento para aprendizagem efetiva de acordo com as gerações.

Mayer apresenta alguns princípios para a aprendizagem *online*, aparentemente óbvios e simples, que, se utilizados com apoio de uma IA generativa, podem contribuir para o processo cognitivo do estudante:

- *Princípio Multimídia* – A geração digital (gerações Z, Alfa e Beta) assimila os conhecimentos com maior profundidade quando o ensino integra múltiplos formatos de apresentação. A eficácia da assimilação segue uma hierarquia decrescente: os conteúdos transmitidos por vídeos produzem a maior absorção, seguidos pelas animações, imagens em movimento, imagens fixas, elementos sonoros e, por fim, textos escritos. Na verdade, o somatório, a mescla de todas essas tecnologias, facultando o hibridismo tecnológico (Figura 9.0). Dessarte, o método que privilegia apenas a transmissão de conhecimentos por meio de exposições verbais, à maneira de palestras tradicionais, resulta na menor eficiência cognitiva para esses educandos.

- *Princípio da Segmentação* – Este princípio orienta a construção eficaz de materiais multimídia, destacando a importância de um projeto instrucional alinhado aos processos cognitivos humanos. Conforme Mayer argumenta, os indivíduos aprendem com maior efetividade quando as informações se apresentam em segmentos controlados pelo ritmo do próprio usuário. Os agentes conversacionais automatizados podem fornecer conteúdo em fragmentos administráveis e permitir que os estudantes determinem a cadência da interação, o que ocorre precisamente no diálogo com o ChatGPT, ao conceder ao estudante o controle do ritmo de aprendizagem.

- *Princípio da Coerência* – A aprendizagem adquire autenticidade e motivação mais expressivas quando se excluem palavras, imagens e sons desnecessários ao tema. Dito de outro modo, considera-se fundamental evitar a inserção, no ambiente educacional, de informações supérfluas, irrelevantes ou alheias ao foco da atividade pedagógica.

- *Princípio da Modalidade* – De acordo com as descobertas de Mayer, os estudantes alcançam compreensão mais profunda a partir da combinação de imagens com palavras faladas, em comparação à união de imagens com palavras escritas. Os agentes conversacionais automatizados integram interações vocais e auxiliam no processo de aprendizagem e compreensão.

- *Princípio da Sinalização* – As informações essenciais dos conteúdos apresentados necessitam de destaque apropriado. Os recursos multimídia devem exibir estrutura organizada com os elementos mais relevantes em evidência. A sinalização por meio de recursos como destaque textual e títulos chama a atenção para informações importantes, uma habilidade na qual a inteligência artificial generativa demonstra particular excelência.

- *Princípio da Redundância* – Este princípio concentra-se em evitar excessos de tipologias multimídia. A aprendizagem torna-se mais frutífera quando se empregam animação e narração, em vez de narração acompanhada de texto. Convém, por exemplo, evitar legendas em vídeos, pois o acúmulo de informações provoca distração no estudante e reduz seu interesse pelo aprendizado. A inteligência artificial generativa produz imagens e narração, o que estimula mais o aprendizado do que o conjunto de gráficos, narração e texto impresso. Recomenda-se a utilização de gráficos ou textos individualmente, e não de ambos em apresentações narradas.

- *Princípio da Personalização* – A aprendizagem torna-se mais acessível e expressiva quando as palavras seguem um estilo conversacional, em contraposição à linguagem formal, pois o assunto adquire caráter mais interativo e dinâmico, o que favorece maior empenho na realização das atividades propostas. Esta característica exemplifica exatamente o que o ChatGPT proporciona à aprendizagem por meio do diálogo. Ressalte-se que os agentes conversacionais automatizados reproduzem a conversação humana e, consequentemente, conferem à aprendizagem um caráter mais pessoal e envolvente.

Para a educação tradicional, a escola tem sido um lugar físico para onde os estudantes vão, não apenas para assistir às aulas, mas também para viver, fazer amigos e se desenvolver como pessoa. Os tempos, contudo, mudaram. A exigência de qualificação e requalificação permanente requisita modalidades e cursos mais concisos, flexíveis e acessíveis. A aprendizagem digital se expandiu e, nos *campi* físicos das escolas, a entrega combinada (ensino híbrido) se torna rapidamente uma modalidade popular.

Ao caminhar por qualquer *campus* escolar, é nitidamente perceptível que os estudantes, embora estejam fisicamente presentes, ocupam simultaneamente mundos virtuais. Os ambientes de aprendizagem conectados são utilizados para fomentar a colaboração e o compartilhamento de recursos, superando os limites e as fronteiras da sala de aula tradicional. A IA generativa aperfeiçoa esses recursos e faz com que o processo instrucional seja muito mais dúctil e possa ocorrer em quaisquer dispositivos conectados a uma internet.

Por considerável extensão temporal, aguardamos com ansiosa expectativa tais metamorfoses tecnológicas. Perseguíamos uma tecnologia que facultasse um ensino híbrido dotado de responsabilidade, eficiência, atratividade, fluidez, adaptabilidade e flexibilidade, a qual fomentasse a trabalhabilidade, a empregabilidade e a capacidade laboral. Aspirávamos a um modelo educacional que transcendesse a mera limitação a textos, elementos sonoros e recursos visuais, mas que incorporasse o diálogo, a colaboração e a interatividade, conforme o progresso da aprendizagem. Com o refinamento da inteligência artificial generativa, tal obstáculo aparenta ser superado, o que nos permitirá, finalmente, estudar, aprender e reaprender qualquer matéria, em qualquer momento e em qualquer localidade, mediante simples conexão à internet.

Essa constatação evidencia a ausência de tempo disponível para debates acerca de modalidades educacionais. O ensino híbrido constitui a eleição mais lógica e adequada para este mundo cada vez mais digitalizado e cognitivo. Carece de justificativa o investimento em encontros presenciais desprovidos de significação para os discentes. Em circunstância contrária, o resultado se manifestará em pronunciada abstenção, deserção, desistência, recintos desocupados, docentes e discentes desmotivados, além de uma cultura de indiferença relativamente às instituições de ensino superior e aos seus espaços físicos. Em última análise, desinteresse, letargia, evasão e desamor pela educação superior. Os ambientes presenciais devem destinar-se à aplicação e à transferência dos conhecimentos adquiridos em cenários e desafios reais e simulados, e não à simples transmissão de conteúdos.

No ensino híbrido, cada ambiente de aprendizagem proporciona e apresenta benefícios, utilidades e vantagens. Todavia, contempla igualmente infortúnios, inconvenientes e desvantagens. O modelo presencial mostra-se profícuo para a construção de relacionamentos, vínculos sociais e redes de contatos profissionais. Ademais, revela-se crucial para o desenvolvimento de competências comportamentais, sociais e atitudinais, bem como para a aplicação de métodos instrucionais dependentes do físico e do analógico, com ênfase nas práticas e na aplicação de conhecimentos em projetos, resolução de problemas reais e simulados. A desvantagem reside na necessidade de deslocamento, nas questões de infraestrutura e na dificuldade de integração de tecnologias nas atividades de aprendizagem.

O ensino a distância revelou-se indispensável para compreender número mais amplo de estudantes que experimentam dificuldades ou que carecem de possibilidades para a presença física em instituições educacionais. Demonstrou igualmente virtudes como o estímulo ao letramento digital – aspecto de vital importância –, bem como o emprego das novas tecnologias, tais como a inteligência artificial, os grandes conjuntos de dados, a internet das coisas, entre outras.

A conjunção, a combinação e a união das duas modalidades apresentam-se imperiosas e inevitáveis; não obstante, apenas alcançarão efetividade se a atividade de aprendizagem, o desafio ou a tarefa manifestarem significância, expressividade e apreciabilidade equivalentes em ambas as dimensões. Ao ensino a distância competirá a responsabilidade pela aprendizagem efetiva dos conteúdos; ao presencial, a execução, a aplicação e a transferência dos conhecimentos concretamente assimilados.

A ciência da aprendizagem, em conjugação com a inteligência artificial generativa, conferiu ênfase ao diálogo, ao retorno avaliativo, à antecipação orientadora e à motivação intrínseca, além de haver descortinado o acesso a esta abundante, vasta amplitude e profundidade de conhecimentos. A personalização da aprendizagem já constitui realidade; resta apenas a particularização dos conteúdos, visto que ainda não dispomos de domínio completo acerca dos conteúdos que a inteligência artificial generativa transmitirá. Não obstante, em futuro próximo este tópico encontrará superação.

As escolas e as empresas, a partir deste momento, não preservarão suas configurações atuais. Ou se adaptam, recriam-se e integram-se à tecnologia, ou experimentarão a perda de importância e legitimidade e, em sentido literal, incorrerão em sérios riscos de desvanecimento.

4

Aprendizagem humana e aprendizagem de máquina

> Cada eventualidade é um recomeço, cada
> obstáculo é uma aprendizagem, tanto para
> os humanos quanto para as máquinas.

O fenômeno da aprendizagem apresenta-se como conceito de vasta amplitude e complexidade, tanto para os seres humanos quanto para os engenhos tecnológicos. O aprendizado maquinal caracteriza-se pela presença de algoritmos de natureza genérica, capazes de assinalar elementos notáveis num conjunto de dados, sem que se imponha a necessidade de programação ou redação de códigos específicos para a consecução da solução dos problemas. Em lugar da escritura de código, provê-se o algoritmo com dados e informações, de sorte que este constrói, por si próprio, a lógica que lhe compete.

No que concerne aos seres humanos, a aprendizagem significa a aquisição de conhecimentos e transformações de competências, habilidades e comportamentos. Constitui-se como fenômeno que se manifesta mediante o ensino, o estudo, a experiência, a observação, o raciocínio, ou, por outras palavras, mediante o desenvolvimento da inteligência escolar, da inteligência construtiva, da astúcia e, enfim, da inteligência vital, com o propósito último de adaptação do indivíduo ao ambiente social e mercadológico no qual se encontra inserido.

A aprendizagem para os humanos concerne em um processo contínuo e não reativo. Não se materializa somente com o término de um curso, capacitação ou treinamento. Precisa ser um *mindset*, uma inspiração, um estilo de vida. Não se trata de um fármaco, remédio que resolve momentaneamente um problema, deve ser vitamina, nutriente orgânico diariamente ingerido que fortalece e mantém enérgica e dinâmica a flama da vida.

A aprendizagem maquinal configura-se como ramificação da inteligência artificial, com o objetivo de desenvolver algoritmos e modelos capazes de apreender padrões a partir de dados. Não obstante a autoaprendizagem da máquina, trata-se de um processo que exige adestramento, treinamento, ajustes e desenvolvimento, sob a vigilância e orientação do ser humano. Distintamente das estruturas tradicionais, que são objetivamente programadas para a execução de tarefas específicas, a aprendizagem maquinal tem a faculdade de aprender e aprimorar-se por iniciativa própria, com fundamento em experiências acumuladas.

Isso expressa que esses sistemas podem identificar padrões, fazer previsões e tomar decisões sem intervenção humana direta. Em outras palavras, trata-se de um subconjunto de inteligência artificial focado em proporcionar aos robôs, *bots* e humanoides, a capacidade de aprender, reaprender e melhorar com a experiência, por meio da maiêutica socrática, que fomenta e viabiliza o diálogo entre pessoas e máquinas, sem ser explicitamente programada. O aprendizado ocorre mediante dados, identificação de padrões, tomada de decisões, com pouca intervenção humana. A assimilação se torna mais eficiente à medida que se acumulam mais dados.

A aprendizagem é um processo dinâmico e interativo, sendo o estudante o agente ativo na construção do saber. Não é o conhecimento em si o mais importante, mas o efeito do crescimento pessoal, profissional, comportamental e social que ele propicia. Existem múltiplas concepções de aprendizagem, como o comportamentalismo, que enfatiza o resultado de estímulos e respostas; o construtivismo, no qual o sujeito constrói o próprio conhecimento; e aprendizagem significativa, processo instrucional que envolve a relação entre novos conhecimentos e os conhecimentos tácitos vivenciais, isto é, a inteligência de rua do discente; a aprendizagem experiencial, para a qual o conhecimento é concebido por meio da transformação da experiência.

A aprendizagem significativa, defendida pelo psicólogo americano Carl Rogers (1902-1987), é a que provoca no aprendiz uma mutação, seja no comportamento, na orientação da ação futura, seja nas atitudes e nos procedimentos. Rogers se opõe às atividades que utilizam apenas as operações mentais, acreditando que esse tipo de aprendizado é obliterado com o tempo, pois não concede relevância aos sentimentos, sensações e emoções do estudante.

Para Rogers, a aprendizagem significativa é mais que transmitir conhecimento ou realizar uma tarefa ativa; é despertar curiosidade, estimular, incitar, incentivar o desejo de ir além do conteúdo assimilado. É desafiar, encorajar, provocar, reptar o aprendiz a confiar em si mesmo e dar um novo passo em busca de mais. Somente por meio do pluralismo metodológico e da adoção de metodologias híbridas é factível de efetivamente desenvolver a aprendizagem significativa.

O modelo experiencial (ativo), que desfrutou de transitório prestígio em determinado período, fundamenta-se nas obras do filósofo e pedagogo estadunidense John Dewey (1859-1952), nas investigações do psicólogo alemão Kurt Lewin (1890-1947) e nas experimentações do epistemólogo suíço Sir Jean Willian Fritz Piaget (1896-1980). Para esses insignes eruditos, o aprendizado constitui-se, por sua natureza primordial, num processo de tensão que emerge da interação entre o indivíduo e o meio circundante, o qual compreende experiências concretas, observações e reflexões, as quais suscitam uma constante revisão dos conceitos assimilados. Essa dinâmica evidencia que a assimilação configura-se como processo, e não como produto. Nesta circunstância, faz-se imperativa a utilização das metodologias instrucional, experiencial e experimental.

Segundo o psicólogo americano Burrhus Frederic Skinner (1904-1990), criador do comportamentalismo radical, a aprendizagem vincula-se à constatação de que os elementos que vivenciamos em nosso ambiente constituem os condutores dos modos pelos quais agimos. O ensino eficiente depende da organização das condições estimuladoras, de maneira que o educando emerja da situação de aprendizagem com um comportamento distinto daquele com o qual a principiou. A metodologia de ensino, desenvolvimento e aprendizagem compreende os procedimentos e técnicas necessários ao arranjo e controle das condições ambientais que asseguram a transmissão, a recepção, a aplicação e a transferência dos conteúdos estudados.

Para o psicólogo bielorrusso Lev Semionovitch Vigotski (1896-1934), a aprendizagem representa uma experiência social, intermediada pelo emprego de instrumentos e signos. Um signo seria aquilo que denota significação para o indivíduo, tal como a linguagem falada e a escrita. Conforme Vigotski, o homem define-se como um ser que se configura e se capacita em contato com a sociedade. Deste modo, o indivíduo transforma o ambiente e este, reciprocamente, o transforma. Tal concepção justifica a designação socioconstrutivismo atribuída à teoria de aprendizagem vigotskiana. Ao professor compete a mediação da aprendizagem mediante estratégias que conduzam o estudante à autonomia e estimulem o conhecimento potencial, de maneira a estabelecer uma nova Zona de Desenvolvimento Proximal (ZDP), a qual representa a distância entre o nível de desenvolvimento real e o nível de desenvolvimento potencial. O docente pode realizar esta tarefa ao incentivar atividades grupais e ao empregar técnicas que motivem, facilitem a aprendizagem e reduzam a percepção de isolamento do estudante. A inteligência artificial generativa pode contribuir com notável eficiência neste requisito.

Existem inúmeras outras teorias da aprendizagem humana. Esta multiplicidade justifica-se, pois tais teorias fornecem respaldo à seleção de caminhos que se efetivam em conformidade com os parâmetros, critérios e roteiros práticos para aplicação e transferência dos conhecimentos adquiridos, bem como dos paradigmas, arquétipos e referências contidos na inteligência de rua do discente.

Aprendizagem de máquina

A aprendizagem de máquina (*machine learning*) é uma área da inteligência artificial que confere aos sistemas, plataformas e programas a capacidade de assimilação e aprimoramento autônomos, prescindindo de programação manifesta e explícita. Constitui-se, pois, como o âmago essencial da inteligência artificial. Os algoritmos não se limitam a estabelecer meras associações pareadas entre estímulos; além disso, apresentam a faculdade fundamental da aprendizagem. O desígnio basilar consiste em facultar aos computadores a execução de todas aquelas operações que, *prima facie*, figuravam como características exclusivamente humanas ou que ainda encontram no engenho humano sua manifestação mais perfeita – ou seja, a capacidade de aprender. O elemento crucial reside na constatação de que computadores, agentes conversacionais automatizados e máquinas autônomas podem assimilar e aperfeiçoar-se sem que tenham sido programados para tais fins.

A aprendizagem maquinal orienta-se por lógica autêntica e genuína. Com a devida cautela para não adentrar o domínio técnico com excessiva profundidade, cumpre identificar três tipologias principais de aprendizado maquinal: (1) aprendizagem supervisionada; (2) aprendizagem não supervisionada; (3) aprendizagem por reforço (Figura 10.0).

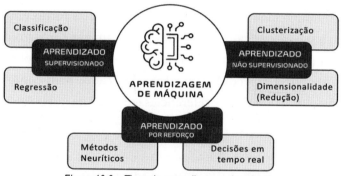

Figura 10.0 – Tipos de aprendizagem de máquina.

Aprendizagem supervisionada

A aprendizagem supervisionada apresenta-se como uma técnica que emprega dados devidamente rotulados para habilitar modelos e, igualmente, para classificar e categorizar decorrências com exatidão ao longo do tempo. O objetivo é a previsão de resultados para novos conjuntos de dados. Esses dados etiquetados têm uma palavra-chave, bem como uma resposta que se pretende prognosticar. Trata-se do processo de identificação de dados em estado bruto, tais como imagens, textos, vídeos e registros sonoros, com a finalidade de prover contexto e rotulação. No momento da extração e análise de dados, esta modalidade subdivide-se em duas categorias fundamentais:

- *Classificação* – usam algoritmos para atribuir testes de precisão e dividir os dados em categorias específicas para separar "alhos de bugalhos". No mundo real podem, por exemplo, fazer previsão de tempo; prognóstico de alta e diminuição de preços; classificar mensagens eletrônicas indesejadas em pasta separada de uma caixa de entrada.

- *Regressão* – método que se utiliza de algoritmos para compreender a relação entre variáveis dependentes e independentes. É útil para prever valores numéricos com base em pontos distintos, como projeção de receitas e gastos de um negócio.

Aprendizagem não supervisionada

A aprendizagem não supervisionada utiliza algoritmos para analisar e agrupar (clusterizar) um conjunto de dados não rotulados. Esses algoritmos deslindam padrões ocultos e dissimulados sem a necessidade de intervenção humana, portanto são "sem supervisão". Classifica-se em:

- *Clusterização* – método que tem enorme capacidade de descobrir semelhanças e diferenças nas informações, encontrar padrões, agrupar dados por similaridade, apresentar soluções ideais para diversos tipos de processos, como análise de mercado, segmentação de público-alvo, personalização da aprendizagem humana, concepção e controle de avaliação da assimilação e do desempenho, entre outros.

Uso de associações para encontrar relacionamentos entre variáveis em um conjunto de dados. São utilizados, por exemplo, para análise de compras e realização de recomendações –

consumidores que compraram o item A, também adquiriram o item B e, portanto, podem se interessar pelo item C.

• *Redução de dimensionalidade* – técnica utilizada quando o número de recursos (dimensões) em um conjunto de dados é muito alto. Consegue reduzir a quantidade para um tamanho gerenciável, preservando a integridade dos dados.

Aprendizagem por reforço

A aprendizagem por reforço é um método que treina o *software* para tomar decisões em tempo real, para buscar os melhores resultados possíveis. Similar aos humanos, se utiliza da mesma estratégia de tentativa e erro para atingir os objetivos. Faz uso do método heurístico, técnica que ajuda a solucionar problemas e tomar decisões de forma mais rápida e simplificada. As ações de *software* que atingem a meta são reforçadas, enquanto as que não a atingem são ignoradas; de outra forma, os algoritmos se utilizam de diretrizes de recompensa e punição ao processar dados e informações.

A aprendizagem ocorre com a retroalimentação de cada atividade que aponta os melhores caminhos de processamento a fim de que se alcancem os resultados finais sem a intervenção humana. De modo metafórico, é como se se ensinasse um robô humanoide a andar. Cada passo correto será recompensado. Caso tropece, há uma penalidade e, assim, de maneira similar ao adestramento de um animalzinho de estimação, o robô vai aprendendo qual é a maneira mais eficiente de agir para que aufira o máximo de recompensa factível.

Os primórdios da tecnologia digital não foram tão acessíveis assim. Os primeiros computadores combinavam componentes eletrônicos e semicondutores que controlavam e amplificavam a corrente elétrica em circuitos, denominados transistores. Para operarem, era necessário formular detalhados e minuciosos algoritmos, que descrevessem como realizar suas tarefas.

Hoje, não é mais preciso programar os computadores, visto que eles programam a si mesmos. Os algoritmos de aprendizagem de máquina distinguem-se de um algoritmo tradicional, porquanto tendem a assimilar sozinhos, ao fazerem inferências a partir de dados. Na verdade, constituem *snippets* de códigos (pequenos blocos de código reutilizáveis) que auxiliam a exploração e a análise de um composto de dados complexos e a atribuição de sentido a eles. Cada algoritmo consiste em um conjunto finito de instruções unívocas às quais um computador pode obedecer a fim de que logre determinado objetivo.

A aprendizagem de máquina abrange todas as áreas e todos os setores da sociedade, desde os negócios, a saúde, a educação, as finanças e o impacto social. Isto é possível graças à capacidade de analisar, em milésimos de segundo, dados em larga escala. Na medida em que o volume e a abundância de dados e de informações se tornam mais disponíveis, as máquinas movidas por inteligência artificial conseguem aprender e produzir ideias fundamentais e valiosas, prever tendências e otimizar processos.

A aprendizagem de máquina desempenha papel crucial nesta nova plataforma digital cognitiva. Abre espaço para inovações e mudanças radicais, possibilita avanços significativos em numerosos setores e contribui para a resolução de problemas complexos. Na educação, permite a personalização da aprendizagem e adequa os conteúdos e as metodologias a cada estudante de modo individual. Em suma, é a causadora, a geradora e a promotora da quinta revolução cognitiva.

5
O professor na era da inteligência artificial generativa

O irresolúvel imbróglio da IA generativa: "somos substituíveis no que fazemos, mas não no que somos e sentimos".

Desde a eflorescência da escrita até o advento da impressão com tipos móveis de Gutenberg no século XV e, um tanto, até nossos dias, o conhecimento foi difundido por meio de textos com repetidas cópias impressas. Antes do surgimento da escrita, a comunicação era cara a cara. Na Grécia Antiga elegia-se um mensageiro que corria para espalhar a notícia desejada. Foi assim que surgiu a maratona, a partir da lenda do soldado Fidípides, que teria corrido 42 km entre o campo de batalha de Maratona até Atenas para anunciar aos cidadãos da cidade a vitória dos exércitos atenienses contra os persas e, depois de cumprir a missão, morreu de exaustão, por volta de 490 a.C. Como curiosidade, a maratona moderna tem 42.195 metros, pois, nos Jogos Olímpicos de 1908, era a distância entre o Palácio de Windsor e o Estádio White City, em Londres. A distância extra de 195 metros foi acrescentada para que a família real britânica pudesse assistir ao início da prova.

Com Gutemberg, a escrita deu início a um tipo de comunicação que tornou factível ultrapassar a barreira do tempo e preservar informações e conhecimentos de forma original e veraz. A durabilidade do sinal grafado e a possibilidade de acesso à informação por um número cada vez maior de pessoas alterou profundamente a história da humanidade, sobretudo se se adicionar à reflexão o surgimento da instituição escola e a alfabetização da massa trabalhadora. Hoje, muitos especialistas argumentam que a IA generativa poderá nos empurrar para modos mais autênticos e equilibrados de ensino, de desenvolvimento e de aprendizagem, uma vez que digitar está propenso a erros e exige dispositivos de entrada física.

Ler é uma mestria que demanda anos para dominar, enquanto ouvir a palavra falada é uma habilidade que não necessita da escola para aprender e requer pouco tempo para dominar. Somos gênios interlocutores aos três anos de idade. A fala é primária, advém desde milhares de anos, enquanto ler e escrever são adjuntos relativamente recentes. Então, no momento em que se trata de aprendizagem, o reconhecimento da fala (*output*) e da voz (*input*) é proporcionado um diálogo sem atritos e um modo mais natural de assimilação. Nesse quesito, a IA generativa é preponderante.

Com o uso da tecnologia digital cognitiva e da inteligência artificial, a possibilidade de um diálogo aberto e real com *chatbots*, a conversação poderá resultar em melhorias significativas no processo instrucional. A educação, ao longo de sua história (o contexto demandava isso), foi excessivamente colonizada e obcecada por textos. Com a utilização de IA generativa, é possível reequilibrar o sistema instrucional, afastando-o de uma série infinita de tarefas escritas, ensaios, e dissertações em direção a um ensino e aprendizagem mais lúdico, eficiente, significativo e relevante, o que não exterioriza abominar os textos e a escrita, mas colocá-los em um patamar aceitável, e não único.

Diferentemente da evolução da espécie humana, para a qual existem evidências concretas, o advento da linguagem, que provocou a primeira revolução cognitiva, é altamente controvertido, dado a inexistência de provas e testemunhos factuais. Isso tem provocado inusitadas divagações e hipóteses fantasiosas. Para alguns estudiosos, entre estes Jean-Jacques Rousseau (1712-1778), filósofo social suíço, as palavras surgiram da tentativa de imitar os sons produzidos pelos animais. Para outros, os primeiros sons produzidos teriam sido exclamações de dor, alegria, desespero, espanto, surpresas. Contudo, isso não esclarece como se passou do estágio de imitações ou dos gritos expressando emoções à linguagem articulada de frases concretas.

Manifestamente e estruturalmente, tudo se iniciou na Grécia Antiga, a quem devemos os primeiros elementos racionais da arte, da literatura e das ciências. Os babilônios empregaram a geometria, todavia foram os gregos que conceberam os postulados da astronomia, aritmética, álgebra, geometria, tornando-os ciências independentes, que nos legaram o alfabeto, bem como a terminologia para descrever as línguas. Os gregos, com sua ânsia e necessidade insaciável de questionamentos da vida, do mundo, do comportamento humano, formularam perguntas primaciais acerca da linguagem, as quais, ainda hoje, intentamos responder.

Na escola tradicional, que é dominada pelos textos, os trabalhos, as tarefas, as redações se transformaram em jogos de medições, em que os estudantes sabem que não receberão orientação nem retorno. Em razão disso, compartilham, plagiam, compram trabalhos escolares, os memorizam, fazendo com que o pensamento crítico seja abandonado em favor da regurgitação. Isso não é argumento em favor do abandono da escrita e da redação, contudo essa dependência necessita ser eliminada; do contrário, os *chatbots* movidos por IA generativa poderão substancialmente assumir as funções do professor.

A IA generativa está proporcionando mais poder à linguagem no processo de ensino, desenvolvimento e aprendizagem. Isso denota que o "quadro-negro" tem muito a se justificar. Por meio dele, os professores deram as costas ao diálogo e à conversação com os estudantes, os quais são a arma dos *chatbots* de aprendizagem atuais, pois ministravam aulas e mediavam o ensino coletivamente, ou seja, ensinar a muitos como se fossem um só e ensinar somente por meio de textos e de palestras enfadonhas, o que é exatamente o oposto de ensinar e de aprender.

A educação tradicional – símile ao papagaio, o cativante e adorável louro – adota uma postura repetidora de conteúdos de terceiros, que ensina o texto e os textos do texto; de outro modo, tudo, ou quase tudo, é ofertado na forma da palavra escrita. As habilidades orais, o diálogo, o aprendizado colaborativo, a conversação com pessoas inteligentes, experientes e práticas, tudo isso é deixado nos porões e subcavernas das escolas, ao passo que os estudantes, passiva e disciplinarmente, em passos de ganso, tentam aprender e se desenvolver em processos instrucionais ineficientes.

O resultado é a formação de egressos sem inteligência de vida, despreparados para empregabilidade e trabalhabilidade, que requer, quer o incremento das inteligências cognitiva, socioemocional, volitiva e *decernere*, quer a criatividade, o raciocínio, a competência computacional e o desenvolvimento das denominadas *soft skills*, para lidar com os novos paradigmas provindos da inteligência artificial. Do jeito que se encontra, a educação tradicional não é a solução para esse problema, pois não apenas faz parte do problema, como, de fato, é o problema.

Ao contrário da educação tradicional, a instrução digital e a IA generativa proporcionam o aprendizado individualizado, o diálogo, o retorno e a orientação antecipada, a decifração de perguntas práticas e pertinentes, com respostas objetivas e claras, de um programa de conversação automática. Em suma, transformam o processo instrucional em mais prazenteiro, instigador e eficiente, por meio de ferramentas de suporte, acompanhamento, tutoria digital e, por conseguinte, a possibilidade de um aprendizado mais efetivo e sofisticado.

Ao refletir sobre o papel da inteligência artificial na aprendizagem, é preciso desfazer a fantasia da antropomorfização e a leitura de atributos humanos na tecnologia. A inteligência artificial do imaginário popular é frequentemente uma alegoria fictícia de um robô humanoide, que se assemelha aos humanos na aparência e nos movimentos, e realiza tarefas e afazeres que uma pessoa faz, como substituir o professor humano em uma sala de aula tradicional, com estudantes que ficam imóveis, passivamente enfileirados, a ouvir o que é dito. Isso não é surpreendente nem inédito. A inteligência artificial é esotérica, multifacetada, complexa, não muito diferente dos deuses antropomórficos gregos, que assumiam a forma humana e agiam como humanos.

Uma nova inventividade é que a IA generativa irá substituir o docente. Factualmente, o que se alterará será a forma de utilizá-la no processo de ensino, desenvolvimento e aprendizagem. Até então usa-se a inteligência artificial como suporte da escola e do professor; doravante, será utilizada como consócia, parceira dos dois. De outro modo, fará parte intrínseca na execução do processo instrucional. Tudo que requerer transmissão de conhecimentos de terceiros poderá ser realizado por um programa de conversação simultânea. O professor humano continuará a ser o dono, o senhorio do planejamento tático e estratégico, mas é muito provável que a IA assuma parcial ou totalmente a operacionalização.

Em um paralelo com as fábricas, tudo que é físico, repetitivo e preditivo a máquina passou a fazer. Chegou o momento da educação, aquilo que é repetitivo, preditivo e transmissível, um *chatbot* poderá realizar com mais ludicidade e efetividade, razão pela qual passa a ser uma parceira, e não mais suporte. À vista disso, a inteligência artificial não elimina as funções do professor, ao contrário, ela valoriza a profissão e a ela e agrega valor, uma vez que assume o trabalho exaustivo no processo instrucional. Isso não acontecerá de forma rápida e automática. Trata-se de uma decisão estratégica, de uma escolha. A IES é que deverá tomar a decisão. Porém, é melhor que reflita e se decida, pois a IA generativa está se aperfeiçoando exponencialmente e veio para ficar.

O campo da inteligência artificial se avolumou a partir de 1956, quando dois jovens e ousados matemáticos – John McCarthy e Marvin Minsky – se reuniram com Claude Shannon e Nathaniel Rochester, bem como com outros eminentes pesquisadores na área de tecnologia, para estudar inteligência artificial à luz do pressuposto de que "cada aspecto da aprendizagem ou de qualquer outra característica da inteligência pode, em princípio, ser descrito com tal precisão que uma máquina pode ser construída a fim de que o simule" (McCarthy; Minsky; Rochester; Shannon, 2006, p. 2). Quase 70 anos passados, esse augúrio ainda não se concretizou integralmente, mas é fato que os algoritmos de inteligência artificial desempenham, cada vez com mais eficiência, funções exercidas pelo encéfalo humano.

O professor e especialista em inteligência artificial e robótica, Stuart Russel, em seu livro *Human compatible: Artificial intelligence and the problem of control (2019),* salientou que "todas as características da inteligência – perceber, pensar, aprender, inventar, entre outras – podem ser compreendidas por meio de suas contribuições para nossa capacidade de agir com sucesso" (Russel, 2019, p. 9). Esse conceito generalista foi o aguilhão e a instigação para se aprimorar a ideia de "máquinas inteligentes".

O termo *"machine learning"* foi concebido por Arthur Lee Samuel, na década de 1950; um pioneiro no campo da inteligência artificial, definiu "aprendizagem de máquina" como a habilidade das máquinas de aprender sem serem explicitamente programadas. Contrapondo Samuel, Melanie Mitchel, especialista nas áreas de raciocínio analógico, algoritmos genéticos e autômatos, asseverou que "aprender" é uma palavra imprópria, alegando que, se uma máquina verdadeiramente aprendesse autonomamente uma nova habilidade, deveria ser capaz de aplicá-la em diferentes contextos. O argumento de Mitchel é que o que um algoritmo de inteligência artificial efetivamente faz interfere no ambiente e nas pessoas, mas isso não é "aprender"; talvez o termo correto seja "treinar". Trata-se de uma discussão mais semântica que necessária e real.

Em uma análise com crivo mais abstrato e subjetivo, eruditos como o médico e neurocientista brasileiro Miguel Ângelo Laporta Nicolelis argumentam que não existe inteligência artificial, visto que inteligência é uma singularidade, uma propriedade, um domínio de organismo, de espécimen, e não de artifício ou mecanismo. Deveras, a IA não possui raciocínio, não pensa, não pondera, se alicerça única e exclusivamente na herança humana do passado para responder a uma pergunta; esclarecer, deslindar, resolver um imbróglio; desenvolver, aperfeiçoar, rematar um texto, uma tarefa, projeto ou inovação. Metaforicamente, trata-se do "universo de Laplace", em que não existe futuro, encontra-se somente o passado.

Universo de Laplace é um conceito do físico, matemático e astrônomo francês Pierre Simon Laplace (1749-1827), o qual respaldava o "determinismo científico" – representação da física newtoniana, a qual assinalava que os eventos são determinados por condições iniciais e por leis naturais – e que, por conseguinte, era a chave para entender o universo. Deste modo, o universo era estável, previsível e possível de se compreender por meio de cálculos matemáticos. Esse conceito foi expresso por meio da alegoria do "Demônio de Laplace", uma hipotética inteligência que teria conhecimento da posição de cada uma das partículas do universo. Essa alegoria inspirou a concepção da Máquina de Turing, do computador e da teoria denominada "Oráculo de Turing".

O Oráculo de Turing foi concebido e incorporado pelo prodigioso e extraordinário Alan Turing em 1939, como extensão teórica das capacidades da Máquina de Turing, a qual Alan denominava de "*Automatic Machine*" ou "*a-Machine*", pois realizava o jogo – "jogo da imitação" – entre humano e máquina. Na prática, auxilia na estruturação das teorias acerca dos limites e das potencialidades da inteligência artificial, bem como se refere a um recurso externo, capaz de fornecer respostas para perguntas específicas que podem abranger problemas computacionais "indecidíveis". Problemas indecidíveis são aqueles para os quais não existem algoritmos capazes de solucioná-los de maneira correta, razão pela qual se necessita de um "oráculo", ou seja, de um "ser humano".

Em sua genialidade, Alan Turing já sabia que existiam limites para a lógica digital. Reiterava asseverando "copiosos problemas não são digitais, são analógicos, razão pela qual os hipercomputadores deverão mesclar digital e analógico" (Turing, 2004, p. 136). Por tudo isso, concisamente, pode-se concluir que, ao contrário dos caóticos, desconexos e atribuladores, em um mundo onde os algoritmos ditam a nossa trajetória, quem terá domínio, arbítrio, poder de mando, não será a inteligência artificial, mas sim as pessoas que escrevem, manipulam e controlam os algoritmos.

Mesmo em certos contextos e circunstâncias, podendo superar a capacidade humana em múltiplas tarefas, os algoritmos de inteligência artificial não são sencientes, noutros termos, não têm a capacidade de perceber por meio dos sentidos e da sensibilidade de forma consciente; ainda que sintam comoção, não sentem emoção. Dispõem de preeminente capacidade de armazenamento e cruzamento de dados e de informações, que lhes aquiescem compreender os sentimentos e emoções humanas, mas não as sentir. Não aprendem na acepção atribuída ao vocábulo "aprendizagem", que os educadores definem como o processo de mutação de comportamento gerado pela experiência, com base em fatores emocionais, neurológicos, relacionais, sociais e ambientais.

A ideia de robôs que dominam o mundo é um mote popular na ficção científica, todavia a realidade é bem divergente. Primeiro, se faz mister entender que automação, robótica e inteligência artificial são tecnologias que se complementam, mas não se equivalem. Automação é o uso de processos computacionais e de peças físicas para acelerar e para tornar automáticos alguns processos de produção e de serviços.

Robótica é a substituição de operadores humanos por máquinas que não precisam necessariamente ser movidas por inteligência artificial, mas se tornaram mais promissoras com o advento da IA generativa. Nesse sentido, os robôs colaborativos e a inteligência artificial têm potencial para caminharem juntos, não somente em chão de fábrica, mas também em serviços e atividades, como nos processos instrucionais da educação digital cognitiva.

A obstinação da sociedade pela cultura digital tende a imprimir qualidades humanas à tecnologia, o que não exterioriza que necessitamos de professores robôs humanoides. Todavia, a inteligência artificial impulsiona a geração de conteúdos, curadoria, colaboração, retroalimentação, avaliação e acompanhamento da adaptação e do reforço do aprendizado. Esses modos de entrega raramente envolvem alguma forma de mediação antropomórfica. Na verdade, elas tendem a retirar os intermediários, a saber, os professores humanos.

Não serão os robôs nem algum humanoide que darão quantidades ilimitadas de atenção e auxílio, de um modo que nem os professores humanos conseguem. É o suporte *online* e o aprendizado personalizado proporcionado pela inteligência artificial que o farão. Esses serviços estão disponíveis 24 horas por dia, 7 dias por semana. A IA generativa deve ser utilizada para proporcionar serviços instrucionais resilientes, amigáveis, pacientes, educados, sensíveis, relevantes, compreensíveis, escaláveis, consistentes e eficientes. A precaução que deve ser salientada é a de não incorporar modelos antigos e métodos ineficientes à tecnologia. Processos ineficientes, mesmo com a melhor tecnologia, geram produtos e serviços ineficientes. Métodos eficientes reproduzem produtos e serviços eficientes.

A relação entre aprendizagem e tecnologia é uma dialética complexa. As invenções tecnológicas que moldaram o cenário do aprendizado foram a linguagem, escrita, alfabeto, impressão em papel, livros, calculadoras, computadores, internet e, recentemente, a inteligência artificial. O que chama a atenção, é que nenhuma dessas tecnologias veio da comunidade educacional. O que os educadores compuseram foram salas de aulas, púlpitos, tablados, quadros-negros e carteiras enfileiradas. No entanto, para ser justo, muitas das criações tecnológicas não foram concebidas, mas foram introduzidas, moldadas e adaptadas por grandes profissionais, que as tornaram utilizáveis, produtivas e gerenciáveis. Isso porque tecnologia e aprendizagem não perfazem uma estrada de mão única, e sim uma lógica bidirecional.

O debate em torno do uso da tecnologia aplicada à aprendizagem é frequentemente obcecado por dispositivos e peças físicas, tais como computadores, *notebooks*, *smartphones*, *tablets*, impressoras 3D, lousas digitais, entre outros. Isto significa focar o lado errado ou, como fazem algumas escolas e grupos educacionais, apenas utilizar a tecnologia como publicidade, como encanto mercadológico de um falso processo instrucional movido por tecnologia.

É claro que as soluções tecnológicas educacionais (equipamentos físicos e programas) são desenvolvidas para diversas finalidades e nitidamente proporcionam benefícios, como engajamento, motivação, autonomia, protagonismo, assimilação, aprimoramento da criatividade, do raciocínio lógico e crítico, mas, para tanto, devem ser acompanhadas de processos instrucionais adaptados e adequados.

Em universidades corporativas, nas quais é mais profícuo ponderar acerca de ecossistemas de aprendizagem, que têm acervos de tecnologia integradas, que se complementam, interagem entre si e fornecem flexibilidade, frequentemente impulsionadas por inteligência artificial, na interface, na camada de entrega de conteúdos e na camada de dados e informações reais. Tais requisitos proporcionam uma aprendizagem mais efetiva, na qual a aplicabilidade e a transferência de conhecimentos são incentivadas, bem como desenvolvem competências contemporâneas, as quais as escolas não estão entregando. Isto é alicerçado em programa, não apenas em equipamento físico. O caminho seguido é estratégico, não tático e operacional, no qual a escala e a eficácia são mal definidas.

Os docentes e demais envolvidos no processo instrucional necessitam saber muito mais sobre o que os *softwares* aplicados à aprendizagem distribuem e fazem, quais são as suas funcionalidades, bem como os seus pontos fracos e fortes. Conhecer como as técnicas reais de inteligência artificial funcionam e são aplicadas. Estar cientes de que a IA generativa, o aprendizado adaptativo, a análise de dados, o diálogo serão habilidades necessárias para combinar tecnologia com objetivos pedagógicos em ecossistemas digitais cognitivos mais complexos.

Os programas de conversação para aprendizagem orientados por IA generativa não são fins em si mesmos, são meios para uma finalidade, principalmente a melhoria cognitiva dos estudantes. A chegada desses programas está fazendo muitos professores e demais educadores balbuciarem de indignação, mas estes já são realidade e ofertam serviços pela rede mundial de computadores e sistemas complexos e eficientes de aprendizagem adaptável. O ponto é que, com estas ferramentas, não se tenciona substituir professores humanos, mas modificar a gestão e a operacionalização do ensino, o suporte e outros aspectos físicos, repetitivos, preditivos e transmissíveis do processo instrucional, facultando ao docente humano os predicados e apanágios mais lúdicos, criativos, comportamentais, atitudinais e motivacionais do processo.

Historicamente, a tecnologia tem sido vista como um complemento do processo instrucional, algo que é bom de se ter, pois aparenta estar atualizado, modernizado, glamourizado. Outras vezes, uma imposição das escolas para aqueles educadores que não veem mérito nas abordagens digitais. Mas hoje é tudo muito diferente. As ferramentas de IA generativa colocam a tecnologia diretamente nas mãos e na gestão do usuário, seja aprendiz, seja mestre.

É factível, mas improvável que a inteligência artificial substituirá a conexão humana na educação, na verdade, deve torná-la ainda melhor. Porém, o professor da era digital cognitiva precisa ser mais completo, não apenas compreender os conteúdos, mas saber aplicá-los, transferi-los, bem como possuir sólido domínio do conhecimento pedagógico e do conhecimento tecnológico.

1. Conhecimento do conteúdo – trata-se da perícia do docente no tema ou no assunto, o que abrange os conteúdos factuais, conceituais, processuais e atitudinais que deverão ser ensinados. Envolve, ainda, uma compreensão profunda e abrangente das teorias, dos princípios, dos conceitos-chaves, das relações entre esses conceitos, bem como das características dos conteúdos a serem utilizados nos cenários, desafios ou nas atividades de aprendizagem. Permite que o docente identifique os tópicos essenciais, importantes e complementares, organize-os de forma lógica e desenvolva estratégia eficientes para ensinar e avaliar a efetividade do aprendizado.

2. Conhecimento pedagógico – conjunto de saberes que o professor utiliza no processo de ensino, desenvolvimento e aprendizagem. É construído a partir da combinação da "inteligência de rua" com as vivências do professor. Da "inteligência de escola", de outro modo, no conjunto de conhecimentos específicos da área ou disciplina a ser ministrada, bem como nas teorias educacionais e tendências pedagógicas. Da "inteligência construtiva", na qual o docente consegue ensinar a aplicar e transferir os conteúdos assimilados em situações reais, assim como ampliar e engrandecer o *network* do aprendiz. Somando-se tudo isso, o estudante angaria a essencial "inteligência de vida", que garantirá a empregabilidade e trabalhabilidade.

3. Conhecimento tecnológico – compreensão e capacitação do professor para utilizar tecnologias, que abrange ferramentas e recursos digitais cognitivos. A interação entre essas ferramentas produzirá a flexibilidade necessária para a integração bem-sucedida de tecnologias no processo instrucional. Poderá ser aplicada tanto dentro dos ambientes de aprendizagem quanto fora. O propósito é tornar a assimilação, por parte dos estudantes, mais motivadora, dinâmica, envolvente e autônoma.

A aprendizagem pode ser retratada como uma mutação durável da memória de longo prazo. Aprendemos em todo tempo, todos os dias, simplesmente fazendo coisas e interagindo com o mundo. Assim tem sido no caminhar da história e de nossa saga evolutiva. Ao criarmos instrumentos e ferramentas, esses artefatos se tornaram objetos potenciais para o ensino e a aprendizagem. Para facilitar essa elucubração, vamos refletir quanto a algumas atividades no processo instrucional realizado pelos professores humanos e que podem efetivamente ser empreendidos por dispositivos, máquinas e acessórios externos, que servem como extensão do corpo e da mente.

Fornecer respostas e elucidar dúvidas era uma incumbência quase que exclusiva dos professores humanos há milênios. O advento dos mecanismos de busca propiciou uma mutação pedagógica notável com as pesquisas. Desde o início do Google, por exemplo, o número de adeptos e de visitantes das bibliotecas públicas e privadas diminui incessantemente, pois temos menos necessidades de livros físicos, uma vez que agora quase todo o conhecimento está disponível pela rede mundial de computadores. O papel e a tinta dos livros deram lugar às telas digitais coloridas e dinâmicas.

Cultura da tela contra cultura do papel

Desde a Antiguidade, nunca houve uma metamorfose tão radical, inexorável e profunda na técnica de produção e de suporte de textos. Os livros antecedem Gutemberg, mas as práticas de leitura se alteraram com a possibilidade de imprimir exemplares em larga escala. Hoje, transformamo-nos em "pessoas de tela", pois encontramos nos monitores dos computadores, nas telas dos telefones inteligentes e nos demais equipamentos móveis um novo suporte e uma nova prática de leitura mais efêmera, não linear, rápida e fragmentada. Isto abre um mundo de possibilidades, mas também muitas preocupações, instigações e provocações para quem gosta de ler e, sobretudo, para os educadores desenvolverem em seus estudantes o prazer da leitura e a busca de respostas por intermédio dos livros. Somado a isso, recursos educacionais abertos, como Wikipedia, YouTube, Khan Academy e inúmeras outras fontes, transformaram o cenário da aprendizagem.

Para a construção de conteúdos acadêmicos, outra função relevante e pertinente dos educadores, a cultura de tela, em vez de papel, é um mundo de fluxo, deslocamento, fluidez, intermináveis trilhas de som, cortes rápidos nas imagens, textos fortuitos, repentinos e causais. Tudo está interligado. As respostas não são expostas pelos autores, mas montadas em tempo real, peça a peça, por um *chatbot* movido por inteligência artificial. As pessoas de tela, auxiliadas por IA generativa, constroem seus próprios conteúdos, suas próprias convicções. As cópias fixas não são tão importantes quanto o fluxo de acesso.

Respaldado por IA generativa, os estudantes querem abertura para participar de forma análoga a uma página na Wikipedia. É preciso celeridade, tal qual o *trailer* de um filme, no máximo 30 segundos, um objeto de aprendizagem em vídeo de não mais que cinco minutos. Na cultura de tela, as imagens se fundem, as cores se intercalam, se misturam, se alteram, e as palavras se movem e por vezes mudam de significado. De quando em quando, persistem maior quantidade de imagens que palavras;

em outros momentos, nem existem palavras, apenas diagramas, glifos, *emojis*, ícones e símbolos que podem ser decifrados em múltiplos significados. Tal fluidez é terrivelmente enervante para os educadores, bem como para os atuais processos instrucionais, que são baseados na lógica do texto escrito. Daí a ideia de que todos os discentes da geração digital são apedeutas.

Se fixarmos nosso olhar tão-somente nos arquétipos das revoluções cognitivas anteriores, tal percepção é verdadeira. É real a dificuldade de resolver problemas matemáticos; de interpretar textos; de encontrar soluções rápidas; de assimilar a visão de mundo; de discernimento; de raciocínio reflexivo e crítico; entre outros aspectos. No entanto, se examinarmos a matéria à luz da quarta e, desta entrante, da quinta revolução cognitiva, é possível concluir que a geração digital (Y, Z, Alfa e Beta) tem muitas virtudes que são até superiores às das gerações mais maduras e analógicas (Bela Época, Pós-Guerra e X), como a capacidade de ler imagens visuais; as representações do espaço tridimensional; a capacidade de criar mapas mentais; a aptidão para concentrar-se em múltiplas tarefas ao mesmo tempo; a prontidão para responder rapidamente a estímulos inesperados.

É real que nesse cenário se apresentam preocupantes condutas negativas, como a diminuição do raciocínio lógico, mas é factível observar diversos e prováveis dividendos para tais habilidades. Por exemplo, o mercado oferta um número cada vez maior de vagas para preencher funções que, muitas vezes, exigem a tomada de decisões não lineares, sem a orientação de regras preestabelecidas.

Todas as gerações têm eficiências e deficiências. Em todas elas, há pessoas especiais que apresentam frugalidade, assim como pessoas frugais que se revelam especiais. O artifício e a perspicácia consistem em evitar os conflitos, os choques e as hostilidades, pois, indubitavelmente, todas as gerações manifestam características boas e ruins. O ideal reside na união e na transmissão dos conhecimentos e das competências de uma geração para outra. Para tanto, basta recorrer a uma excepcional aliada denominada inteligência artificial generativa. De acordo com essa perspectiva, as gerações mais jovens já começam com vantagem.

Hoje contemplamos palavras que flutuam de modo não linear nas letras de um vídeo musicalizado, que se deslocam para cima, para baixo, para os lados. Podem-se ver balões de diálogos escritos falados por um avatar em uma realidade virtual, clicar nos rótulos dos objetos em um jogo, decifrar as palavras em um diagrama virtual. Não existe a leitura. Perdura a prossecução e o rastreamento. A dinâmica engloba não somente ler, mas também observar, espiar, contemplar as imagens e rastrear as palavras. Ao contrário dos livros analógicos, as telas estão sempre luzentes. Somos prisioneiros, dependentes, submissos, e não conseguimos deixar de lobrigar, admirar, mirar e olhar para elas. Por quanto tempo você consegue ficar sem espiar a tela do seu celular?

A dificuldade consiste em haver um atraso e uma resistência por parte dos educadores quanto à aceitação dos celulares e dos demais equipamentos com tela como instrumentos pedagógicos de aprendizagem. Trata-se, na verdade, de uma evolução da prática de aulas teatrais, promovidas pelos antigos cursinhos preparatórios para o vestibular, os quais se valiam de recursos de técnicas audiovisuais, tanto de forma presencial quanto remota. É evidente que defendo a proibição do telefone celular como entretenimento e meio de interações relativas a temas alheios aos assuntos programados nos ambientes de aprendizagem, o que não significa que tais aparelhos devam ser proscritos, mas sim que se devem encontrar modos e métodos de estudo que os empreguem com eficiência no processo instrucional.

Trata-se de um tema controverso, polêmico e discutível. É fato que o uso das telas pelas gerações digitais – com ênfase nas gerações Z, Alfa e Beta – tem sido descomedido e exorbitante. Essa exacerbação digital precisa ser interrompida e controlada. Adolescentes de até dezesseis anos costumam permanecer diante das telas por quatro horas diárias ou muito mais, conforme os dados do (Gráfico 1.0).

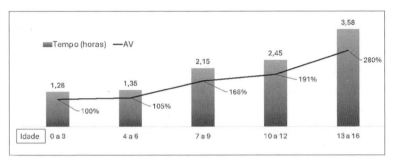

Gráfico 1.0 – Tempo de utilização diária por faixa etária.
Fonte: Panorama Mobile Time/Opinion Box, 2023

Ao contrário do que a indústria de entretenimento e de tecnologia difundem, o mal uso e a utilização excessiva das telas acarretam sérios malefícios à saúde mental (dificuldade de concentração, memorização, empobrecimento da linguagem, supressão de raciocínio crítico), emocional (agressividade, depressão) e física (obesidade, problemas cardiovasculares), entre outros. O neurocientista francês Michel Desmurget assinala que, nessa exacerbação digital, "as crianças e adolescentes ficam atordoadas por entretenimento bobo, privados de linguagem, incapazes de refletir sobre o mundo, mas felizes com sua sina". (Desmurget, 2021, sem paginação).

Cientistas e pesquisadores argumentam que, mesmo que o tempo de tela não seja o único e principal causador desses problemas, este tem um efeito significativo na redução do quociente de inteligência (Q.I.) dos jovens digitais. De outro modo, quando aumenta a utilização de celulares, *videogame* e demais equipamentos digitais, o Q.I. e o desenvolvimento cognitivo diminuem.

Essa contração pode ser provocada pela diminuição da quantidade e da qualidade de interações com amigos e familiares, essenciais para o desenvolvimento das inteligências cognitiva, socioemocional, volitiva e *decernere*; redução do tempo dedicado a outras atividades analógicas mais lúdicas e enriquecedoras (leitura, arte, brincadeiras); superestimulação da atenção, provocando distúrbios de concentração, óbices na aprendizagem; sedentarismo excessivo.

As telas proporcionam prazer imediato, aumentam a impulsividade e dificultam a estratégia de controle de uso. Tal como ocorre com o vício do cigarro, essa alteração do cérebro pode manifestar-se e tornar-se muito difícil de reverter. O cigarro, que era considerado "elegante", principalmente no auge da indústria cinematográfica de Hollywood, contava com um fascínio e um encanto absolutamente especial, porquanto se criou a imagem do fumante como símbolo da virilidade e do romantismo.

A tecnologia pode funcionar como uma faca de dois gumes. É necessário ter cuidado, tanto na qualidade de educadores quanto na de pais, a fim de assegurar que a tecnologia seja utilizada de modo a favorecer o aprendizado, sem substituir as experiências do mundo real ou a interação humana. Trata-se, portanto, de encontrar esse equilíbrio, mas também de garantir que haja tempo para o aprendizado prático, para a interação social e para momentos longe das telas.

A pergunta não consiste em se deve haver tela ou papel, uma vez que se podem criar ambientes de aprendizado que combinem o melhor dos dois mundos, o digital e o físico, o virtual e o real. Não se trata de rejeitar a tecnologia, mas de utilizá-la com sabedoria. Apesar de todos esses inconvenientes e malefícios, não é admissível afirmar que a tecnologia é prejudicial e que o seu desenvolvimento deve ser interrompido. Assim como eu, qualquer pessoa – pelo menos a maioria – dedica parte do dia de trabalho e de estudos às ferramentas digitais. Diante do que foi exposto, é indubitável que a tecnologia digital cognitiva pode constituir uma ferramenta no arsenal pedagógico, integrar o projeto instrucional estruturado por meio de equipamentos com telas digitais, entre os quais o *smartphone*, bem como por meio do uso de programas, plataformas, aplicativos e robôs de conversação movidos por inteligência artificial generativa, os quais facilitam e promovem o aprendizado efetivo.

A dificuldade reside em que, por falta de opções – as escolas não disponibilizam programas lúdicos e atrativos para a aprendizagem –, quando se colocam telas nas mãos dos aprendizes, quase sempre prevalecem os usos recreativos mais empobrecedores, entre os quais o frenesi da inútil, dispensável e insegura exposição pessoal nas redes sociais. Nesse cenário, a proibição da utilização dos telefones celulares nas escolas faz sentido. Entretanto, esse banimento deverá ter prazo de validade diminuto, pois, com o célere aperfeiçoamento da inteligência artificial generativa, a tecnologia está cada vez mais presente na vida e no cotidiano de todos os seres humanos.

Assim como grande parte das tecnologias repercute espontaneamente na auto-organização, na rotina e no comportamento dos seres humanos, a IA generativa e demais elementos agregados também ecoam na educação. Para aqueles que sempre contemplaram o docente como detentor do conhecimento e a educação como transmissão de informações, a inteligência artificial generativa pode afigurar-se como uma rival ameaçadora pelas respostas que concede. A esse argumento acrescentam-se os que defendem uma educação crítica e reflexiva. Todavia, a controvérsia não deveria girar tão somente ao redor da prevenção do uso indevido das tecnologias (equipamentos e programas) nos processos pedagógicos e avaliativos, como na produção de respostas e textos acadêmicos, no modo como se ensina, aprende e avalia, mas, notadamente, para qual futuro a educação deve apontar as suas setas.

Divisão de responsabilidades entre professor humano, *chatbots* e IA generativa

Quanto ao engajamento e ao suporte aos estudantes no aprendizado, com a IA generativa, estes se tornaram globais, disponíveis 24 horas por dia, 7 dias da semana, e podem entregar em qualquer nível, em qualquer estilo. É possível esperar muito mais, pois a assistência do professor humano dá lugar ao amparo inteligente de um *chatbot*. Essa onipresença o torna um professor digital poderoso por si mesmo.

Com a real possibilidade de assistência e coadjuvação de *chatbots* movidos por inteligência artificial, o professor da era digital cognitiva é alguém que auxilia o estudante a assimilar mais rápido e com mais eficiência o que deve estudar, compreender, analisar, sintetizar, solucionar, desenvolver, aplicar, transferir e mensurar. Isso envolve um relacionamento que permite medrar a confiança e a curiosidade em descobrir qual o melhor processo para o ensino, desenvolvimento e aprendizagem.

Estamos lidando com paradigmas recém-chegados, hodiernos perfis de estudantes, distintas necessidades do mercado, outras competências e habilidades, problemas desconhecidos e complexos, que requerem adicional delineamento da função do professor, diferentes tipos de sistemas, processos e metodologias, que são agravados pelo senso de urgência por parte dos aprendizes.

As certezas devem ser substituídas por mentalidade probabilística, um modo de pensar suplementar, que auxilia a lidar com as incertezas e a complexidade de um mundo cada vez mais algorítmico. Cai o protótipo de recuperação e transmissão de conteúdos de terceiros, no qual há sempre receitas e respostas prontas. Os diálogos que tratam de inteligência artificial podem ser difíceis. O aprimoramento e a coadjuvação da IA generativa pleiteiam uma maneira distinta de se relacionar e interagir com os discentes, presume que o docente esteja comprometido em ser útil para despertar curiosidade, resiliência, proatividade, interação e cooperação entre os pares, instigação, encorajamento, atitude correta de cuidar, vontade de descobrir o que realmente está na mente do estudante.

Estamos acompanhando um aumento da utilização de IA generativa para alcançar um bom processo instrucional, como recuperação de conhecimentos, intercalação, prática adequada às necessidades de cada discente. Ante tal panorama, a inteligência artificial requer um delineamento pedagógico consistente para orientar a sua execução. Desvela-se uma lógica intrínseca a esta combinação de inovações tecnológicas, metodológicas e comportamentais no processo instrucional, por exemplo:

- Para ser realmente útil, é necessário decifrar a verdadeira dificuldade, lacuna ou problema que aflige e obsta a aprendizagem do estudante. Este constitui um quesito no qual a inteligência artificial generativa pode intervir e prestar auxílio com notável maestria;

- Para localizar o que inquieta o aprendiz, é necessária a comunicação aberta e confiável entre docente e discente. A inteligência artificial generativa, mediante análises da interatividade do estudante com os diversos programas e sistemas empregados, logra propiciar relevantes percepções das tribulações dos estudantes;

- Para erigir uma relação menos formal, requer-se certo grau de personalização do processo instrucional. Personalizar o relacionamento pressupõe uma investigação comedida, por meio da formulação de perguntas mais pessoais ou da manifestação de sentimentos de genuína preocupação com as adversidades de aprendizagem do estudante, tópico no qual a inteligência artificial se revela inigualável.

Os estudantes precisam de auxílio para descobrir o que é realmente confiável e relevante. Eles necessitam de alguém para ajudá-los a ver o panorama geral, a fazer conexões. E é aí que ter um educador humano, alguém com experiência, se torna ainda mais importante. Então não se concerne de escolher lados. Trata-se de encontrar esse equilíbrio em que eles trabalham juntos, usando IA generativa para aprimorar o lado humano do aprendizado, e não o substituir.

Mesmo com o auxílio de uma inteligência artificial generativa, os movimentos adaptativos exigem decisões conjuntas, uma vez que o professor não saberá jamais o suficiente acerca da situação pessoal do estudante nem acerca das consequências de uma determinada intervenção. O cerne dessa atitude consiste na humildade diante do hermetismo do processo de ensino, de desenvolvimento e de aprendizagem, na sobriedade e na parcimônia para aceitar a parceria de uma inteligência artificial generativa, no comedimento e na prudência no relacionamento com o discente, no sentido de que ambos estão prontos para minimizar as dificuldades juntos, para decifrar e para sanar os problemas e as anomalias com empatia, para utilizar o diálogo como elemento preponderante para o aprendizado, e não para transmitir conteúdos e para inserir apenas as próprias ideias, as próprias ideologias e os próprios conceitos.

Tal postura reivindica compromissos como responsabilizar-se, tutelar, cuidar e, acima de tudo, junto à IA generativa, buscar dados, informações e formas para conseguir a efetividade da aprendizagem. Ao assumir esse comportamento se faz necessário aprender outro tipo de escuta, saber ouvir e demonstrar curiosidade acerca da situação no que se refere ao que de fato incomoda o estudante quando este estiver avocando ajuda. O conteúdo não poderá mais ser ofertado em currículos lineares, de recursos planos, engessados e repletos de amarras e pré-requisitos, pois, ao adotar o diálogo e a maiêutica socrática digital, por meio de perguntas e respostas, como metodologia de ensino e aprendizagem, exige-se um currículo dinâmico, não engessado, sem pressupostos e condições prévias, abrangente, seguindo a regulação e as orientações do *Manual para classificação dos cursos de graduação e sequenciais* (Cine Brasil), bem como uma rede de experiências de aprendizagem que podem ser disponibilizadas dinamicamente e individualmente aos estudantes, com base em suas necessidades. Os pontos fortes analíticos e preditivos da inteligência artificial permitem identificar os fatores que inibem e melhoram a assimilação e auxiliar o professor na construção dos desafios, plano de ensino, trilhas de aprendizagem e avaliações.

Conceber trilhas e atividades de aprendizagem eficientes e motivadoras, que demonstrem bom conhecimento do currículo ofertado, é a marca registrada de um bom e eficiente professor. Nesse aspecto, a inteligência artificial generativa fez progressos surpreendentes, mas ainda não está totalmente preparada. É preciso ter prudência, pois, ainda que a inteligência artificial possa aparentar ter conhecimento profundo, ela está aprendendo e não consegue observar as entrelinhas nem reagir de forma flexível aos múltiplos ângulos de um problema. Isso ocorrerá à medida que o contexto, o estágio e a integração em que se encontra a pedagogia com a tecnologia forem se aperfeiçoando, o que fará com que a inteligência artificial generativa aprenda e se aperfeiçoe.

Ao se analisar rapidamente a Taxonomia de Bloom, constata-se que a maioria dos professores prefere envolver-se com a aprendizagem das dimensões inferiores da taxonomia. Todavia, são justamente esses conteúdos elementares que podem ser automatizados e entregues a uma inteligência artificial generativa. De acordo com Bloom, um estudante que domine apenas as dimensões inferiores (lembrar, compreender, aplicar) desenvolve habilidades para ser tão somente um técnico proficiente. Se o estudante se sobressair também nas dimensões superiores (analisar, sintetizar e avaliar), terá as aptidões imperativas para o êxito profissional neste mundo em que a capacidade de resolução de problemas e a sabedoria em lidar com o novo, o inédito e o diferente são imprescindíveis. Nesse ponto, torna-se evidente que o incremento das competências necessárias para o sucesso profissional deve ser completo, com ênfase em todas as dimensões da taxonomia. Essa empreitada pode ser muito bem auxiliada pela inteligência artificial generativa.

Amparar os estudantes a progredirem e auferirem bons resultados em sua instrução não é simples, mas é disso que se trata, em essência, uma das funções mais importantes do professor humano no processo de ensino, de desenvolvimento e de aprendizagem. A inteligência artificial, no entanto, promete fazer isso para muitos estudantes em tempo real, pois reúne e analisa grandes quantidades de dados e informações, algo que não se poderia exigir de nenhum docente humano que procedesse por meio de observações e de testes tradicionais. Aliado a isso, esses indicativos estão livres de preconceitos como gênero, raça, sotaque, origem, os quais muitas vezes inibem o progresso do discente.

Os dados podem ser utilizados, em potencial, para pormenorizar e circunstanciar o que está acontecendo, analisar e explanar por que está ocorrendo, prever o que provavelmente decorrerá e até mesmo prescrever o que deverá sobrevir. Novamente, a inteligência artificial promete uma elucidação escalável para esses tópicos que, sem dúvida, será de qualidade superior a qualquer sistema que possa ser entregue por um ser humano. O fato é que, cada vez mais, as soluções de aprendizagem orientadas por inteligência artificial tornam as aferições exequíveis de um modo mais sutil, dinâmico, perspicaz e flexível.

Mesmo com a explosão e o desenvolvimento exponencial da inteligência artificial, ainda se trata de inovações e soluções iniciais. Dessa forma, por ora, os professores não serão totalmente substituídos. Na verdade, as suas funções serão renovadas, o ensino será aperfeiçoado e o trabalho administrativo, repetitivo e preditivo será realizado por inteligência artificial, podendo reduzir sensivelmente a sua carga de trabalho árduo.

Os professores ainda designarão os cenários que inspiram, motivam e desafiam os estudantes. Continuarão a ser modelos para os jovens. O ensino é uma profissão que dificilmente desaparecerá; no entanto, como qualquer outra ocupação, está sendo e será ainda mais profunda e sensivelmente transmutada pela inteligência artificial e por outras tecnologias digitais cognitivas.

A inteligência artificial generativa não apenas incorpora o aprendizado, mas também se informa a respeito dos discentes enquanto estes estudam. Dessa forma, há motivos substanciais para supor que o ensino pode ser automatizado sem substituir integralmente o professor. Trata-se de um avanço importante, pois a educação em todos os níveis experimentará aumento de desempenho com sensível redução de custos, evidenciando a estratégia de baixo custo e alto desempenho.

O mundo em desenvolvimento, no qual o ensino e a aprendizagem são um problema em termos de qualidade e oferta, deverá receber grande impulso. Sem querer depreciar a educação, em algum momento poderemos olhar para os professores, os ambientes de aprendizagem e as escolas como olhávamos para a fabricação manual nas indústrias antes de serem automatizadas. Adentramos na Era da Inteligência Artificial, a fase mais promissora de análise e suporte, por meio de dados, para o processo instrucional. No entanto, a inteligência artificial generativa e os seus algoritmos são invisíveis e anônimos, sem rosto, ocultos, fleumáticos e não demonstrarão nenhum tipo de sensibilidade, emotividade ou empatia, a não ser a frieza dos seus números. De modo similar a um *iceberg*, o seu poder está escondido abaixo da superfície; desse modo, como usuários, saberemos do estágio de nosso aprendizado, contudo raramente perceberemos qual é o papel enternecedor desempenhado pela IA em nossas vidas e em nossos comportamentos.

É fato que o lado emocional da aprendizagem nem sempre é fornecido pela inteligência artificial, mas a análise de sentimentos ou emoções por aprendizado de máquina está fazendo bom progresso. É viável um *chatbot*, robô ou humanoide demonstrar comoção, mas é inexequível que venha sentir emoção. Vale lembrar que a inteligência artificial pode realizar coisas que os cérebros humanos não conseguem. Isso poderá parecer uma afirmação muito ousada, mas o número de variáveis e o poder absoluto de fórmulas de um conjunto de algoritmos em compostos com dados, bem como o imenso poder de processamento em muitas áreas, estão muito além da capacidade do cérebro humano. Além disso, os *feeds* e as oportunidades de mineração de dados, bem como a entrega consistente e correta de conteúdos oportunos e relevantes para qualquer indivíduo, quando e como precisa, geralmente estão além da capacidade de muitos professores humanos.

A dificuldade é que a maior parte do ensino ofertado não é individual e, portanto, essas habilidades tácitas dos professores, que a inteligência artificial ainda não capturou, são difíceis de aplicar a muitos estudantes de perfis múltiplos e distintos. No momento, há muitas habilidades tácitas, ou seja, conhecimentos e aptidões pessoais, difíceis de serem transmitidos e assimilados pela inteligência artificial generativa.

O conhecimento tácito é aquela espécie de conhecimento mais intrincada de ser formalizada, transmitida e ensinada. Trata-se do conhecimento pessoal embutido na experiência individual, que envolve fatores intangíveis e abstratos, como crenças pessoais, perspectivas e sistemas de valores, que, no livro *Paradigmas da educação* (2024, p. 26), denominei "Inteligência de Rua".

O conhecimento tácito contém intuições e percepções subjetivas, é adquirido pela experiência de vida, incluindo componentes cognitivos e práticos, razão pela qual é espinhoso, mas não impossível de articular com a linguagem formal. No entanto, apesar das dificuldades, indubitavelmente observaremos diagnósticos cada vez mais sofisticados do comportamento cognitivo, os quais não são capazes de ser identificados por um professor humano, mas podem ser uma agnição cuidadosa de uma inteligência artificial generativa.

Em compensação, a IA generativa tem grande facilidade para lidar com conhecimentos explícitos dos estudantes e, portanto, ajudá-los na personalização de sua jornada de aprendizagem. O conhecimento explícito é um conteúdo claro e formal, que pode ser transmitido e aplicado de maneira usual e cognoscível, aos quais denominei de "Inteligência de Escola" e "Inteligência Construtiva". De outro modo, trata-se daquele que é facilmente formalizado, compartilhado, transmitido eletronicamente, armazenado em banco de dados, apoiado em recursos como dados, textos, imagens, infográficos, especificações, afirmações, entre outros.

Com base no conhecimento explícito, a inteligência artificial refere-se ao estudante como indivíduo factível de singularizar sua jornada de aprendizagem. A consequência é o caminho certo para cada discente que obtém seu aprendizado em velocidade individualizada e de acordo com suas capacidades. Orientados por IA generativa, os estudantes mais lentos não se atrasam, nem sofrem falhas catastróficas, geralmente em provas e exames de avaliações somativas, quando se torna muito tarde para recuperação, pois o sistema adaptativo os leva em uma velocidade que lhes convém e corrige os rumos por meio das avaliações formativas. Esses sistemas produzem relatórios que efetivamente correspondem à realização pessoal, por meio de retorno individualizado para os estudantes, que informa a eles os pontos fracos e fortes, bem como o progresso no curso.

Em vez de ciclos de recuperação utilizados no modelo tradicional de instrução, os discentes podem se sentir como se realmente fossem orientados por um professor humano, pois o retorno é minucioso e a jornada de aprendizagem é refinada conforme as necessidades pessoais de cada um. Os docentes também têm muito que ganhar com esses sistemas adaptativos, pois concedem preparar suas trilhas, objetos e atividades de aprendizagem customizados, pois conhecem com antecedência as dificuldades individuais dos seus estudantes.

Os professores humanos precisam incentivar seus discentes para um mundo em que exista a interação, a colaboração, a necessária convivência de diversas origens culturais, liberdade de gênero, respeito às ideias, às perspectivas e aos valores diferentes, alertando que suas vidas serão afetadas por matérias que transcendem as fronteiras de onde vivem. É crucial que quem ensina mostre aos seus estudantes uma realidade em que o conhecimento tradicional se desgasta celeremente, que descortine para os educandos um mundo em que o poder enriquecedor do diálogo, das competências técnicas e comportamentais se torna cada vez mais imprescindível, inevitável e indispensável.

A inteligência artificial faculta a oferta de uma aprendizagem cada vez mais autônoma e autodirigida, na qual a modalidade ofertada não faz muita diferenciação. Isso faz com que as instituições de ensino tenham que se envolver, cada vez mais, com o ensino a distância, seja virtual por completo, seja híbrido, nos quais os estudantes raramente encontram seus tutores e pares. À proporção, todavia, que a inteligência artificial de natureza generativa vai recebendo uso mais amplo, torna-se possível o reconhecimento da melhoria no desempenho, a qual, indubitavelmente, há de igualar-se ou há de superar o progresso dos estudantes da instrução presencial. Isto se torna exequível graças ao diálogo, aos comentários pormenorizados, estruturados e constantes, que recebem de seus professores virtuais, os quais recebem auxílio de uma inteligência artificial generativa.

Existe um fato manifestamente indisputável e concreto: a tecnologia digital cognitiva, em associação com a rede mundial de computadores e com a inteligência artificial, converte o ensino remoto, seja ele misto ou não, em fenômeno de magna importância. Recusar o seu reconhecimento equivale a esquivar-se de encarar as transformações que ocorrem no mundo exterior aos muros dos estabelecimentos educacionais. Com o progresso e a aplicação da tecnologia, é assaz verossímil que haja ocorrido mui mais alterações e aperfeiçoamentos pedagógicos nas duas últimas décadas do que nos vinte séculos antecedentes. A inteligência artificial generativa acelerará exponencialmente este progresso. Isto não pode conduzir senão à crescente valorização da presença do professor humano, o qual ganhou uma aliada de inestimável préstimo para todas as atividades do processo de ensino, de desenvolvimento e de aprendizagem.

Por tudo quanto se relatou, não se trata de mudanças triviais nas funções do docente da era digital, mas de transformações repletas de grandes desafios. A revolução provocada pela inteligência artificial manifesta-se em todos os lugares, em quase todos os serviços e não apresentará singularidade na escola e no processo instrucional. Neste sentido, impõe maiores exigências técnicas, mas representa, por certo, atividade mui mais estimulante, pois pode produzir resultados de maior alcance no tocante à aprendizagem. Isto implica a necessidade de novas habilidades na arquitetura dos conteúdos e na atuação dos professores.

Dirigimo-nos para uma transformação de perspectiva mental em direção ao emprego de sistemas mais inteligentes, com maior autonomia, maior consciência a respeito dos problemas relativos à aquisição de conhecimentos e ao desenvolvimento de competências e habilidades, as quais aprimoram a capacidade dos estudantes de conquistarem e de manterem empregos. Os professores tradicionais, meros transmissores de conteúdos produzidos por terceiros, serão eliminados. Os programas informáticos de conversação impulsionados pela inteligência artificial generativa e os docentes humanos, adeptos deste novo paradigma digital, os substituirão. Esses professores distinguem-se dos demais, compreendem os instrumentos tecnológicos e sabem servir-se deles dentro e fora dos ambientes instrucionais, tanto para aumentarem a produtividade quanto para aperfeiçoarem o processo de ensino, de desenvolvimento e de aprendizagem.

A inteligência artificial generativa lida com indagações de grave importância a respeito do conhecimento e, por extensão, a respeito do valor do professor:

- Qual o papel do docente nessa plataforma evolutiva digital cognitiva, na qual as máquinas sabem literalmente tudo o que o humano, como espécie, criou, escreveu e compartilhou?

- Qual o valor da transmissão desses conhecimentos e conteúdos, principal mestria e proficiência do professor na educação tradicional?
- Qual a grandeza da produção de conteúdos acadêmicos, nesse momento em que os *chatbots* podem instantaneamente evocar qualquer tema e assunto que já foi ensinado e escrito?
- Qual o propósito da avaliação de resultado e ranqueamento em um âmbito em que as máquinas definem e concluem autonomamente suas próprias tarefas?

Respostas difíceis e ainda irretorquíveis. O fato é que as transformações no valor da criação, da produção e da disseminação do conhecimento, com a interferência da inteligência artificial generativa, dão testemunho de que a função do educador sofrerá alterações imensas. A despeito do modo ou da amplitude das mudanças que hão de sobrevir, afigura-se imperioso preparar-se para um universo no qual homens e máquinas terão de trabalhar, de interagir e de estabelecer relações de natureza simbiótica, no qual o professor não representa mais a voz única, mas constitui – para o bem ou para o mal – tão somente uma entre muitas.

6

O advento da pedagogia digital e a parceria com a IA generativa

> A aprendizagem é um exercício complexo para os humanos. O Criador brindou a nossa estirpe vantagens únicas, que nos permitiram conquistar e dominar outras espécies e até o planeta inteiro. Agora, pela primeira vez em nossa jornada evolutiva, logramos construir máquinas "inteligentes" que "aprendem" sozinhas.

Na entrante quinta revolução cognitiva, caracterizada pelo meteórico avanço da IA generativa, a educação desempenha papel substancial na formação de cidadãos críticos e conscientes, razão pela qual o casamento entre ensino, aprendizagem e tecnologia desempenha papel vital. Essa aliança está passando por um novo processo de adaptação, no momento em que a IA generativa proporciona a capacidade de substituir formas tradicionais de abordagens do processo instrucional. Aliás, não somente propicia oportunidades de melhorias, como também tem o poder de transformar e reinventar o modo como pensamos e ofertamos educação.

Isso não é novidade. Desde a origem do homem em sociedade, a tecnologia reiteradamente esteve presente no processo instrucional. Para não regressar muito no tempo, a tecnologia utilizada pelos estudantes do ensino básico nas décadas de 1960 e 1970 consistia destes itens: caderno de brochura, lápis de grafite e de cor, borracha, caneta tinteiro, régua de madeira, estojo de lata, caderno de matemática, de caligrafia e de desenho, folhas de papel ao maço pautadas, vidrinho de goma arábica, mata borrão, cartilha de tabuada, sem deixar de rememorar a decadente e amedrontadora palmatória.

Depois vieram o compasso, o esquadro, o transferidor, o escalímetro e a mãe da calculadora, a intrincada, mas infalível, régua de cálculo, criada por William Oughtred em 1622, instrumento que se baseia em escalas logarítmicas sobrepostas para realizar operações matemáticas. Esta persistiu até o advento da calculadora eletrônica.

A evolução é contínua; recentemente surgiram as tralhas eletrônicas: computadores, celulares e outros equipamentos e instrumentos, até chegarmos na entrante IA generativa que assusta até os educadores mais resistentes. O que se sobreleva é que todos esses históricos apetrechos foram rejeitados e questionados no princípio pelos educadores da época, porém a tecnologia reiteradamente venceu e não será diferente com a inteligência artificial.

Em seu relatório *Recomendación sobre la ética de la inteligencia artificial* (2022), a Unesco propõe uma visão abrangente e reflexiva da integração da IA generativa na educação, no qual identifica tanto os avanços emergentes, como as limitações atuais. Para avançar de maneira eficiente e efetiva, apresenta quatro categorias provenientes de aplicação focadas em necessidades específicas: (1) gestão e oferta de educação; (2) aprendizagem e avaliação; (3) capacitação e melhoria do ensino; (4) aprendizagem ao longo da vida.

Com relação à "gestão e oferta de educação", destaca-se o potencial da inteligência artificial para automatizar processos administrativos, horários e controles de presenças, enfim, atividades de gestão do ensino docente. Enfatiza-se também a importância da utilização do *big data* para análise de dados da aprendizagem e para o fornecimento de informações valiosas aos professores, gestores e estudantes. Esse enfoque pode antecipar potenciais desafios, identificando discentes em risco de fracasso e evasão, disponibilizando orientação personalizada.

Na categoria "aprendizagem e avaliação", a Unesco propõe a utilização de IA generativa para organizar conteúdos de aprendizagem, adaptando-os às necessidades de cada estudante individualmente. Na avaliação, o objetivo é compreender tendências na eficiência de utilização da inteligência artificial, aproveitando o potencial de dados para permitir a avaliação de múltiplas dimensões, em larga escala e a distância. A ideia é tornar os recursos mais acessíveis e abertos, por meio da análise personalizada. Porém, é medular garantir a precisão e equidade na coleta e análise de dados, evitando preconceitos e suposições errôneas. A capacitação dos docentes e demais educadores se destaca como mais um ponto crucial, no qual a IA generativa desempenha papel primordial. O ideal é a disponibilização de mentorias para apoiar tanto os docentes como os discentes.

O Programa Internacional de Avaliação de Estudantes (Pisa), exame internacional da Organização para Cooperação e Desenvolvimento Econômico (OCDE), que, a cada três anos, oferece informações sobre o desempenho de estudantes na faixa etária dos 15 anos, passou a utilizar IA generativa para medir não apenas o conhecimento adquirido pelos estudantes, mas também sua linha de raciocínio, motivação e regulação emocional. Para tanto, focará duas competências tecnológicas primordiais para a formação dos estudantes. A primeira é a "aprendizagem autorregulada", que abarca monitorar e controlar os processos metacognitivos, cognitivos, comportamentais, motivacionais e afetivos durante a realização do exame. A segunda se concentrará em práticas de investigação computacional e científica, de outro modo, na capacidade que o discente tem de utilizar ferramentas digitais para explorar sistemas, representar ideias e resolver problemas com lógica computacional. Tanto o relatório da Unesco quanto o Pisa constituem excelentes referências comparativas para todas as escolas e demais instituições educacionais.

Em tempos de inteligência artificial, a "Aprendizagem ao longo da vida" deve ser perene, porquanto a tecnologia que traz ameaças é, concomitantemente, a mesma que promove inúmeras oportunidades. Indubitavelmente, existe uma correlação entre o conceito de aprendizagem vitalícia e o futuro do trabalho, bem como com as recentes ocupações requeridas pela quinta revolução cognitiva. Entretanto, para melhor interagir com essa entrante plataforma evolutiva, a qual conduz a uma paulatina metamorfose social, cultural, comportamental e de longevidade, a aprendizagem necessitará transcender a mera condição de permanente e ininterrupta; deverá converter-se em um estilo de vida, em um hábito, em uma vontade insaciável de aprender e de desenvolver-se, e não apenas em uma necessidade de qualificação e de treinamento. A aquisição da capacidade de obter e de conservar empregos exige muito mais do que isso: requer o aprendizado ativo, a faculdade de compreender as implicações, de buscar informações para a resolução de problemas e para a tomada de decisões, bem como o desenvolvimento da inteligência de vida, associada às inteligências cognitivas, socioemocionais, volitiva e *decernere*.

É plausível encontrar múltiplas teorias que auxiliam as práticas pedagógicas, cada uma com propósitos e objetivos específicos do processo instrucional. O vocábulo "taxonomia" é formado pelas palavras gregas "*taxis*", que significa "arranjar" e "*nomos*", cuja acepção é "regra". Trata-se do postulado que descreve e classifica um tópico de estudo, de modo que perscruta os atributos de um quesito específico e utiliza-o para determinado intuito.

Uma das teorias de aprendizagem que auxilia os professores humanos no planejamento e aprimoramento educacional é a Taxonomia de Bloom, que classifica os objetivos educacionais em níveis hierárquicos de complexidade e especificidade. Apesar de extremamente útil, a aprendizagem abrange mais do que os seis níveis sugeridos por Bloom; envolve um conjunto complexo de traços de personalidade, motivações, conhecimentos e comportamentos. A soma de todos esses tópicos integrados resulta na aprendizagem, na acepção e no desenvolvimento de habilidades, competências e desempenho. A Taxonomia de Bloom foi tema quase que exclusivo do livro (Fava, 2022).

A IA generativa proporciona contemporâneos meios e maneiras de aprendizagem. Oportuniza a geração dinâmica do conhecimento em tempo real, por intermédio de diálogos cocriados, perguntas e respostas por meio da maiêutica socrática digital. Alterou-se a atribuição da tecnologia, pois não é mais utilizada para simplesmente garimpar conteúdos, dados e informações, mas para auxiliar no processo instrucional. Trata-se de uma nova pedagogia, na qual somos cocriadores, não apenas de textos, mas de todas as mídias. Deslocamo-nos para conceber, criar, alterar, organizar, sintetizar, analisar, avaliar conhecimentos e aprendizagem auxiliados pela tecnologia.

A IA generativa é tão empolgante que às vezes fico em dúvida se é uma realidade baseada na ficção ou se é ficção baseada na realidade. A inteligência artificial, em particular a "generativa", será a tecnologia que mais irá alvejar, metamorfosear e aprimorar o aprendizado. Muitas tecnologias foram inovadoras e revolucionaram a educação, mas indiscutivelmente a IA generativa é a mais disruptiva, a mais rápida em termos de adoção. Isso porque é a primeira a simular e aparentar o funcionamento do cérebro humano, pois dadivamos a ela algo que era exclusivo, a habilidade de aprender por si própria.

O enternecer da IA generativa será abrangente e no processo instrucional será profundo, rompedor e disruptivo. Transmutará o nosso relacionamento com o conhecimento, com a eficácia da pesquisa, com as mídias e os materiais didáticos, com as metodologias instrucionais, experienciais, experimentais, com as atividades acadêmicas. Lapidará o desenvolvimento das inteligências cognitiva, socioemocional, volitiva e *decernere*; aperfeiçoará a "inteligência de vida", enfim, transfigurará o que aprendemos, por que aprendemos e, mormente, como aprendemos.

Inúmeras atividades docentes são de natureza administrativa e poderão ser facilmente automatizadas. A utilização da IA generativa para robotizar essas tarefas representa uma oportunidade valiosa, pois o docente obtém tempo para centrar-se mais no processo de ensino, desenvolvimento e aprendizagem, melhorando a interação e promovendo uma educação integral mais dinâmica e enriquecedora.

A inteligência artificial pode auxiliar em outras atividades operacionais relacionadas ao processo instrucional para distribuição em massa, como: agendar eventos; programar *chatbots* para atendimento e auxílio aos discentes; otimizar as pesquisas e escolha dos conteúdos no planejamento dos encontros de aprendizagem; revisar, avaliar, corrigir grandes números de exames, testes e questionários não numéricos, como redação, por exemplo; obter dados estatísticos para analisar e diagnosticar a situação acadêmica dos estudantes, o que permitirá tomar as melhores decisões sobre os encontros de aprendizagem.

A IA generativa impactará na produtividade das tarefas típicas de gestão do docente, pois poderão ser feitas com rapidez e efetividade, utilizando IA generativa. Isso inclui geração de *design* de aprendizagem, planos de ensino e aprimoramento das trilhas e atividades de aprendizagem propostas. Outro impulso será na concepção e construção de conteúdos – textos, gráficos, animações, áudios, cenários, roteiros de clipes e, eventualmente, na produção de vídeos.

A adoção dessa incrível e assombrosa tecnologia vai ao encontro da estratégia de baixo custo e alta performance, uma vez que os gastos de produção cairão drasticamente, enquanto a qualidade irá refinar e se sofisticar, pois a IA generativa, em segundos, projeta cenários, produz bons conteúdos, eficientes avaliações, em qualquer estilo, em todos os níveis.

Os ganhos de produtividade operacional e o aprendizado mais individualizado e direcionado por meio da personalização estão entre os maiores impulsos na educação. Com a IA generativa, é possível conceber sistemas personalizados, adaptáveis, que podem auxiliar na assimilação de qualquer tema, em todo momento, seja qual for o idioma. O processo de suporte, auxílio e acompanhamento do desempenho foi facilitado, pois tudo está disponível diuturnamente nos *smartphones*, computadores, *tablets* e nos demais equipamentos móveis dos estudantes.

Está em dúvida? Faça uma pergunta coerente, clara, pertinente e obterá a resposta na mesma dimensão. Isso implica ter uma postura crítica e reflexiva, bem como o conhecimento sobre o que e como acionar o autômato. Se o indivíduo souber identificar e reconhecer o tema ou problema com infalibilidade, de outro modo, estar capacitado para interagir de forma hábil, eficiente e inequívoca com os agentes de inteligência artificial, certamente saberá elaborar questões precisas, agindo como um verdadeiro engenheiro de comandos.

A sociedade e o mercado pleiteiam profissionais com conhecimentos adaptáveis, flexíveis, úteis e práticos, e não egressos conteudistas, com informações abstratas, sem compreendê-las e saber aplicá-las, transferi-las e inquiri-las. Esta nova era da pedagogia desencadeou uma onda de inovação que altera nossa relação com o conhecimento, afastando-o da mera transmissão. Proporciona maneiras mais dinâmicas de ensino e aprendizagem formal, um modelo orientado pela demanda, e não pela oferta, na qual a aprendizagem ocorre por meio de interação, cooperação, diálogo e relacionamento.

Na velha pedagogia considerávamos o ensino como um fim em si mesmo, mas não o é. Na nova pedagogia o ensino constitui um meio para um fim, sendo este fim a melhoria da aprendizagem, o ganho de produtividade e, por conseguinte, a obtenção da capacidade de conseguir e de manter empregos, os quais figuram entre os primordiais propósitos da educação. O centro passa a ser, literalmente e não apenas no discurso, o discente, e não mais o docente. Com isto, a função do professor humano converteu-se em um trabalho árduo, ocasionalmente angustiante, outras vezes gratificante.

Em toda a jornada de personalização, desde o envolvimento e o auxílio ao estudante até a concepção dos desafios, das trilhas e das atividades de aprendizagem, trata-se de um trabalho manifestamente exigente. A inteligência artificial generativa pode auxiliar neste itinerário cada vez mais sofisticado. Para tanto, a personalização não deve ser tratada como um evento, mas como um processo. O aprendizado, aliás, é sempre um processo, de tal modo que se torna mais factível dividi-lo e partilhá-lo com um programa informático de conversação impulsionado pela inteligência artificial generativa.

Os programas informáticos de conversação tornam-se progressivamente mais envolventes, sociáveis e escaláveis. Representam parceiros dos professores humanos, podem desempenhar uma série de funções. Estas incluem o envolvimento do estudante, assistência na aprendizagem, ensino de conteúdos, concepção de avaliações, mentorias, acompanhamento das dificuldades e do desempenho dos discentes; comportam-se como aprendizes desajeitados no treinamento dos professores.

Hoje os programas informáticos de conversação já conseguem responder a todas as perguntas previsíveis e comuns, mas caminham para se concentrar em indagações mais complexas, criativas e críticas. Trata-se de um aprimoramento cativante, pois traz a tecnologia para o modelo socrático, conversacional e de diálogo, os quais constituem o cerne do processo de ensino, de desenvolvimento e de aprendizagem dessa entrante quinta revolução cognitiva.

Em nossa caminhada evolutiva, o "bem" estará sempre acompanhado do "mal", de tal sorte que a inteligência artificial generativa traz muitas oportunidades e benefícios para o processo instrucional, mas apresenta igualmente alguns riscos que devem ser percebidos e evitados, conforme a Tabela 2.0.

Benefícios	Riscos
Desenvolvimento de mídias e conteúdos	Plágios e falsificações acadêmicas
Design de avaliação e de retorno efetivo	Redução da responsabilidade do discente e do docente
Tutoria e assistência de aprendizagem personalizada	Excessiva dependência Privacidade do discente comprometida
Auxílio a criatividade, interação e colaboração	Perda do pensamento reflexivo e crítico
Eficiência operacional e administrativa	Perda da eficácia acadêmica no processo instrucional

Tabela 2.0 – Benefícios e riscos da IA generativa na educação.

É comum e usual os tutores humanos se sentirem frustrados com as perguntas triviais e os erros banais dos estudantes, novatos ou não. Ao contrário, os tutores IAG são sempre educados, resilientes e consistentes, não ficam bravos, incomodados, cansados nem irritados. São amplamente livres de crenças, de ideologias e de preconceitos. Quanto aos docentes humanos, os discentes esperam que sejam sinceros, tolerantes, seguros e dispostos a compartilhar conhecimentos e, sobretudo, experiências.

Encontram-se múltiplas coisas que um bom professor humano pode fazer, mas que escapam das possibilidades de um programa informático de conversação, por mais eficiente que seja. Existem, não obstante, predicados nos quais os referidos programas apresentam superioridade, como a paciência e a objetividade inexorável nas respostas para indagações complexas ou banais. Verificam-se igualmente numerosas perguntas que transcendem a capacidade dos professores humanos e às quais estes não conseguem fornecer resposta adequada.

Uma vez que os programas informáticos de conversação têm a virtualidade da expansão maciça, hão de superar os humanos, invariavelmente, em matéria de disponibilidade e de acesso, já que buscam com celeridade as respostas onde quer que estas se achem. A chave consiste em descobrir o equilíbrio apropriado entre automatização do processo instrucional e o professor humano. Afinal, a personalização da aprendizagem apresenta alto custo e difícil expansão, e neste quesito, a inteligência artificial generativa pode reduzir os encargos e solucionar, com relativa facilidade, esta demanda.

Se comparada com organizações pertencentes a outros setores da sociedade, a educação revela, de modo habitual, atraso na adoção de tecnologias; não obstante, existem numerosos pontos na jornada do estudante, nos quais os programas informáticos de conversação já recebem utilização com notável eficiência e com apreciável efetividade:

- *Captação*: mediante o diálogo, o programa de conversação automática tem a possibilidade de apresentar múltiplas alternativas e conduzir o candidato a dar início à inscrição no processo seletivo. Tais programas prestam auxílio ao futuro discente que se encontra vacilante quanto à escolha mais apropriada, a fim de que este descubra um curso adequado às suas aspirações e aptidões.

- *Acolhimento e integração*: o processo de recepção e incorporação dos ingressantes recentes apresenta-se reconhecidamente instável e árduo. Os alunos novatos adentram a instituição com necessidades distintas em momentos diversos. Os programas de conversação automática revelam-se úteis para apresentar a instituição em sua totalidade, os seus regulamentos, os seus professores, o ambiente e os desígnios da organização. Com frequência, os calouros manifestam perguntas previsíveis, para as quais os programas de conversação automática têm a capacidade de antecipar o envio das respostas. Isto não significa que proporcionarão a solução integral, mas diminuirão a pressão e responderão às consultas efetivas à medida que estas surgirem. Aquelas a que não puderem dar resposta, poderão dirigir aos setores adequados.

- *Engajamento e comprometimento*: muitos estudantes demonstram desídia e, por vezes, indolência, deixando de cumprir com as suas obrigações, adiando para o último momento as suas tarefas, ou encontram dificuldades para realizar um trabalho. Eles carecem de incentivos e até lisonjas. Os programas automatizados prestam auxílio ao enviar respostas às suas perguntas, ao dirimir dúvidas, com instruções transmitidas para os seus celulares.

- *Tutores virtuais*: os programas apresentam um conjunto bem definido de respostas para um grupo previsível de perguntas, o que alivia o volume de consultas direcionadas aos tutores humanos. O conteúdo não permanece mais em um repositório estático, à espera de que o estudante efetue o acesso ao sistema, mas converte-se em um recurso dinâmico, disponível no momento em que se necessite dele. Tais programas são explicitamente objetivos, propiciam diálogo fluido, apresentam tom de voz agradável, concentram-se no ensino dos conteúdos e das habilidades programadas.

- *Mentoria*: os programas de aprendizagem não surgiram apenas para responder a perguntas, pois também têm a capacidade de orientar os estudantes acerca de como encontrar as informações de forma autônoma; por outras palavras, têm a capacidade de desenvolver a inteligência *decernere*, para que os estudantes possam escolher, discernir e tomar decisões eficientes, a fim de resolver problemas e desenvolver projetos e inovações. Os programas de mentoria automática interpretam o contexto, não apenas fornecem respostas, mas também emitem sugestões, comportando-se de modo semelhante a professores humanos. Tais programas, de maneira análoga a Sócrates, empregam conhecimentos progressivamente mais sólidos e abundantes, e valem-se do diálogo para envolver, desafiar e estimular os aprendizes a questionarem as suas suposições e hipóteses, de modo que estes desenvolvam o indispensável pensamento crítico.

- *Aplicação e prática dos conteúdos adquiridos*: o mercado exige egressos que não apenas memorizem os conteúdos, mas também saibam aplicá-los e transferi-los a cenários reais e inéditos. Embora este tema esteja presente na pauta da maioria das escolas em todos os momentos, quase todo o esforço recai na aquisição de conhecimentos, e poucas efetivamente ensinam essas habilidades práticas em seus currículos e metodologias instrucionais. As razões para tal consistem em dificuldade, morosidade e alto custo. Os programas automatizados têm a capacidade de contribuir, pois conseguem criar problemas, orientar processos, fornecer avaliações e aferir o esforço e o desempenho. Esses programas também têm a aptidão de assumir literalmente o papel de um cliente, de um paciente ou de qualquer outra personagem, o que permite aos estudantes exercitarem as suas habilidades com pessoas ou com outros programas que respondem e proporcionam comentários avaliativos.

- *Avaliação*: os programas automatizados são especialistas em avaliações formativas, mas também se revelam úteis nos demais modelos (diagnóstica, somativa, de desempenho, autoavaliação e avaliação entre pares). Tais programas proporcionam comentários avaliativos instantâneos, para que os discentes saibam onde e como precisam melhorar a aprendizagem, bem como para que os docentes aperfeiçoem as metodologias, as atividades, os planos e as trilhas de aprendizagem, os materiais didáticos, as interações e os relacionamentos.

Existem alternativas nas quais a inteligência artificial generativa apresenta potencial para amparar, auxiliar e contribuir na aprendizagem desta entrante pedagogia digital. Uma possibilidade que recebe implementação exitosa consiste na substituição da escrita pela fala, circunstância que remodelará ainda mais o processo instrucional. Isto suscita uma disputa entre as gigantescas companhias de tecnologia pela dominação da voz e da conversação. Esta célere competição afigura-se benéfica para a educação, visto que o diálogo e a maiêutica socrática ganham vigor e robustez em comparação com a metodologia de transmissão e com o ensino unilateral de aplicação e transferência dos conteúdos.

Aprendizagem generativa

Conquanto o nome "aprendizagem generativa" sugira algo inovador, congruente e aderente à recente pedagogia digital, trata-se de uma teoria anterior não apenas à Web 4.0, mas também à própria internet. Encontra as suas raízes na concepção da aprendizagem como um ato de construção e nas teorias de desenvolvimento cognitivo. Envolve a integração ativa de novos conhecimentos (inteligência de escola) com os conhecimentos tácitos vivenciais do estudante (inteligência de rua). A aprendizagem generativa constitui, por conseguinte, o processo de construção de significado por meio da elaboração de relacionamentos, associações entre estímulos e conhecimentos novos e preexistentes, senso comum, crenças e experiências vivenciais.

Para o psicólogo educacional norte-americano Merlin Carl Wittrock (1931-2007), criador do conceito, a "aprendizagem generativa" exige a conexão da assimilação vivencial prévia dos estudantes (inteligência de rua) com os novos conhecimentos (inteligência de escola). Esse processo fundamenta-se na ideia de "esquemas" e na "memória armazenada" no cérebro, e utiliza quatro componentes: geração, motivação, atenção e memória.

Ainda que a teoria preceda a Era Digital Cognitiva, não passam inadvertidos os termos utilizados por Wittrock, tais como "esquemas" e "memória armazenada", pois remetem ao modo de funcionamento dos computadores, o que estabelece uma ligação ainda mais estreita entre a sua teoria e a era digital cognitiva que presenciamos. Evidencia-se também a importância conferida aos conhecimentos tácitos vivenciais, os quais denomino "inteligência de rua", e cuja relevância para o processo instrucional contemporâneo tenho defendido.

> Inteligência de Rua é o conhecimento tácito-vivencial. Não é um tópico ou conhecimento especulativo, tampouco, filosófico, mas empírico. Trata-se de um

conjunto de conhecimentos, senso comum, crenças, habilidades, competências, sentimentos, pensamentos, lembranças, princípios e ideias compartilhadas por todos da comunidade em que vive, bem como o ambiente, o contexto e as circunstâncias que, de alguma forma, interferiram na formação da personalidade e cognição do indivíduo. Está contida em um espaço mental que o psiquiatra suíço, Carl Gustav Jung, denominou de "inconsciente coletivo", um receptáculo de imagens latentes, denominadas de arquétipos, em outras palavras, uma área da mente que é influenciada por referências herdadas, quer inatas, quer não inatas, mas universalmente presentes (Fava, 2022, p. 17).

A aprendizagem generativa é, em sua essência, uma atividade de criação de sentido, razão pela qual a experiência vivencial (inteligência de rua) do estudante assume relevância capital. Tal modalidade de aprendizagem subordina-se não apenas à maneira como a informação se apresenta (metodologias), mas igualmente às estratégias de aprendizagem ativa e experiencial, meticulosamente concebidas, as quais estimulam a construção de sentido. Essas estratégias podem materializar-se por intermédio de cenários, desafios, elaboração de projetos, resolução de problemas, entre outras possibilidades. A única via que se mostra incompatível com este paradigma é a da mera transmissão de conteúdo.

Imbuída das conceptualizações do epistemólogo suíço Jean William Fritz Piaget (1896-1980), fundador da teoria construtivista, e de outros insignes catedráticos que prestaram contribuições inestimáveis, a exemplo de Lev Vygotsky (1896-1934) e Henri Wallon (1879-1962), a aprendizagem generativa caracteriza-se pela sua natureza ativa, porquanto propicia o envolvimento e a integração do aprendiz com o conteúdo ministrado, a fim de que este edifique o seu próprio conhecimento e, por conseguinte, adquira a capacidade de aplicá-lo e transferi-lo para contextos alheios ao ambiente escolar.

Este processo de construção do conhecimento, ao qual Wittrock conferiu a designação de "criação de sentido", revela-se fundamental e imprescindível para a utilização e aplicação da inteligência artificial generativa no processo instrucional, bem como para fomentar o pensamento reflexivo, crítico, analítico e interrogativo diante dos resultados provenientes de um programa de conversação automática inteligente.

A "aprendizagem generativa" encontra reflexo análogo nos conceitos propugnados por Ruth C. Clark e Richard E. Mayer, defensores da "aprendizagem por cenários", que se estrutura nas etapas: selecionar, organizar, integrar. Os processos de "organização e integração" recebem a designação de "processamento generativo", visto que implicam uma nova representação mental fundamentada no conhecimento preexistente e pertinente do estudante (inteligência de rua).

Tais caracterizações guardam notável proximidade com a concepção original de atenção (seleção) elaborada por Wittrock. De modo diverso, a elaboração de conexões internas (organização), oriundas da "inteligência de escola" e da "inteligência construtiva", associada à formação de conexões externas (integração) e à utilização das experiências vivenciais (inteligência de rua), reconhece a função dos processos metacognitivos e motivacionais. A aprendizagem generativa presta auxílio aos discentes na atribuição de sentido à aprendizagem mediante a sumarização, o mapeamento, a imaginação, a aplicação, a transferência, a autoavaliação e, em última análise, o desenvolvimento da indispensável "inteligência de vida".

Os docentes poderão valer-se desta metodologia para envolver a inteligência artificial generativa na geração de sentido das maneiras que se seguem:

- Elaborar perguntas claras, objetivas e pertinentes;
- Analisar, avaliar e refletir se as respostas têm sentido;
- Gerar imagens e mapas conceituais;
- Testar os conceitos assimilados;
- Fazer previsões de aplicação e de transferência dos dados e das informações recebidas.

Compete ao educador convidar os discentes a estabelecerem uma relação crítica com a produção oriunda da inteligência artificial, a considerá-la, a apreciá-la em cotejo com as suas próprias convicções e, por conseguinte, a ascender a um novo patamar de sabedoria.

A fase determinante para a elaboração de sentido reside no monitoramento metacognitivo, que se efetiva por meio da mobilização dos conhecimentos, tácitos, prévios e vivenciais (inteligência de rua); da incorporação de novos saberes (inteligência de escola); da composição de mapas mentais coerentes que capacitem os estudantes para a aplicação e transferência dos conhecimentos assimilados (inteligência construtiva). Da conjugação destes elementos, o estudante logrará adquirir e aprimorar a "inteligência de vida", a qual lhe assegurará empregabilidade e adaptabilidade profissional neste mercado exigente, impulsionado pelas tecnologias digitais de natureza cognitiva.

Os *chatbots* vieram para auxiliar, e não para substituir

Os programas de conversação automática e assistentes digitais têm o potencial, quer de nos emancipar das ações mecânicas de clicar, de arrastar ícones e símbolos expressivos, quer de nos transportar para um diálogo mais célere, lúdico e eficiente. O diálogo, importa salientar, é o elemento fundador da nossa sociabilidade e, presentemente, com o concurso da inteligência artificial generativa, torna-se possível usufrui-lo no processo instrucional em todas as suas modalidades.

Tornar-se-á viável ouvir *podcast* e dialogar com personalidades digitais notáveis – seja falecidas, seja viventes, seja fictícias – como Tim Berners Lee, Alan Turing, Sócrates, Aristóteles, Platão, Dewey, William Deming, Peter Drucker.

A impressionante lógica algorítmica, aliada ao seu inseparável cúmplice – os dados –, evoca a imagem de uma inteligência artificial dotada de impassibilidade pétrea. Não obstante, assiste-se a um processo de humanização tecnológica: estabelecemos comunicação com ela, ela responde-nos; dirigimos-lhe interrogações, ela oferece-nos respostas pacientes e corteses, com prontidão e eficácia. Tal dinâmica pressupõe a compreensão dos programas de conversação automática e a percepção das razões pelas quais estes se tornam progressivamente mais presentes nas nossas existências.

Na qualidade de perpétuos aprendizes, a inteligência artificial generativa e o programa de conversação automática representam as transformações tecnológicas mais significativas da nossa existência, porquanto modificam os fundamentos, a substância, a temporalidade, a espacialidade e a metodologia da nossa aprendizagem. Inevitavelmente, exercerão profundo impacto no conhecimento e nas competências necessárias para todos os intervenientes envolvidos no processo instrucional. As instituições de ensino e os educadores, a fim de preservarem a sua competitividade, deverão cultivar uma robusta cultura de adaptabilidade e adoção tecnológica.

A inteligência artificial não eliminará a função do professor, contudo, aqueles educadores que não se especializarem no seu manuseio poderão testemunhar a transfiguração pela qual a inteligência artificial generativa suplantará as funções físicas, repetitivas, preditivas e transmissíveis do ofício docente, automatizando tarefas e afazeres, sem a interferência nem a participação humana nas suas execuções. Isto significa, precisamente, que os professores e demais educadores que se furtarem à adequação, adaptação e ressignificação estarão inexoravelmente submetidos à comutação e à supressão.

A inteligência artificial promove a integração dos docentes e demais educadores da instituição. Confere-lhes maior rapidez, capacidade de resposta e orientação para resultados acadêmicos e operacionais de excelência. As necessidades organizacionais serão mais bem atendidas, os investimentos, dispêndios e gastos receberão controle e aplicação eficaz. Tornar-se-á factível uma metamorfose das competências, das habilidades e da mentalidade dos interessados no processo educativo.

Os programas de conversação automática converter-se-ão em colaboradores efetivos, razão pela qual se impõe a transição do monólogo para o diálogo. O ensino coletivo, ou seja, o ensino ministrado a muitos como se fossem um só, cederá lugar ao ensino individualizado, personalizado e adaptativo. O conjunto de habilidades basilares, que compreende a escrita, a concepção, a produção de conteúdos mediáticos, materiais didáticos e avaliações, receberá o complemento de habilidades contemporâneas, associadas a programas movidos por inteligência artificial e tecnologias substancialmente mais potentes e complexas.

Os pilares que sustentam, garantem e consolidam uma carreira docente, ou não, assentam imperativamente na formação teórica e prática, na retidão, no rigor metodológico e na receptividade para a adaptação e adoção das inovações e rupturas paradigmáticas. Poderíamos denominar este conjunto de requisitos como coerência. Este rigor conceptual, metodológico e adaptativo necessita do suporte de ações concretas que o confirmem.

A seriedade deverá revelar-se ainda mais implacável e íntegra a partir do momento em que nos dispomos a ensinar em parceria com a tecnologia. A docência representa um compromisso público, solene e ético com aqueles a quem transmitimos os nossos conhecimentos e experiências.

Reafirmando e corroborando a mencionada coerência, a incorporação e migração efetiva para esta nova pedagogia mais digitalizada, na qual o diálogo e a maiêutica socrática digital passam a predominar no processo instrucional, exigem-se estratégias, capacitação, treino e qualificação de todos os interessados no processo educativo da instituição. Metaforicamente, assemelha-se à situação de alguém habituado à condução de um automóvel com transmissão manual que o substitui por outro com transmissão automática ou autônoma, sem nenhuma instrução prévia.

Os professores, educadores e, em suma, todos os integrantes da escola, terão de habilitar-se para a compreensão e utilização desta vigente modalidade de ensino, desta contemporânea tecnologia de aprendizagem. Devem incentivar os estudantes a usufruírem destes recursos e a melhorarem a produtividade, o desempenho e a assimilação. Isto acelera, diferencia e potencializa os resultados da implantação, implementação e adoção da inteligência artificial generativa em todas as atividades da organização.

As instituições de ensino que não atribuírem a devida relevância a esta aptidão, adaptação e adoção, perderão participação no mercado para as competidoras mais atentas. Muitas não manifestam preocupação, pois utilizam a inteligência artificial exclusivamente para a resolução de problemas estatísticos e administrativos triviais. Estas, seguramente, perderão espaço e credibilidade junto à sociedade. Esforços devem ser envidados para a compreensão da natureza desta tecnologia, das suas capacidades atuais e potenciais, bem como dos seus métodos de operação.

Não se deve confundir a emergente tecnologia cognoscitiva com os instrumentos unidirecionais de busca de dados e de informações, concebidos para o resgate dos discentes que apresentam atraso no seu percurso académico ou que se deparam com dificuldades de aprendizagem. É forçoso reconhecer que os elementos informacionais e dados numéricos são benéficos para a gestão de expectativas; todavia, estes instrumentos encerram limitações intrínsecas. A aprendizagem individualizada, adaptável e susceptível de personalização – promessa que, por fim, transmuta-se em realidade tangível e concreta – impõe um olhar diferenciado para a inteligência artificial generativa, concebendo-a como diálogo, e não como monólogo, dada a sua profunda dissemelhança relativamente às plataformas e recursos tecnológicos educacionais de natureza solilóquio até então existentes.

À medida que as instituições de ensino incorporarem e integrarem as tecnologias nos seus processos didáticos, ampliarão a colaboração e o aproveitamento da vasta inteligência coletiva presente no seu seio. Esta manifesta-se, sobretudo, por meio de linguagens, sistemas de signos, recursos lógicos e pelos equipamentos e programas informáticos de que nos servimos. Com o advento da inteligência artificial generativa, a utilização e o proveito extraídos da inteligência coletiva humana, em consórcio com as máquinas, conhecerão notável amplificação. Esse fenómeno engendrará perspicazes percepções e incremento da produtividade, que facilitarão a adoção, adequação e implementação dos atributos e processos desta nova e ainda insondada pedagogia digital.

A adoção, implantação e implementação deste vasto arcabouço de inovações e transmutações não poderão concretizar-se de modo amadorístico, demandando, pelo contrário, um planeamento estratégico robusto e responsável. A estratégia evidencia o que a organização almeja conquistar e por que razão. O planeamento determina a forma pela qual a instituição logrará alcançar os seus objetivos, propósitos e metas estratégicos, tácticos e operacionais. A execução constitui o processo de materialização, de metamorfose dos planos em ações e resultados concretos e palpáveis. Isto significa que a escola carece de uma visão holística da inteligência artificial.

Como tecnologia global, não existe uma imposição para se utilizar, mas um imperativo determinante para considerar seu uso. Não há problema na escolha pela não adoção; impõe-se, contudo, a consciência de que a inteligência artificial está a modificar comportamentos, ocupações, profissões e a própria metodologia de ensino, desenvolvimento e aprendizagem. Assim, a instituição deverá encontrar razões fundamentadas para a não adoção. O ideal reside na compreensão do funcionamento da tecnologia e na extração do seu potencial máximo, para, então, decidir.

Reflita a respeito da utilização estratégica à luz da transformação das grandes necessidades da organização. Proceda ao seu arrolamento, análise e avaliação, considerando a forma como estas ferramentas podem prestar auxílio. Adote uma visão ampla das possibilidades da inteligência artificial, que poderá aprimorar, literalmente, todos os processos intermédios e finais da instituição. Pondere a sua aplicação em toda a jornada de aprendizagem – envolvimento, suporte, personalização, aprendizagem adaptativa, avaliação formativa, retroalimentação proativa, criação e construção de conteúdos, curadoria, suporte ao desempenho e avaliação. Contemple o ato de aprender, não apenas o de ensinar. Institua um sentido de urgência, pois essa tecnologia desenvolve-se com maior celeridade do que se consegue adequar uma agenda. Não se trata de uma estratégia para o futuro, mas para o presente, porquanto tudo o que se afigura necessário para inovar já se encontra disponível.

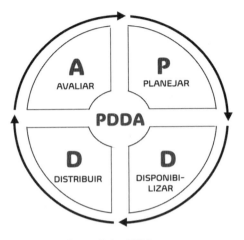

Figura 11.0 – PDDA.

BSC – Acadêmico

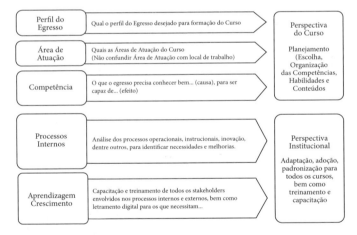

Figura 12.0 – BSC-Acadêmico.

As estratégias bem-sucedidas invariavelmente congregam a totalidade de quem lidera, mormente os que compõem os escalões superiores da administração institucional. Trata-se, de modo sistemático, de uma dialética entre as esferas superiores e inferiores da organização hierárquica, na qual todos os integrantes participam com transparência, tenacidade perante as adversidades e, analogamente, com espírito e intelecto desprovidos de preconceitos e resistências. Recomenda-se o emprego de instrumentos de gestão acadêmica com a capacidade de nortear e prestar auxílio na elaboração do planeamento estratégico, como, a título de exemplo, o PDDA (Figura 11.0) e o BSC-Acadêmico (sigla em inglês para o que é chamado no Brasil de "Indicadores balanceados de desempenho") (Figura 12.0), os quais descrevo com pormenorizada minúcia em outro livro (cf. Fava, 2024, p. 323).

7

Aprendizagem baseada em cenários e IA generativa

> Ao percorrer a galáxia evolutiva de nossa vida,
> o confiável guia não é o brilho evanescente de
> um cometa, mas a luz de uma estrela cintilante
> que nos direciona em cenários inauditos e
> obscuros da aprendizagem.

A tecnologia digital cognitiva, aliada à inteligência artificial generativa, vem transmutando os estudantes em seres perspicazes e seletivos quanto à assimilação do conteúdo meramente expositivo. Estes encontram-se ávidos por propósitos significativos, interações que transcendam o ambiente acadêmico convencional, aplicabilidade concreta, engajamento profundo – elementos que propiciem não apenas a aprendizagem efetiva, mas também o desenvolvimento das competências exigidas pelo mercado contemporâneo.

A aprendizagem baseada em cenários (*Scenario Based Learning* – SBL) responde a este clamor dos aprendizes, metamorfoseando-os de espectadores passivos em partícipes ativos do processo instrucional. Esta transformação, além de mitigar o desinteresse e o tédio, aprofunda a compreensão e a retenção dos conhecimentos apreendidos. No momento em que o discente se encontra diretamente envolvido em um cenário de aprendizado, já não se trata de mais um tema exigido pelo docente, mas de uma jornada intelectual, uma peripécia que o inflama a buscar o conhecimento necessário para superar os desafios e estímulos propostos.

Ao simular desafios e situações concretas, o SBL estabelece um ambiente que reflete a complexidade e imprevisibilidade do mundo real, tornando o aprendizado relevante, eficaz e duradouro. O estudante é imerso em situações interativas de resolução de problemas, desenvolvimento de projetos e inovação de produtos e serviços, nas quais a jornada de aprendizagem se desdobra conforme as decisões tomadas. Assim, não se trata meramente do que se aprende, mas de como se aplica e transfere o conhecimento assimilado para contextos diversos.

No livro *O estrategista: decisão em administração*, redigido em 2002 e posteriormente atualizado e reeditado em 2021, mesmo diante de recursos tecnológicos ainda incipientes, eu já propugnava, consentia e implementava a aprendizagem por cenários, mediante simulações que tangenciavam situações reais. Salientava, então:

> [...] o objetivo desse texto é o de fornecer uma estrutura conceitual preambular para a tomada de decisão, incentivar o leitor a se aprofundar no tema por meio de pesquisas, busca de resultados, em um contexto em que determinado número de variáveis desempenha papéis específicos e com pesos relativos diferentes entre si. *O estrategista* é um livro sui generis, [...] o propósito é trazer um desafio e criar a necessidade de você se autoavaliar, se motivar a explorar novos conhecimentos, aprender, desenvolver competências e habilidades e, ao mesmo tempo, divertir-se com suas vitórias e fracassos. Você (o leitor) será *O estrategista*, passará por situações de tomada de decisão similares às ocorridas em uma empresa real (Fava, 2002, p. 9).

O SBL apresenta-se como a nova configuração estética propiciada pela inteligência artificial generativa, transcendendo a mera alteração do paradigma educacional para redefini-lo em sua totalidade. Em termos metafóricos, assemelha-se à diferença entre a leitura teórica sobre a doma e o domínio de um equino selvagem e a experiência concreta de montá-lo, enfrentando seus sobressaltos até harmonizar-se com seus movimentos. O modelo tradicional enuncia metodologias; o SBL, por sua vez, ensina a executá-las ativamente mediante vivências concretas. Reflete os desafios e vicissitudes da realidade factual, tornando o aprendizado mais laborioso e rigoroso, porém, simultaneamente, mais lúdico e confiável. Incorpora o conhecimento em experiências práticas e memoráveis, satisfazendo a voracidade intelectual do estudante por conteúdos interativos, transfigurando a assimilação cognitiva para além do caráter meramente informativo, conferindo-lhe aplicabilidade, deleite e afabilidade.

A aprendizagem baseada em cenários não se reduz a meras simulações; tampouco configura-se como PBL (sigla anglófona para o que se chama, no Brasil, de Aprendizagem Baseada em Problemas); não se confunde com jogos educativos, didáticos ou pedagógicos; nem se limita à observação passiva de episódios seguidos de avaliação. Efetivamente, na sua materialização prática, constitui-se como uma síntese, uma confluência, uma amálgama de todas estas abordagens, transmutada em forma de cenário, de diegese, de representação dramática. A perícia edifica-se ao envolver o discente como partícipe ativo do ambiente de aprendizagem, independentemente de sua configuração de apresentação. Trata-se de um modelo concebido com primor para a nova modalidade de ensino a distância, conquanto possa ser implementado com igual eficácia no ensino presencial.

Ruth C. Clark e Richard E. Mayer definem a aprendizagem baseada em cenários da seguinte maneira:

[...] é um ambiente de aprendizagem indutiva orientada e previamente planejada, concebido para acelerar a aquisição de perícia, no qual o aprendiz assume o papel de um atuador que responde a uma tarefa ou desafio realista no contexto profissional, o qual, por sua vez, responde de modo que reflita as escolhas do aprendiz (Clark; Meyer, 2012, p. 5).

Imagine que o estudante fosse James Bond, o agente 007, em uma daquelas narrativas permeadas de mistério e aflição, coligindo indícios para derrotar o antagonista. Cada decisão tomada conduz a uma nova descoberta, a outro itinerário. Qualquer que seja o desfecho, algo novo se apreende. Assim se configura o SBL, uma experiência de assimilação imersiva e interativa em que toda escolha reveste-se de relevância e, independentemente do cenário apresentado (cômico, dramático, fantástico, trágico, tragicômico), constituirá uma lição, uma atividade de aprendizagem habilmente dissimulada.

O método de SBL explora aquilo que a geração digital reverencia e que o ensino conteudista negligencia: a inclinação natural pelo deleite em narrativas, jogos e desafios intelectuais. Basta que se estabeleça um cotejo entre uma aula expositiva e uma oficina de natureza prática. Na primeira modalidade, o estudante representa um ouvinte desprovido de participação ativa. Na segunda, encontra-se dinamicamente comprometido, pois busca soluções para problemas, aplica os conhecimentos adquiridos e os transfere para situações concretas no momento mesmo em que aprende. Dito de outra forma, o discente assume o papel de um ator que responde a circunstâncias profissionais realistas. No âmbito da instrução tradicional, durante uma aula expositiva com auxílio de projeções, o aprendiz não passa de um espectador passivo e inerte.

Com o progresso da tecnologia digital cognitiva e o aprimoramento da inteligência artificial generativa, ingressamos em uma nova era, em um contexto no qual as competências não são as mesmas de outrora, e a duração da validade do conhecimento torna-se cada vez mais reduzida; por conseguinte, o método de ensino deve igualmente sofrer transformações fundamentais. A tecnologia digital cognitiva, com ênfase na inteligência artificial generativa, reorganiza o modo segundo o qual aprendemos, ensinamos, comunicamos e nos comportamos. A assimilação ininterrupta deve constituir um estilo, uma maneira de existir, um conjunto de atitudes e ações que são adotadas e praticadas para que o indivíduo se mantenha consciente das mudanças inesperadas, confusas, inelutáveis e reiteradas que a tecnologia proporciona continuamente.

Aquele mundo em que, após a conclusão da educação formal exigida pelo mercado, ingressava-se em uma carreira profissional cuja duração se estenderia por toda a vida já não existe. O ciclo do conhecimento era medido em décadas. Hoje, o conhecimento cresce de modo exponencial, mas a sua utilidade prática diminui consideravelmente, na maior parte das áreas, limitando-se a meses ou a poucos anos. Em virtude do volume e da redução da vida útil do conhecimento, a educação formal, que se limita a transmitir informações, corre o sério risco de ensinar conteúdos fúteis e obsoletos.

Esta é a razão pela qual defendo a tese de que, em vez de disponibilizar conteúdos sob a forma de materiais didáticos inalteráveis, é mais salutar ensinar o que buscar, como buscar e onde buscar o conhecimento. Tal reorientação representa uma alteração radical de paradigma. Daí a importância do método SBL e do Perfil Nexialista, pois a eficiência do cenário e a instigação dos desafios farão com que os estudantes se sintam motivados a investigar e a descobrir as informações necessárias para desenvolver o projeto e solucionar o problema proposto.

A necessária e indiscutível incorporação da tecnologia na educação, o nexialismo, a identificação de conexões como atividade instrucional, tudo isto impele as teorias de aprendizagem rumo à era digital cognitiva. Não é mais factível experimentar e adquirir todos os requisitos necessários para a trabalhabilidade e empregabilidade de modo solitário e individual. Agora, derivamos as nossas competências e a capacidade de resolver problemas da formação de conexões e da inteligência de vida. A conectividade com redes digitais e analógicas, bem como as experiências, os conhecimentos tácitos e vivenciais (inteligência de rua), somados à aquisição contínua de novos conhecimentos (inteligência de escola) e à aplicação e transferência desses conhecimentos em situações inéditas (inteligência construtiva), têm sido as mais eficientes mestras de nossa evolução.

O método SBL contrapõe-se ao ensino tradicional de natureza dedutiva, que transmite conceitos e conteúdos desvinculados da prática. Adota uma metodologia indutiva, na qual a aquisição do conhecimento ocorre por intermédio de experiências progressivamente mais complexas, as quais propiciam a revisão das ações e a reflexão acerca das consequências das deliberações adotadas. O ensino tradicional caracteriza-se por sua índole instrutiva, que converte o estudante em um receptor apático, desinteressado e negligente. Em contrapartida, o SBL transmuta o estudante de mero espectador passivo em partícipe ativo, dinâmico e vibrante do processo instrucional. O discente envolve-se em circunstâncias que exigem a resolução de problemas, o desenvolvimento de projetos e a concepção de inovações. Em vez de simplesmente receber informações, empreende a busca pelo conhecimento com o fito de superar os desafios propostos (Figura 13.0).

Enquanto no ensino indutivo a ênfase recai na assimilação de uma série de experiências progressivamente mais complexas, com a revisão de respostas e ações, a reflexão acerca das consequências de cada decisão tomada e executada, no ensino instrutivo transmitem-se volumosas quantidades de conteúdos teóricos segmentados de maneira cartesiana, relegando-se para o desfecho a aplicação e a prática, frequentemente desprovidas de qualquer vínculo com o mundo real.

Figura 13.0 – Comparação entre ensino tradicional e aprendizagem baseada em cenários.

Isto posto, sugere-se que a concepção da educação tradicional é dedutiva, pois transita de conceitos, conteúdos e princípios gerais para exemplos e aplicações específicas. Nos currículos dedutivos, os conteúdos são ministrados separadamente da prática, em virtude da errônea pressuposição de que os discentes são ineptos para enfrentar projetos, processos, sistemas e a resolução de problemas reais até que tenham dominado todos os conteúdos e as habilidades fundamentais e específicas.

O ensino indutivo empregado no SBL, ao contrário, vale-se da inteligência de escola, da inteligência construtiva, da inteligência de rua, enfim, da inteligência de vida do estudante, bem como da experiência, a qual conduz o aprendiz a descobrir por si mesmo as sementes do saber. Cria-se um cenário com um problema real a ser resolvido, um projeto a ser desenvolvido. Se o professor humano souber relacionar-se com indubitabilidade diante de uma inteligência artificial generativa, esta terá a capacidade de conceber cenários, encenações, bem como atividades lúdicas, motivadoras e eficientes para a aprendizagem do estudante. As atividades no cenário proposto são cuidadosamente concebidas para auxiliar o discente a conectar os conteúdos (factuais, conceituais, procedimentais, atitudinais) que devem ser assimilados. A grande diferença reside no fato de que o estudante assume o papel de protagonista do desafio, porquanto realiza, escolhe, discerne, toma decisões e aprende, segundo o avanço do enredo e do roteiro. As dúvidas são dirimidas por meio do diálogo e da formulação de perguntas e respostas para um *chatbot* impulsionado por inteligência artificial generativa, com a utilização das técnicas da maiêutica socrática digital.

Consideremos, por exemplo, que o tema a ser ensinado seja estratégia de negócios. Como se desenvolveria tal conteúdo em um cenário SBL? Ocorreria da seguinte maneira: em vez de limitar-se a contemplar planilhas e memorizar fórmulas, o estudante assume o papel de um analista financeiro em uma grande corporação, incumbido de interpretar dados de mercado em tempo real. Tem a responsabilidade de fazer recomendações acerca de investimentos ou aquisições potenciais. Os números adquirem maior concretude quando o discente aconselha um diretor executivo a respeito de decisões que envolvem milhões de dólares. Por tratar-se de um ambiente dinâmico, o aprendiz adapta-se constantemente a novas informações e contextos, reavalia as suas suposições e refina as suas recomendações. Terá, inclusive, de lidar com uma repentina queda do mercado, a qual o obriga a pensar com rapidez e a tomar decisões difíceis sob pressão.

Eis uma verdadeira prova de fogo. Tal metodologia revelar-se--ia indubitavelmente mais envolvente do que a mera leitura passiva de um compêndio dedicado à análise financeira. À medida que o estudante progride, a inteligência artificial apresenta-lhe dificuldades crescentes. O discente vê-se compelido a pensar de maneira mais espontânea, autônoma e independente. Assemelha-se a um jogo eletrônico que eleva o grau de complexidade conforme o jogador evolui, tornando-se mais astuto, ágil e preparado.

A princípio, a aprendizagem fundamentada em cenários afigura-se mais adequada para tarefas de natureza estratégica e tática, as quais requerem julgamento, raciocínio, criatividade, tomada de decisão e adaptação a cada nova circunstância de trabalho. As tarefas que consistem em procedimentos repetitivos e rotineiros, que seguem essencialmente a mesma sequência quando executadas, podem ser subdivididas em etapas que são passíveis de treinamento de modo mais eficiente em atividades que exigem maior adestramento, menor raciocínio e, por conseguinte, apresentam maior facilidade de assimilação. Os conhecimentos adquiridos são aplicados sem nenhuma forma de questionamento crítico, o que não significa que não possam ser encenados. São, evidentemente, incumbências físicas e repetitivas, mais suscetíveis de automatização.

Mesmo no tocante a tais conteúdos, o SBL demonstra a sua extraordinária versatilidade. Por meio de desafios bem elaborados, é factível acrescentar uma complexidade adicional a essas tarefas rotineiras. A título de ilustração, consideremos a aprendizagem de um instrumento musical que exige considerável treino: o piano.

No modelo tradicional, a ênfase recai na reiteração, no treinamento e no adestramento, fixando os padrões na memória muscular. São horas dedicadas a exercícios de escalas, arpejos e execução incansável de repetição das notas de um acorde de forma isolada, uma após a outra.

No método SBL, em vez de simplesmente repetir esses padrões de maneira irreflexiva, o aprendiz é inserido em uma orquestra virtual, na qual deverá executar essas escalas e arpejos como componentes de uma peça maior. Subitamente, os exercícios adquirem um significado inteiramente novo, pois o estudante necessita refletir acerca do tempo, da dinâmica, do modo como essas escalas se integram na totalidade da composição. Esta compreensão mais profunda tornará a prática mais envolvente, mais significativa e mais eficaz.

Este processo aplica-se a inúmeros campos do conhecimento. Consideremos que, no curso de Engenharia de Produção, um dos conteúdos relevantes versa acerca do processo de fabricação. Também neste caso, tradicionalmente os discentes limitam-se a estudar a execução dos movimentos repetitivos da linha de produção, seguindo cegamente todos os ciclos. No método SBL, cria-se o cenário de uma fábrica virtual, no qual o estudante necessita compreender as etapas, o impacto e o movimento. Terá de efetivamente refletir acerca do processo, solucionar problemas e, quiçá, improvisar. Trata-se, portanto, não apenas de operar, mas de compreender o que subjaz ao fazer, bem como a razão que subjaz a ele. Esta adaptabilidade, este raciocínio e esta capacidade de improvisação tornam-se valiosos em campos nos quais as circunstâncias estão em constante mutação por efeito da automação. Em suma, não se trata de agir como um autômato, limitando-se a seguir instruções e a repetir movimentos rotineiros, mas de raciocinar, executar e refletir acerca daquilo que se está a empreender.

Para qualquer área do conhecimento, em todos os conteúdos e cursos, é factível conceber múltiplos cenários. Alguns exemplos universais incluem:

- Realizar diagnóstico de um paciente com dores pelo corpo todo;

- Conceber e implementar um plano de negócio;
- Fazer a venda de um produto ou um serviço;
- Planear e programar um *site*;
- Criar o logo e logotipo de uma marca;
- Projetar a construção de uma casa;
- Analisar demonstrações financeiras de uma empresa para tomada de decisões estratégicas;
- Realizar a avaliação de uma empresa, o que compreende analisar a participação de mercado e o retorno do investimento, aquilatar e determinar o valor dos ativos tangíveis.

Os desafios estratégicos exigem habilidades de raciocínio crítico para permitir que os aprendizes adaptem as experiências e transfiram os conhecimentos em inéditas e desconhecidas situações. O pensamento crítico atiça o desejo do estudante de buscar, prescrutar e averiguar os conhecimentos necessários para navegar no cenário proposto; equilíbrio e paciência para duvidar e questionar; pertinácia, empenho e obstinação para ponderar, refletir e meditar; placidez, circunspeção e serenidade para afirmar; compleição e disposição para considerar.

Múltiplos psicólogos e outros especialistas apresentaram classificações de conhecimentos e habilidades envolvidas no pensamento crítico. Entre estes está Benjamim Bloom, quando apresentou a Taxonomia de Bloom, tema central de Fava (2022). Além da de Bloom, existem outras taxonomias diferentes, mas complementares.

Taxonomia de profundidade de conhecimento (*Depth of Knowledge*), proposta por Norman L. Webb, é composta por quatro níveis de conhecimentos que crescem em complexidade.

- Nível 1 (Aquisição) – compreende a obtenção, a recordação e a reprodução de conhecimentos, bem como a rememoração de fatos e a definição de procedimentos.

- Nível 2 (Aplicação e transferência) – Os estudantes empregam os conceitos assimilados para executar as atividades dos desafios propostos no cenário em pauta, bem como para desenvolver diálogos, formular e responder a perguntas com o propósito de dirimir dúvidas durante o processo instrucional.

- Nível 3 (Análise) – A complexidade aumenta e engloba o planejamento, a justificação e o raciocínio complexo. Explica de que modo os conceitos e os procedimentos podem ser utilizados para proporcionar os resultados esperados no cenário proposto.

- Nível 4 (Pensamento estendido) – Representa o domínio e a fluência em sua expressão plena. Requer que se ultrapasse o limiar da aprendizagem padronizada e que se indague de que outras formas os conhecimentos assimilados podem ser transferidos para contextos diversos do mundo real.

O SBL vale-se destas duas taxonomias para planificar as atividades e avaliar a aprendizagem. A Taxonomia de Bloom auxilia na mensuração do nível cognitivo que os estudantes necessitam demonstrar, ao passo que a Taxonomia de Webb concentra-se no contexto e no processo de aprendizagem. O SBL visa que os discentes transitem com fluidez por todos os níveis dessas taxonomias, aplicando e transferindo os seus conhecimentos.

As duas estruturas complementam-se entre si e constituem um importante guia para o planeamento da aprendizagem baseada em cenários. As diferenças residem naquilo que é objeto de mensuração (Figura 14.0). A taxonomia de Bloom mede o nível cognitivo que os estudantes precisam demonstrar a fim de garantir que uma experiência de aprendizagem efetivamente tenha ocorrido. A taxonomia de profundidade do conhecimento, de Norman L. Webb, focaliza-se mais no contexto, no ambiente, no cenário, no processo pelo qual os discentes devem expressar a aprendizagem enquanto executam o desafio proposto.

Bloom proporciona a estrutura instrucional, ao passo que Norman analisa as especificidades das tarefas. Bloom exige que os estudantes dominem e sigam a hierarquia da taxonomia, conquistando primeiro as dimensões inferiores e, posteriormente, as superiores; dito de outra forma, o objetivo consiste em utilizar uma fórmula matemática de aplicação. Inicialmente, os estudantes devem ser capazes de identificar esta fórmula e o seu propósito básico (lembrar e compreender), para depois avançarem para as dimensões superiores (aplicar, analisar, sintetizar e avaliar). Isto significa que os objetivos são facultados em etapas incrementais para evidenciar a progressão da aprendizagem.

Webb, ao propor as avaliações, pretende demonstrar que os aprendizes se movimentam fluidamente por todos os níveis. Segundo a mesma metáfora, ao utilizar uma fórmula matemática, os discentes rememoram a informação (fórmula) para cumprir o desafio. Dependendo da complexidade do cenário proposto, a aprendizagem poderá transitar por todos os níveis das taxonomias.

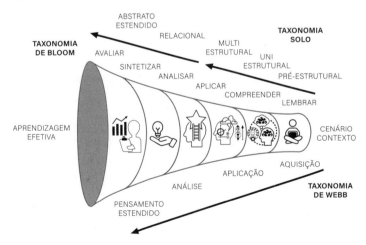

Figura 14.0 – Comparação entre Taxonomia de Bloom e a Taxonomia de Norman L. Webb.

Concebida pelos eminentes psicólogos australianos John Biggs e Kevin Francis Collis, a Taxonomia Solo – (Structure of Observing Learning Outcome) constitui-se em mais uma insigne orientadora na construção das atividades para a aprendizagem baseada em cenários. Compõe-se de cinco níveis cognoscitivos que se expandem em complexidade e abstração (Figura 15.0). Com especial atenção aos resultados almejados, cada nível apresenta uma série de verbos ativos que auxiliam na elaboração dos conteúdos, dos desafios e das atividades do cenário.

1. Pré-estrutural – em virtude da insuficiência de informação e conteúdo, revela dificuldades na execução dos desafios programados no cenário e, por conseguinte, escassas evidências de uma aprendizagem relevante.

2. Uniestrutural – com indícios de alguma compreensão, manifesta vestígios de uma aprendizagem superficial ao executar as tarefas programadas.

3. Multiestrutural – exibe indicações de um saber estrutural, no qual o estudante consegue explicar e descrever as informações e as características relativas ao desafio que está sendo executado.

4. Relacional – o discente consegue aplicar os conhecimentos adquiridos, bem como analisar os resultados dos desafios e das tarefas propostas no cenário.

5. Abstrato estendido – é o nível do domínio, da fluência, no qual o estudante transcende o que lhe foi ensinado, consegue criar hipóteses, aplicar e transferir os conhecimentos para situações inéditas, projetos e resolução de problemas.

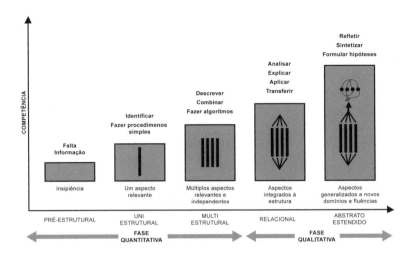

Figura 15.0 – Taxonomia Solo. Fonte: Biggs; Kevin, 2014.

Conforme o título sugere, a Taxonomia Solo foi idealizada para avaliar a qualidade dos resultados de aprendizagem, mais especificamente para analisar a estrutura das respostas dos estudantes em tarefas e desafios. Os princípios do alinhamento construtivo podem ser empregados na construção de conteúdos e na elaboração das atividades a serem utilizadas em heterogêneos ambientes de aprendizagem. A fase qualitativa (relacional e abstrato estendido) é a mais adequada para que os designers criem e construam os cenários no modelo SBL.

Enquanto Bloom se concentra nas habilidades cognitivas e no domínio do conhecimento, Webb focaliza-se no contexto e no cenário no qual os estudantes executarão os desafios propostos, Biggs e Collis preocupam-se com a estruturação do conhecimento, com a complexidade das respostas e dos resultados, bem como concentram-se nas evidências observáveis do pensamento e na estruturação dos conhecimentos. As três taxonomias são, por conseguinte, constituidoras e complementares.

Ao utilizar a taxonomia Solo no método SBL, os professores e os designers poderão conceber rubricas detalhadas que proporcionarão orientações claras aos estudantes acerca do que se ambiciona deles em cada nível de desempenho. Isso facilita a comunicação dos critérios de avaliação, promove o "alinhamento construtivo", a "autorregulação", e fornece retroalimentação específica para o aperfeiçoamento contínuo de todo o processo instrucional.

O "alinhamento construtivo", proposto na taxonomia Solo, tem dois aspectos:

1. Construtivo – refere-se à ideia de que o estudante edifica o seu conhecimento por meio de atividades relevantes, lúdicas e desafiadoras.

2. Alinhamento – relaciona-se com o cenário proposto, com a criação de um ambiente de aprendizagem que preste apoio às atividades, fazendo com que os discentes alcancem os resultados almejados.

Tanto o aspecto construtivo quanto o alinhamento devem estar ajustados às atividades, aos desafios, às tarefas e, sobretudo, aos modelos de avaliação. Os resultados devem ser definidos por meio de verbos ativos que esclareçam o que os discentes precisam realizar. A aprendizagem é construída pelas atividades realizadas, sendo o estudante o sujeito central de todo o processo.

A aprendizagem baseada em cenários colhe a essência da gamificação e a transforma em educação, transfazendo o aprendiz em explorador na busca de conhecimento. Assim como nas taxonomias de Bloom, Webb e Solo, cada cenário é um nível a ser subjugado e superado, com estímulos e instigações que testam e desenvolvem suas competências e habilidades em tempo real. Não concerne apenas ao aprendizado, mas a um jogo educacional cujo prêmio é a aquisição efetiva do conhecimento concreto e utilizável, bem como ao desenvolvimento e aperfeiçoamento das insólitas competências e habilidades requeridas por essa entrante plataforma digital cognitiva, capitaneada pela inteligência artificial generativa.

Em vez de palestras passivas, o estudante assume o papel de protagonista do *game*, enfrentando desafios tangíveis. Esse jogo de aprendizagem não é apenas lúdico, é substancialmente eficaz, pois coloca o aprendiz no comando, tomando decisões que o levam a obter resultados manifestos e mensuráveis. Uma coisa é ler sobre gerenciamento de crise; outra é lidar com uma crise sozinho em uma encenação de jogabilidade simulada. Esta abordagem prática garante que, ao enfrentar desafios semelhantes em um ambiente real, o discente já tenha a experiência necessária para enfrentá-los com eficácia.

Considere o SBL como um teatro dramático em que cada cenário é uma obra-prima projetada para evocar emoções, provocar reflexões e transmitir conhecimentos. Os cenários são criados para envolver os discentes em níveis mais profundos, uma vez que não estão apenas seguindo passos de uma receita pronta, mas também estão emocionalmente envolvidos nos resultados de suas decisões e ações. Esse engajamento transforma a absorção passiva em aprendizado ativo, interativo, participativo e efetivo.

Alicerçado nas taxonomias de Bloom, Webb e Biggs, a Tabela 3.0 apresenta uma síntese dos conhecimentos e habilidades comuns necessários em um cenário que envolve o pensamento crítico. Ao conceber os desafios, seja qual for o grau de complexidade, envolverá todos ou vários desses conhecimentos e habilidades.

Conhecimentos Habilidades	Capacidades dos estudantes	Exemplos
Adquirir e lembrar	Lembrar, relembrar informações relevantes	Descrever as características e os benefícios de um produto ou serviço. Nomear objetos (equipamento, anatomia). Identificar políticas relevantes de um determinado contexto.
Compreender e aplicar	Classificar dados, objetos, eventos ou símbolos em categorias	Selecionar o circuito com a resistência correta (Eng. Elétrica). Distinguir padrões respiratórios anormais (Saúde).
Desempenho e procedimentos	Completar tarefas rotineiras que são executadas do mesmo modo repetidamente.	Entrar em um sistema, aplicativo ou plataforma. Inserir dados nos campos corretos de uma planilha.
Aplicar modelos mentais	Demonstrar compreensão de como os sistemas se comportam	Desenhar um modelo do fluxo de circulação cardíaca. Selecionar as ocorrências após fase de inicialização de um equipamento.
Analisar situações	Definir o problema, identificar, priorizar e interpretar dados relevantes.	Identificar defeitos em um equipamento, consertar e conduzir testes apropriados. Avaliar a validade dos dados de uma planilha de investimento. Interpretar gráficos e tabelas de um orçamento.
Aplicar regras práticas	Tomar decisões, implementar ações com base em diretrizes de resolução de problemas.	Usar a abordagem de teste de divisão pela metade. Fazer perguntas abertas.
Conceber um produto ou serviço	Conceber, projetar, construir um produto que otimize as metas propostas.	Redigir um relatório de auditoria. Conceber um plano de negócio. Construir um protótipo. Participar de uma dramatização.
Monitorar o progresso	Avaliar a condição de uma situação em relação às restrições e aos resultados desejados e tomar medidas para reajustar conforme necessário.	Avaliar e alterar parâmetros se o sistema não responder conforme o esperado. Reajustar os recursos relevantes, se o protótipo não atender às especificações requeridas.

Tabela 3.0 – Conhecimentos e habilidades para construção de cenários, baseados nas taxonomias de Bloom, Webb e SOLO. Fonte: Colvin; Mayer, 2012, p. 19.

A Taxonomia de Bloom, quando associada à profundidade cognoscitiva da Taxonomia de Webb e à estruturação dos conhecimentos e avaliações propostas por Biggs e Collis, proporciona uma perspectiva assaz elucidativa para compreender de que maneira a aprendizagem baseada em cenários promove os raciocínios de ordem superior. A Taxonomia de Bloom, semelhante a uma escada na qual cada degrau representa um nível mais elevado de cognição, descreve uma hierarquia de habilidades cognitivas, desde a recuperação do conhecimento basilar até aqueles processos mais complexos, tais como analisar, sintetizar e avaliar.

Inicia-se com indagações e tarefas básicas, as quais submetem à prova o conhecimento e a compreensão. Gradualmente, introduzem-se desafios de maior complexidade, os quais exigem a análise de situações e contextos, a avaliação de opções, o discernimento e a seleção dos conhecimentos a serem aplicados e, finalmente, a concepção das próprias soluções. Não se limita a conhecer os conceitos e fatos, mas implica a capacidade de utilizá-los para resolver problemas, conceber e executar projetos, tomar decisões e, inclusive, inovar.

Vamos retornar para aquele cenário do discente de medicina. No princípio, poderá ser solicitado a ele que identifique sintomas e relembre conhecimentos médicos básicos. Conforme vai avançando, os desafios do cenário se tornarão mais complexos. O estudante terá de analisar o histórico médico do paciente, verificar os exames, fazer uma síntese de todos os dados e informações colhidas, avaliar diferentes opções de tratamento, até mesmo considerar as implicações éticas de suas decisões.

Cada passo no cenário deve ser projetado para impeli-lo para o nível seguinte de pensamento, para desafiar as suas suposições e para ampliar a sua compreensão. Neste ponto, intervém a profundidade do conhecimento de Webb, a qual se concentra na complexidade das tarefas envolvidas na aprendizagem. Em vez de simplesmente regurgitar fatos, conceitos e teorias, solicita-se ao aprendiz que analise dados complexos, resolva problemas do mundo real e tome decisões estratégicas com informações limitadas.

Para ilustrar a utilização do pensamento crítico enfatizado por Bloom, Webb e Biggs, consideremos alguns exemplos. Em cada um destes protótipos, a aprendizagem baseada em cenários transforma o conhecimento teórico em habilidades práticas, garantindo que os discentes não estejam apenas preparados, mas experimentados e aptos na aplicação e transferência dos conteúdos assimilados:

- Com fundamento no livro *O estrategista: decisão em administração* (2021), o estudante enfrenta o desafio de assumir o papel de diretor executivo, liderar uma empresa em crise e conduzi-la ao sucesso, incumbindo-se e responsabilizando-se por todos os processos, desde o planeamento estratégico e orçamentário até a gestão dos múltiplos conflitos entre diretores e colaboradores.

- Neste mundo digital vulnerável, considere-se um cenário no qual o discente enfrenta piratas informáticos virtuais, intentando proteger e mitigar as ameaças potenciais e criar mecanismos que reduzam drasticamente a vulnerabilidade aos ataques cibernéticos.

- Em um consultório do SUS, o aprendiz recebe um paciente com dores por todo o corpo, deve diagnosticar a causa e indicar o medicamento correto para o tratamento.

- Uma empresa fictícia solicita a construção de um *site* de vendas que seja fácil de navegar, que apresente um desenho responsivo, que siga os protocolos de segurança, que tenha otimização de motores de busca, dados estruturados, processos simples de consulta e finalização de compra, que utilize inteligência artificial generativa para a recomendação de outros produtos e serviços, que contenha textos persuasivos e que capte potenciais clientes de qualidade.

O SBL integra elementos de diversas abordagens pedagógicas, transformando-as em uma experiência de aprendizagem ativa, imersiva e contextualizada, na qual o estudante é o protagonista, o que promove uma aprendizagem mais profunda, duradoura e aplicável à realidade.

A concepção – e a construção – de experiências eficazes na aprendizagem baseada em cenários não é simples, pois exige criatividade, resiliência, inspiração e transpiração. Assemelha-se a idealizar e elaborar o roteiro de um filme de ação. É necessário um enredo, um guião envolvente, com desafios claros, observáveis e mensuráveis, personagens identificáveis, reviravoltas capazes de manter a motivação e o engajamento. A Tabela 4.0 apresenta as cinco principais etapas para a construção de um cenário eficaz:

Etapa	Descrição	Observação
Definição dos objetivos de aprendizagem.	Para concepção, utilize o PDDA (cf. Fava, 2024, p. 249). A descrição terá que ser explícita, pragmática e sintética. Importante conter um verbo ativo e um substantivo que desobscureça o objetivo (cf. Fava, 2022, p. 282).	• Conceber objetivos de aprendizagem é como planejar uma viagem. É preciso saber o destino para definir o roteiro, o meio de transporte e o tempo necessário.
Concepção e construção do cenário.	Deve ser o mais pragmático possível, um espelho do mundo real que reflita as complexidades e nuances de situações concretas. Qual o cenário? Quem são os personagens? Quais os desafios? Quais os conhecimentos, competências e habilidades a serem desenvolvidas?	• É similar a contar uma história (*storytelling*) para transmitir uma mensagem, despertar a curiosidade e gerar identificação.

Etapa	Descrição	Observação
Incorporar pontos de decisão.	O cerne do SBL está nas escolhas do que os estudantes devem fazer. Cada decisão deve ser significativa, com consequências que reforcem os objetivos de aprendizagem.	• Com base nas ações dos aprendizes, os pontos de decisão são nexos críticos que podem levar a múltiplos resultados. • São essas escolhas que transformam o cenário de uma história ativa em uma experiência de aprendizagem interativa e efetiva. • Planeje roteiros com reviravoltas inesperadas, mas cabalmente assentadas nas decisões e ações dos personagens (estudantes).
Retroalimentação, antealimentação e reflexão.	Forneça retroalimentação e antealimentação para orientar estudantes quanto às consequências de suas decisões e escolhas, propiciando ideias que aprofundem a reflexão, a compreensão e desenvolvam o pensamento crítico.	• Incentive os discentes a ponderar por que fizeram determinada escolha, o que assimilaram com suas decisões e como poderão transferir esse aprendizado ao mundo real. • Esse é o átimo em que o efetivo aprendizado se fixará e converterá o conhecimento teórico e abstrato em competências e habilidades tangíveis.
Testar, revisar, alterar.	A concepção e construção de um cenário não é imutável. Antes de torná-lo público e utilizável, é interessante testá-lo, coletar retorno e, se necessário, revisá-lo e alterá-lo.	• O basilar propósito é criar uma experiência que envolva, motive e promova a aprendizagem efetiva. • É um processo instrucional lúdico, interativo, mas que leve a uma experiência de aprendizado rico e eficaz.

Tabela 4.0 – Etapas para construção de cenários.

Design de aprendizagem baseado em cenários

A inteligência artificial generativa aprimora o *design* da aprendizagem baseada em cenários, porquanto proporciona um novo contexto e redefine o processo de aprendizagem. A tecnologia digital cognitiva, em conjunção com a inteligência artificial generativa, transforma os estudantes em participantes ativos e engajados, os quais buscam propósitos significativos, interação e aplicação concreta do conhecimento. Acrescente-se a este fato a possibilidade de criação de cenários, encenações e atividades lúdicas, motivadoras e eficientes para a aprendizagem, as quais conferem ao estudante a condição de protagonista do seu aprendizado.

A aprendizagem baseada em cenários, impulsionada pela inteligência artificial generativa, não consiste apenas em modificar o jogo da aprendizagem, mas em redefini-lo por completo. O aprendizado torna-se mais prático e ativo, pois os estudantes aprendem por meio da ação, de experiências concretas, e não somente por meio da leitura ou da teoria. Esse método reflete os desafios e as dificuldades da vida concreta, o que torna o aprendizado mais exaustivo, porém mais lúdico e confiável.

Conquanto alguns componentes de *design* de aprendizagem sugeridos (Figura 16.0) sejam elementos obrigatórios – tais como objetivo de aprendizagem, entrega de produto programado, evento de gatilho, critérios claros, conjunto de dados, comentários e reflexão –, é possível incluir outros componentes, consoante o contexto, as circunstâncias, bem como o domínio e a proficiência dos conteúdos, das habilidades e das competências requeridas.

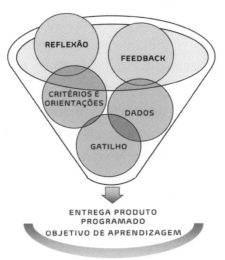

Figura 16.0 – Componentes de design de aprendizagem baseada em cenários.

Objetivo de aprendizagem

No modelo tradicional de planejamento curricular, as disciplinas principiam com uma ementa dos conteúdos que serão ministrados e, de acordo com eles, constroem-se os objetivos de aprendizagem, bem como os resultados almejados.

Na SBL, os resultados são habitualmente estratégicos e podem exigir competências de pensamento crítico, o que dificulta a definição das atividades, das ações e das decisões desejadas. De outra maneira, a redação de um objetivo de aprendizagem com resultados e entregas que reflitam a aptidão para o pensamento crítico apresenta-se muito mais desafiadora do que a definição de conteúdos programáticos e de habilidades processuais e procedimentais.

Acresce-se a isto que, conforme o domínio dos conteúdos, o contexto e o desafio que se pretende solucionar, os resultados comumente abrangem não apenas uma resposta, mas também o caminho ideal (processo), por exemplo: o acesso e a avaliação da credibilidade dos dados e das informações; a argumentação acerca das hipóteses das decisões tomadas; e as justificativas das ações executadas. Na SBL, o comportamento, as decisões, as ações e o desempenho dos estudantes devem refletir os resultados da aprendizagem pretendida.

Esses parâmetros assinalam, portanto, que na aprendizagem baseada em cenários (SBL) não se afigura factível avaliar a assimilação e o desenvolvimento de competências e de habilidades sem objetivos de aprendizagem claros, observáveis e mensuráveis. Para cada cenário, se determinará necessariamente o propósito, qual será a entrega (substantivo), qual será a forma de avaliação (verbo ativo), quais conteúdos factuais conceituais, processuais e atitudinais o aprendiz deverá assimilar e utilizar para cumprir e entregar as tarefas e os produtos programados.

O propósito do objetivo de aprendizagem de qualquer cenário consiste em comunicar. Para tanto, convém deixar pouco espaço para dúvidas acerca do que se pretende. Contém três partes. Qualquer destas, isoladamente, não evoca coisa alguma, mas, quando combinadas, evidenciam as condições sob as quais o escopo será alcançado.

- *Condição* – declaração nítida e perceptível que descreva as circunstâncias sob as quais os desafios do cenário aventado necessitam de execução para atingir o objetivo proposto, bem como qual produto final (substantivo) deverá ser entregue.
- *Verbo ativo* – uma elocução, um vocábulo de ação que conota um comportamento observável do estudante. Em Fava (2022, p. 119), apresento uma tabela com mais de 120 verbos ativos para conceber e avaliar objetivos de aprendizagem.
- *Critérios* – declaração que especifica de que modo o discente deve executar as tarefas e as atividades de aprendizagem. Dito de outra forma, padrão que serve de base para a avaliação do desempenho do estudante na execução dos desafios propostos.

A descrição de um objetivo de aprendizagem deve ser explícita, pragmática e sintética. Ao redigi-lo, interessa seguir os passos que se indicam adiante:

- Utilizar o método interativo de gestão PDDA e o BSC-Acadêmico, para criar, planejar, projetar, escolher, organizar, disponibilizar, implementar, distribuir, operacionalizar e avaliar os conteúdos, competências e habilidades que serão desenvolvidas;
- Conceber e decompor detalhadamente os conhecimentos, as competências e as habilidades almejados. Para esse efeito, não basta apenas sumariar as atividades e os conteúdos que serão estudados. Faz-se necessário esclarecer quais

das dimensões da Taxonomia de Bloom e da Taxonomia de Webb serão mensuradas e o que se espera do discente em relação ao seu desempenho no desenvolvimento das atividades do desafio;

- Desenvolver habilidades concernentes ao modo como se utilizam, aplicam e transferem os conhecimentos assimilados. Esta visão redefine a forma do aprendizado a fim de que os discentes afrontem situações inéditas do mundo real fora da escola, com o desenvolvimento da criatividade, do pensamento crítico, da comunicação e da colaboração;

- Planejar atividades reais ou simuladas que utilizem a aplicação dos conteúdos e as práticas reais como meio para desenvolver as inteligências cognitiva, socioemocional, volitiva e *decernere*, tão necessárias para a empregabilidade e para a trabalhabilidade;

- Quando as avaliações demonstrarem que os estudantes não conseguem atingir as metas traçadas nos objetivos, considere executar o PDDA para modificar, adequar, melhorar e ajustar as tarefas e as atividades de aprendizagem.

Toda boa instrução começa com o propósito. O "propósito" é o objetivo do esforço de assimilação, que normalmente se especifica por um ou mais objetivos de aprendizagem. Por tarefa entregável, quero dizer as ações executadas, as decisões tomadas, os serviços concretizados, os produtos concebidos, projetados e construídos.

Entrega de produto

Na aprendizagem por cenários, todo desafio eficaz principia com propósitos e entregas precisamente delineados. Por conseguinte, cumpre conceituar o que intento exprimir mediante o vocábulo "produto". Refiro-me aos elementos que solicitamos aos aprendizes para que estes criem, desenvolvam ou resolvam. Em termos mais precisos:

> Conceber, projetar, implementar, implantar, operacionalizar bens tangíveis e intangíveis, resolução de problemas, processos, sistemas e serviços simulados e reais.

À semelhança de quaisquer outros métodos instrucionais, a aprendizagem baseada em cenários apresenta-se como um desenho pedagógico alternativo que deve ser empregado à luz de resultados nitidamente estabelecidos, donde provém a indispensabilidade da entrega de uma tarefa, produto ou serviço.

Defino "resultado" como o conjunto das ações que os estudantes necessitam executar, assim como as decisões que devem tomar durante o percurso para a resolução e conclusão dos desafios propostos. Em determinados cenários, as tarefas requererão abordagens relativamente diretas com respostas certas ou incorretas. Outros cenários poderão enfatizar mais acentuadamente o processo utilizado. Apresento alguns exemplos:

- Identificar, mediante análise de relatório econômico-financeiro, a rentabilidade e lucratividade da empresa em determinado período – (resposta/processo).

- Realizar uma pesquisa de mercado com o intuito de propor estratégias para o lançamento de um novo produto – (resposta/processo).

- Um técnico automotivo deve verificar o problema, selecionar uma série de testes, analisar os resultados e identificar a fonte da falha e as ações de reparos associadas – (processo/resposta).

- Um veterinário em uma emergência deve, rapidamente, coletar e interpretar dados e informações, determinar prioridades de tratamento e monitorar os resultados – (processo/resposta).

Em certas ocasiões, será necessário transcender avaliações, observações e análises dos trabalhos realizados, a fim de identificar os conhecimentos tácitos e as habilidades subjacentes contidos na "inteligência prática" do estudante. Daí a importância de uma entrevista e avaliação diagnóstica para conhecer as prováveis lacunas e dificuldades que cada discente poderá enfrentar ao participar do cenário e construir suas entregas. Tais dinâmicas, que poderão ser executadas por diálogos computacionais fundamentados em inteligência artificial generativa, facilitarão a personalização e a individualização da aprendizagem.

Evento de gatilho

O evento de gatilho expressa o momento exato e o modo como as atividades de aprendizagem se iniciam. Assume a forma de incumbência, processo ou tarefa. Poderá ser estruturado com uma breve declaração e orientação em vídeo disponibilizado em modo emergente, a título de exemplo. Em outros cenários, poderá consistir no contato com um "cliente", "usuário" ou "consumidor". O objetivo do "evento de gatilho" é estabelecer um cenário realista, exequível, e fornecer ao estudante os conhecimentos prévios, os conselhos e as orientações inicialmente necessários.

Conjunto de dados

Numerosos cenários exigirão dados para cada desafio, tarefa ou processo atribuído. Estes podem ser angariados e representados na forma de documentos, tabelas, gráficos, observações, entrevistas, entre outros recursos.

Critérios e orientações

Visto que a aprendizagem baseada em cenários versa acerca da aprendizagem, o que, quando, onde e como as oportunidades de assimilação serão executadas exigem reflexão meticulosa.

Poderá reunir tutorias, perguntas e respostas que evidenciam os passos, os parâmetros, as lições e as possíveis descobertas. Naturalmente, tudo isto é facilmente concebido e executado por meio de inteligência artificial generativa.

Trata-se de uma espécie de "andaime" (*scaffolding*), uma variedade de especificações, orientações e critérios com o propósito de proporcionar maior independência e autonomia para os aprendizes na execução das atividades propostas no cenário. A técnica do andaime requer equilíbrio entre facultar ao estudante liberdade suficiente para tomar decisões e aprender com os próprios erros e, simultaneamente, estrutura suficiente para contornar abordagens improdutivas e frustrantes de tentativas e erros.

Retroalimentação e antealimentação

Todo processo instrucional requer retroalimentação e antealimentação. A retroalimentação concentra-se no pretérito e a antealimentação, no futuro. A retroalimentação informa ao discente se ele está certo ou errado e proporciona uma explicação dos motivos, bem como uma ilustração do modo pelo qual o cenário se desenrola ou responde às ações do estudante.

A antealimentação visa reconhecer as capacidades de cada indivíduo para identificar as habilidades que podem e precisam ser desenvolvidas no futuro. O foco, portanto, consiste em valorizar as potencialidades, fortalecer o que pode vir a ser e encorajar os discentes a refletirem acerca de como adquirir e incrementar os conhecimentos, as competências e as habilidades, a fim de direcionar seus estudos para a consecução de seus projetos e aspirações.

Reflexão

Tanto a retroalimentação quanto a antealimentação têm escasso valor, a menos que o estudante analise as decisões e considere de que maneira suas ações conduziram aos resultados obtidos. Alguns discentes são naturalmente inclinados a serem reflexivos, enquanto outros são mais impulsivos e podem não analisar minuciosamente. Por conseguinte, é judiciosa a incorporação de uma oportunidade aberta de reflexão no planejamento e na construção do cenário. Isto poderá ser realizado por meio de inteligência artificial generativa, utilizando o diálogo e técnicas da maiêutica socrática digital.

Ao planejar o desenho da aprendizagem baseada em cenários, é necessário formular o objetivo de aprendizagem em especificações e ações que o discente, em seu ambiente de aprendizagem, possa suportar. Em um mundo virtual, monitorado, orientado e instruído por um professor humano ou diálogo computacional movido por inteligência artificial generativa, um desafio, uma dramatização, uma narrativa poderá apresentar opções de respostas ilimitadas. Dessa forma, é imperioso ter em mente que resultados complexos exigirão critérios de avaliação e retroalimentação igualmente complexos. Para os resultados abertos, faz-se necessária uma rubrica (lista de verificação) para orientar a avaliação e o julgamento do desempenho do estudante.

Avaliação como processo na aprendizagem baseada em cenários

Porquanto a aprendizagem baseada em cenários geralmente se concentra na edificação de competências e habilidades para a resolução de problemas, o desenvolvimento de projetos e a inovação de produtos e serviços, torna-se imperioso construir instrumentos avaliativos que mensurem tais competências e habilidades com precisão. Não obstante, os fundamentos de confiabilidade e validade da avaliação por resultados e classificação ainda se aplicam. Se a avaliação não tiver validade, carecerá de utilidade. Na verdade, a depender de como os resultados são empregados, a avaliação pode transformar-se em elemento indutor de equívocos. Assim, para que uma avaliação seja válida, cumpre que seja igualmente confiável.

A onda de transformação radical desencadeada pelo lançamento do ChatGPT ocasionou amplo entusiasmo nos aficionados por tecnologia e correspondente inquietação para uma legião de educadores. Nesse entremeio, em uma exibição tragicômica da força de "destruição criativa" schumpeteriana, inúmeros instrumentos de inteligência artificial generativa surgiram, propondo-se a conceber textos, reescrever tarefas, fornecer decifrações para testes de múltipla escolha e respostas para questões discursivas, tornando todas as modalidades avaliativas tradicionais inúteis, exceto para fins de autoavaliação.

Os céticos, pessimistas e alarmistas manifestaram-se com veemência: "A redação nas escolas feneceu!", "Ninguém percebeu e se preparou! Que despautério!", "Todos os educadores humanos serão substituídos!". Tais brados ensejaram o surgimento de instrumentos de detecção de apropriações indevidas de conteúdo. Porém, nenhum se fazia suficientemente confiável; pelo contrário, muitos convertiam-se em expedientes discriminatórios. À semelhança de uma contenda juvenil nas vias públicas, as reações eram impulsivas, careciam de planejamento, e as decisões eram tomadas com escassas ou nulas informações. Com o transcurso do tempo, os ânimos suavizaram-se e serenaram-se. A linha divisória entre o emprego da inteligência artificial para fins de embuste e como legítima tecnologia assistiva tornou-se tênue.

As avaliações que mensuram tão somente a assimilação como resultado e classificação não são mais adequadas, sobretudo na aprendizagem baseada em cenários, uma vez que não demonstram, de forma válida e confiável, o efetivo aprendizado do discente. O redesenho superficial do processo avaliativo tampouco se mostra satisfatório, pois a questão não reside em verificar se um instrumento de inteligência artificial generativa pode redigir uma composição, um texto, ou responder a qualquer pergunta; mas sim em averiguar se o estudante consegue discernir um conjunto de dados e informações complexas; conduzir; fazer boas escolhas; avaliar criticamente uma situação; analisar um contexto; sintetizar e interpretar informações; tomar decisões intrincadas; aplicar e transferir os conhecimentos assimilados em ambientes distintos e diversificados. Isso expressa que se faz mister alterar o foco de "avaliar a assimilação como resultado e classificação" para "avaliar a aprendizagem como processo".

No SBL, a avaliação constitui parte do processo instrucional. Por conseguinte, em vez de solicitar que os estudantes concebam, produzam ou descrevam um produto ou serviço, afigura-se mais sensato dividir o desafio, o projeto ou as tarefas em partes menores e observar como o aprendizado estrutura-se ao longo da jornada, utilizando essas etapas para projetar avaliações fundamentadas nas atividades e no desempenho.

A título de exemplo, a tarefa de escrever uma redação pode ser prontamente fracionada em múltiplas etapas, desde a tempestade de ideias até a pesquisa, as anotações de fontes e a preparação do rascunho. Não existe razão para que o docente não possa avaliar as etapas, conforme as ensina no ambiente de aprendizagem. A singular discrepância reside em que, em lugar de enfatizar o resultado e a classificação como meio avaliativo, foca-se o processo que conduzirá à concepção de uma boa redação e, por conseguinte, ao aprendizado efetivo.

Em cada um desses estágios, é exequível utilizar a inteligência artificial generativa, tanto como assistente quanto como meio para análise crítica e aprendizagem. Por esse motivo, na SBL, faz mais sentido projetar avaliações que se fundamentem nas abordagens dos desafios, projetos e resolução de problemas. Essas práticas de cenários, que colocam o aprendiz na posição de condutor e o auxiliam para que se torne autônomo e autodirigido, podem ser estendidas às táticas de avaliação mediante o emprego de inteligência artificial generativa. Tais abordagens ativas e construtivistas proporcionam aos estudantes a oportunidade de demonstrar seu aprendizado por meios mais criativos e variados.

Uma indagação que certamente ocorre a diversos educadores: a aprendizagem baseada em cenários funciona de modo eficaz? De maneira análoga à maioria dos campos profissionais, alguns modelos convertem-se em fábulas e meras tendências efêmeras, mas que não é o caso da SBL. Como qualquer outro método, ainda que uma metodologia demonstre eficiência, cumpre considerar os investimentos, os custos e compará-los com os resultados, fundamentando-se na estratégia de "baixo custo e elevado desempenho".

Os recursos empregados na preparação de desafios, tarefas, atividades de aprendizagem e instrumentos avaliativos para a SBL serão amplamente desperdiçados, a menos que os conhecimentos, competências e habilidades neles incorporados sejam válidos. Por válido, deve-se compreender que os comportamentos específicos programados, bem como as respostas obtidas no cenário, refletem as melhores práticas vinculadas aos objetivos de aprendizagem e àquilo que o mercado demanda.

Obviamente, isso é verdade para qualquer método, modelo ou sistema de aprendizagem. No entanto, a SBL apresenta maior probabilidade, comparativamente ao ensino tradicional, de concentrar-se no desenvolvimento de competências, habilidades e pensamento crítico, com ênfase naqueles que não podem ser prontamente observados ou descritos, por se tratar de conhecimentos tácitos vivenciais obtidos por meio da inteligência de rua.

A premissa fundamental da elicitação reside em que os conhecimentos tácitos devem ser extraídos indiretamente da experiência de um especialista. Daí a importância, na fase de planejamento – (Dimensão "P" do PDDA) – de se fazer uso de monitores externos peritos e especialistas no assunto. Todavia, é necessário saber realizar a abordagem corretamente. Se simplesmente se perguntar a um profissional experiente como soluciona um problema específico, este geralmente fornecerá informações limitadas. Para obter o motivo real, é mister perscrutar suas mentes mediante métodos de análise de tarefas indutivas.

Em substituição à solicitação de que os indivíduos descrevam os princípios, a lógica ou o método que empregam, afigura-se mais factível a obtenção de dados mais fidedignos ao fazê-los discorrer acerca do que fazem. Mediante o registro, a perscrutação e a análise minuciosa das respostas concernentes àquilo que afirmam e executam em uma situação problemática específica, torna-se possível não apenas definir as ações, mas também identificar os conhecimentos tácitos que os conduziram a tomar uma decisão e a executar uma determinada ação.

A aprendizagem por cenários tornou-se consideravelmente facilitada pela inteligência artificial generativa, proporcionando a concreta e efetiva oportunidade de incorporar atividades práticas, projetos, resolução de problemas e inovações reais que muitas instituições educacionais tentavam implementar analogicamente, porém com expressivas dificuldades. O ponto central dessa abordagem metodológica reside em que o estudante deve tomar decisões e assumir as consequências de suas escolhas. O propósito não consiste em facilitar a aprendizagem, mas, deliberadamente, torná-la desafiadora, compelindo, instigando, motivando o discente a sentir a necessidade de buscar informações e conhecimentos, bem como discernir, refletir, pensar, escolher e tomar providências eficientes.

Tais cenários podem ser ofertados em forma de minicontextos, nos quais providências devem ser tomadas para a resolução de um problema ou projeto específico, bem como cenários mais robustos, com projetos maiores, nos quais as escolhas e decisões sejam estruturadas por etapas bem definidas. Em ambos os casos, viabilizam uma sucessão de antecipações, análises, retroalimentações que progridem em direção a uma conclusão. A aprendizagem por cenários constitui um campo fértil para os produtores de conteúdos, pois estes serão capazes de utilizar com eficiência os diversos e variados tipos de mídias: imagens fixas, imagens em movimento, vídeos, *podcasts*, áudios, textos, todos permeados por dados, informações e conteúdos reais.

Se confrontada com o modelo tradicional, por ser mais recente e menos utilizada, a SBL demanda mais tempo e requer mais recursos para projetar, desenvolver, treinar e capacitar os educadores, implantar e implementar. Todavia, se um determinado método, mais aderente ao desenvolvimento das competências e habilidades requeridas pelo mercado, no qual a inteligência artificial generativa está cada vez mais presente, for eficiente e eficaz, bem como se os resultados operacionais e de desempenho forem positivos e os estudantes apreciarem e reverenciarem, certamente os investimentos serão justificáveis, pois significarão valor mais elevado, maior número de ingressantes, menor evasão e melhor qualidade na aprendizagem.

Para dirimir dúvidas acerca da funcionalidade da SBL, realize um projeto-piloto e solicite aos estudantes que classifiquem a versão de um modelo tradicional comparativamente à variante da SBL, utilizando conteúdos idênticos, para desenvolver as mesmas competências e habilidades. Concluído este processo, compare os resultados. Ademais, equipare as matrículas, as taxas de evasão e de desempenho. Somente então extraia suas conclusões.

Utilizar a aprendizagem baseada em cenários assemelha-se a embrenhar-se na floresta cerrada e densa da Amazônia. É emocionante, mas não isento de riscos, ameaças e situações perigosas e inesperadas. É complexo, requer dedicação, resiliência, imaginação, inovação, tempo e investimentos, não somente financeiros, mas também de tempo, treinamento e capacitação dos educadores e, além disso, é preciso lidar com o ceticismo daqueles que não desejam abandonar o conforto e utilizar os benefícios da tecnologia digital cognitiva e da inteligência artificial generativa.

Exige considerável criatividade, transpiração, inspiração e esforço. A recompensa será o aprendizado efetivo, a garantia da empregabilidade e da capacidade de trabalho, bem como as experiências substanciosas, portentosas e envolventes que os estudantes desfrutarão. Para a instituição educacional, a recompensa se manifestará na forma de satisfação e fidelização de seus aprendizes, imagem positiva perante a sociedade, valor mais elevado, menor evasão e, provavelmente, maior número de ingressantes.

É fato indubitável que nenhuma abordagem instrucional se encontra isenta de desafios, contratempos e adversidades. A chave para adotar a aprendizagem baseada em cenários reside na inovação, na superação dos obstáculos, na inspiração, na flexibilidade, na resiliência, em muita transpiração e em uma parcela de transformação radical e criatividade. Ao aproveitar os encantos da tecnologia, as alternativas e possibilidades da inteligência artificial generativa, bem como adotar o desenho interativo e concentrar-se na experiência do estudante, é possível transformar cenários em pontes que conduzirão à empregabilidade e à capacidade laboral dos egressos, neste mundo cada vez mais digital, cognitivo e exigente.

8

Construção de conteúdos e a IA generativa

> A educação é um processo social. Não é a preparação para a vida, é a própria vida. Daí a importância do realce no desenvolvimento da Inteligência de Vida do estudante.
>
> *John Dewey*

As escolas, faculdades e instituições universitárias corporativas percebem novas exigências de serviços e produtos de inteligência artificial. Carecem estas de identificar, selecionar e contratar profissionais com as competências e a disposição necessárias para o trato com estas atividades recém-surgidas. Trata-se, ademais, de oportunidades inauditas, assim como de ocupações novas, as quais a tecnologia digital cognitiva suscitou. Isto significa que a inteligência artificial não somente extingue profissões, mas também as engendra, conforme se constata nos exemplos que se seguem: o dirigente de transformação digital; o engenheiro *prompt*; o especialista em cibersegurança de inteligência artificial; o engenheiro de automação inteligente; o engenheiro de aprendizado de máquina; o cientista de dados; os artífices de conteúdo para inteligência artificial generativa; e outros mais.

Com esse contexto, a inteligência artificial generativa desponta como uma ferramenta revolucionária capaz de conceber cenários de aprendizagem, produção de conteúdos, mídias e materiais didáticos. Existem múltiplos exemplos de plataformas, de *softwares*, de sistemas e aplicativos que facilitam e transformam fundamentalmente o modo como é tratada a criação de cenários, de materiais didáticos, de conteúdos, de imagens, de áudios, de vídeos, bem como a concepção de produtos e serviços de comunicação para as partes interessadas da organização.

Agora que a IA generativa domina as conversas e bate-papos, sejam eles formais ou informais, em todos os cantos e lugares, profissionais, educadores, técnicos e executivos buscam maneiras de como utilizá-la com sucesso. Nessa entrante plataforma digital cognitiva, não é mais exequível usar as habilidades de projetistas tradicionais, pois a inteligência artificial passa a fazer parte desse trabalho, e, assim, altera-o drasticamente.

A IA generativa pode identificar pontos de aprendizagem, automatizar a criação de interações e encontrar *links* de curadoria. É dessa forma que a nova pedagogia digital direciona e demanda a personalização da aprendizagem, a utilização de *chatbots* e curadoria, ao invés de construção de conteúdos, automação, *imput* aberto e comunicação de expectativas. Tais perícias são antagônicas às habilidades dos projetistas tradicionais.

Os atores do processo instrucional devem ir além da compreensão, da utilização do LMS (*Learning management system*) e da produção de conteúdos e de mídias. Precisam caminhar em direção à curadoria de conteúdos concebidos por IA generativa, bem como compreender e interpretar os dados e as informações de aprendizagem, os quais foram garimpados por *chatbots* e por outras experiências emergentes inspiradas e habilitadas por inteligência artificial. Isso não significa que se faz mister que o docente tenha de ter minuciosos conhecimentos e habilidades técnicas computacionais, mas terá de, assim como eu, ser um bom usuário e ter conhecimento das minudências de como o *software* funciona.

Embora os professores tenham as melhores intenções de aprimorar e de tornar seus encontros de aprendizagem lúdicos, úteis e eficientes, é imprescindível considerar que nem sempre eles dispõem de tempo e de recursos para atender às necessidades didáticas de cada estudante de maneira personalizada. A IA generativa consegue determinar quais mídias e materiais didáticos terão maior impacto na assimilação de cada discente-alvo.

A aprendizagem é um processo social, interativo, dialógico, o que torna os *chatbots* naturais parceiros. Fornecem interface de conversação na qual a linguagem natural é utilizada para analisar, entender, avaliar códigos e símbolos nas comunicações sociais, responder a perguntas, fornecer *feedback*, enfim, dialogar. Utilizar a IA generativa para esse diálogo conversacional, que promova a aprendizagem ativa, que permita que os estudantes apliquem e transfiram os conhecimentos assimilados no mundo fora dos ambientes de aprendizagem, não se trata de tarefa simples e frugal.

O *design* digital representa a prática fundamentada de projetar experiências de assimilação, a qual se alicerça na pedagogia respaldada por indícios científicos. Essa disciplina emergiu da psicologia cognitiva e comportamental que, com a intensificação do emprego da tecnologia digital cognitiva, conquista crescente visibilidade no contexto escolar. A ênfase que confere ao desenvolvimento de capacidades cognitivas, socioemocionais, volitivas e de discernimento outorga a essa vertente importante referencial para a promoção da saúde mental dos educandos.

O *design* instrucional, o desenvolvimento educacional e a ciência da aprendizagem concentram-se, cada qual segundo seu método particular, na investigação de como os indivíduos aprendem e progridem intelectualmente. Considerando-se que o processo de ensino, desenvolvimento e aprendizagem transformou-se em harmoniosa conjugação do digital com o analógico, os princípios e práticas de *design* adquirem relevância crescente para todos os métodos e modalidades de transmissão de conhecimento. De fato, a educação contemporânea apresenta caráter predominantemente digital e, por conseguinte, qualquer educador deve compreender e dominar esses princípios fundamentais de *design*, assim como aplicá-los adequadamente em benefício da aprendizagem efetiva.

O design digital da atualidade conjuga três domínios fundamentais de conhecimento:

1. Perícia disciplinar (conteúdo) – conhecimento aprofundado acerca do tema e do assunto, elementos que diferenciam o conteúdo e o tornam mais útil, pertinente e motivador para que os estudantes assimilem e apliquem os conceitos em suas atividades de aprendizagem.

2. Design instrucional de aprendizagem (pedagógico) – prática de conceber experiências de aprendizagem planejadas que objetivam facilitar a aquisição do conhecimento, bem como o desenvolvimento das competências e habilidades requeridas pela atividade educacional. Este domínio compreende a identificação das necessidades e deficiências dos discentes; a definição de objetivos claros, observáveis e mensuráveis; a seleção de estratégias adequadas; a utilização de conceitos e teorias pedagógicas atualizadas que potencializem o processo instrucional.

3. Tecnologia de aprendizagem (tecnologia) – emprego de recursos digitais e analógicos para facilitar o processo instrucional, com vistas a ampliar o acesso aos conteúdos; tornar o aprendizado interativo e envolvente; conceber desafios que proporcionem experiências de assimilação agradáveis, cativantes e eficazes; estimular a autonomia e a autoaprendizagem do estudante; fomentar a participação ativa e colaborativa entre os diversos participantes.

Os docentes e os profissionais de *design* instrucional distinguem-se por seu conhecimento especializado em comunicação, objetivos, materiais didáticos e métodos instrucionais; entretanto, via de regra, não se encontram familiarizados com esta emergente tecnologia digital cognitiva. Por outro lado, os especialistas em tecnologia dominam os conhecimentos relativos a programas computacionais, algoritmos e lógica de programação, mas carecem de familiaridade com o aprendizado; o currículo adaptado para o emprego do diálogo e da maiêutica socrática digital; a sequência e ordenação de disciplinas e desafios; a construção de matriz curricular; as trilhas e atividades de aprendizagem; os planos de ensino; os desafios acadêmicos; as metodologias de aprendizagem; os modelos e tipos de avaliação; os processos instrucionais. Esta constatação evidencia a necessidade primordial de aproximação e união destes dois âmbitos do conhecimento, de modo que mutuamente reconheçam as respectivas responsabilidades e concordem que esta nova pedagogia digital exige, na verdade impõe, um trabalho criterioso desenvolvido por equipes multidisciplinares.

Na educação tradicional, os programas informáticos fornecem, em sua maioria, páginas estáticas desprovidas de adaptabilidade, otimização e verdadeira autoaprendizagem. Na nova pedagogia digital, este tipo de transmissão não se mostra mais produtivo, pois necessita de formas mais dinâmicas, em tempo real, as quais disponibilizem interfaces e elementos distintos para diferentes educandos. Neste particular, a inteligência artificial generativa, fundamentada nas necessidades, fragilidades e aspirações dos estudantes, encontra-se apta a prover tais recursos.

A inteligência artificial generativa, em certa medida, representa uma entidade de aprendizado progressivo, a qual se aprimora com o decurso do tempo, à proporção que os discentes a utilizam. Esta circunstância indica que se faz necessária uma perspectiva singular para os projetistas de aprendizagem. A entidade concebida não constitui mais um roteiro fixo, com acontecimentos estáticos, lineares e meramente ramificados. Trata-se de sistemas complexos, dotados de alguma autonomia, os quais aprendem com base em dados e probabilidades e que, portanto, exigem compreensão profunda dos fluxos de saída e entrada de informações.

À medida que os ecossistemas instrucionais proporcionam elucidações mais inteligentes, múltiplas e integradas, os dados podem ser consolidados para avaliar, mensurar, aperfeiçoar e recomendar soluções com vistas ao refinamento da aprendizagem. Assim como as aeronaves beneficiam-se de dados captados por sensores que lhes permitem voar de forma confortável, com segurança e sustentação adequadas, os dados empregados, direta ou indiretamente, em sistemas dinâmicos de educação, impulsionados pela inteligência artificial, podem contribuir para a melhoria e eficácia da aprendizagem.

A análise, avaliação e respostas concernentes a textos livres elaborados pelos estudantes podem ser interpretadas com sucesso. As avaliações podem ser criteriosamente concebidas. O retorno formativo, fundamentado no desempenho, pode ser fornecido adequadamente. A orientação e o acompanhamento automatizados apresentam capacidade de aprimorar a assimilação do conhecimento. Os mecanismos de diálogo se tornarão mais receptivos e úteis. A personalização torna-se efetiva e mais acessível, mediante os dados e informações registrados pelos estudantes quando da utilização dos programas informáticos, das plataformas e dos aplicativos educacionais.

A aptidão da inteligência artificial generativa para interpretar grandes volumes de dados, empregá-los na consecução de objetivos e metas específicas, bem como executar ações que maximizam as possibilidades de êxito em determinada tarefa, tornou-se progressivamente mais factível. Findou-se a época em que as decisões acadêmicas fundamentavam-se exclusivamente na sensibilidade dos gestores e professores. Decerto, a intuição, a experiência e o conhecimento tácito preservam sua relevância para a previsão de cenários de melhoria do processo instrucional, mas o índice de acertos eleva-se com a adoção de dados e inteligência artificial. Observaremos, cada vez mais, uma transformação rumo ao emprego e à análise mais intensivos de dados no âmbito dos sistemas adaptativos educacionais, os quais nortearão a concepção e construção de todas as formas de conteúdos acadêmicos, assim como a interação e o relacionamento entre docentes e discentes.

Existe um conjunto de princípios fundamentais que orientam o trabalho dos projetistas instrucionais nesta emergente quinta revolução cognitiva. Entre os mais significativos, encontra-se o "alinhamento construtivo", formulado pelos psicólogos australianos John Biggs e Kevin Francis Collis, que desenvolveram a Taxonomia Solo.

O alinhamento construtivo inicia-se com a concepção primordial de que o discente edifica o próprio aprendizado por meio de atividades lúdicas, relevantes e desafiadoras. O elemento fulcral deste modelo reside na harmonia entre seus diversos componentes – currículo; objetivos gerais e instrucionais; metodologias (instrucionais, experienciais e experimentais); atividades, tarefas e avaliações – os quais devem apresentar perfeita consonância entre si. Tal princípio evidencia que o processo de concepção pedagógica principia com o propósito nuclear em perspectiva (objetivos de aprendizagem), e não com um elenco de conteúdos, não raro decalcados do sumário de um compêndio especializado na matéria a ser contemplada. Este preceito fundamental reveste-se de capital importância para a elaboração de cenários de aprendizagem.

Na educação digital cognitiva, o alinhamento construtivo representa o padrão de excelência para a concepção do curso. Tal primazia justifica-se pelo fato de que os conhecimentos, competências e habilidades que os educandos necessitam dominar sofreram profunda transformação. Estas questões de magna relevância determinarão a modalidade do projeto pedagógico a ser delineado no futuro próximo. Torna-se imperioso considerar não apenas as repercussões da inteligência artificial nas diversas ocupações, mas também as inéditas competências técnicas e comportamentais exigidas por este novo mercado. Esta realidade acarreta significativas implicações relativamente às atividades de aprendizagem, bem como aos modelos de avaliação a serem adotados.

As práticas instrucionais digitais harmonizam-se com a visão propugnada pelo conectivismo, teoria de aprendizagem que se fundamenta na ideia de que o conhecimento encontra-se disseminado pelo mundo e não circunscrito à mente dos indivíduos; por conseguinte, requer-se elevado grau de conectividade para a sua busca, ou, em outros termos, robusto perfil nexialista, conceito exposto em Fava (2022).

A teoria do conectivismo foi elaborada pelo especialista em processos de aprendizagem na era digital, o mexicano George Siemens, em colaboração com o projetista de aprendizagem, o canadense Stephen Downes. Para esses dois teóricos, a educação tradicional restringe o processo instrucional a ambientes formais, desconsiderando o dinamismo existencial e, em muitos casos, transmitindo conteúdos inválidos e anacrônicos. De fato, em numerosos domínios, a vida média do conhecimento decresce celeremente; dito de outro modo, o intervalo de tempo que transcorre entre o momento em que o conhecimento é adquirido e o instante em que se torna obsoleto apresenta progressiva redução. Anteriormente, este período mensurava-se em décadas. Na atualidade, além do crescimento exponencial, o ciclo do conhecimento mede-se em meses e anos.

Siemens e Downes defendem que a aprendizagem caracteriza-se como um processo contínuo, dinâmico e fluido, e não como uma atividade que ocorre à margem da rotina quotidiana. As práticas de aprendizagem coadunam-se com a visão conectivista dos estudantes como agentes autônomos de seu tirocínio, conjugada com a perspectiva construtivista, a qual enfatiza a assimilação ativa, em que o processo revela-se intrinsecamente social e dependente da interação com outros agentes da rede. Daí decorre a relevância da aprendizagem baseada em cenários (SBL) e do desenvolvimento do perfil nexialista, que venho preconizando há algum tempo.

O conhecimento tácito vivencial, ou, em outras palavras, a inteligência de rua, será objeto de crescente valorização. Esta realidade indica que a educação formal experimentou decréscimo de relevância e não constitui mais o *locus* privilegiado para a aquisição de conhecimento e o desenvolvimento do raciocínio lógico e crítico. Consequentemente, a aprendizagem informal e a sistematização converteram-se em atributos significativos da experiência instrucional dos estudantes.

A tecnologia digital cognitiva suscitou a matematização das ocupações, as quais compreendem múltiplos processos e características, como análise, sistematização, reflexão, esquematização, bem como o desenvolvimento de conceitos matemáticos e estatísticos. Essa circunstância demonstra a impossibilidade de estudar ciências humanas e sociais sem sólido domínio de estatística, álgebra e aritmética. Idêntico raciocínio aplica-se às demais áreas e cursos.

Para os projetistas e educadores, é difícil com o *status quo* vigente, porquanto os discentes que elegem áreas de conteúdo predominantemente humanístico e social frequentemente o fazem movidos pela aversão à racionalidade, ao silogismo e à logicidade. Contudo, não se vislumbra alternativa senão superar este desafio da multidisciplinaridade; caso contrário, a empregabilidade e a trabalhabilidade se verão comprometidas. Assim, torna-se forçoso e inexorável que a matemática e a estatística estejam presentes em todas as áreas, cursos e currículos.

Nesta plataforma digital cognitiva, a assimilação do conhecimento transcende os limites da instituição escolar e manifesta-se de múltiplas maneiras: por meio de comunidades de práticas, redes pessoais, conectividade com diversos nódulos em redes sociais, no âmbito familiar, na comunidade e nas empresas. Trabalho e educação não mais se apartam; em numerosos casos, convertem-se em entidades simbióticas. O "saber que" e o "saber como" recebem o complemento do "saber por que" e do "saber onde", isto é, a indispensável compreensão do motivo e do *locus* onde buscar e localizar os conhecimentos e conteúdos necessários. Novamente, evidencia-se a relevância do perfil nexialista (Figura 17.0).

Figura 17.0 – Dimensões do perfil nexialista.

Numerosos processos anteriormente contemplados pelas teorias de aprendizagem, com ênfase no processamento cognitivo da informação, podem agora, graças à inteligência artificial generativa, contar com o suporte tecnológico. Esta circunstância indica que a tecnologia modifica, ou melhor, reconecta os nossos cérebros, de tal sorte que os instrumentos por nós empregados definem e moldam o nosso pensamento, comportamento e ação.

Uma iniciativa de aprendizagem, quando bem planeada, revela-se tão eficiente quanto os seus propósitos originais. A inteligência artificial generativa pode prestar valioso auxílio neste empreendimento. Proporciona maior produtividade na concepção e elaboração de materiais didáticos, uma vez que qualquer conteúdo poderá ser produzido por uma fração dos custos inerentes ao modelo analógico, resultando numa qualidade significativamente superior. Tais ferramentas apresentam a capacidade de gerar cursos de qualquer área, em qualquer modalidade, em exíguo lapso temporal. Ademais, podem sugerir a estrutura, indicar as competências e habilidades necessárias, coadjuvar na adaptação do currículo para emprego do diálogo e da maiêutica socrática, construir a sequência e a matriz curricular e, eventualmente, até as ementas de cada disciplina ou desafio. Outrossim, poderão criar textos, gráficos, infográficos e demais recursos midiáticos que se fizerem necessários.

A inteligência artificial generativa permite a concepção automática de textos no nível adequado. Textos extensos poderão ser sintetizados e transformados em materiais de aprendizagem mais concisos e significativos, sem prejuízo da essência dos conteúdos. Estes poderão ser disponibilizados aos estudantes por meio de mecanismos automatizados de ensino, tornando todo este processo mais simples, melhor e mais econômico. Materiais didáticos, apresentações e vídeos existentes poderão ser adaptados e convertidos para o formato digital de maneira confiável.

Com o emprego dos Modelos de Linguagem de Grande Escala (LLMs), programas de inteligência artificial adestrados para analisar, avaliar e utilizar vastos conjuntos de dados e informações, é possível gerar rapidamente textos versando sobre praticamente qualquer tema e assunto. Todas estas possibilidades engendram a necessidade de abordagens ágeis, atividades de aprendizagem mais práticas, equipas mais enxutas, processos adequados e uma mentalidade que privilegie a entrega célere, consistente, de superior qualidade e o trabalho em equipas multidisciplinares.

Os mecanismos de conversação artificial e demais ferramentas impulsionadas pela inteligência artificial generativa são engenhos de busca diferenciados, porquanto geram imagens e textos, palavra por palavra, por meio de um diálogo – escrito ou oral – o qual facultará ao programa a reformulação quantas vezes for necessário, até que se obtenha o resultado almejado. Tal funcionalidade tornará a produção de textos e outros recursos mediáticos muito mais expedita, desde que utilizada com sabedoria e proficiência.

Para alcançar a desejada eficiência, impõe-se que o procedimento seja estruturado. Antes de estabelecer interlocução com o mecanismo de conversação artificial, cumpre definir com clareza o escopo almejado; proporcionar o contexto circunstancial; formular indagações objetivas, nítidas, explícitas e pertinentes; aditar as instruções que se vir como necessárias; redigir comandos claros, específicos e completos; incorporar parâmetros inteligíveis para ajustar a solicitação; oferecer retroalimentação com vistas à retificação das imperfeições e ao aprimoramento do texto; valer-se do diálogo para fazer fluir a discussão, estimular a criatividade e engendrar novas possibilidades e variações. O mais importante, por fim, é redigir os comandos em linguagem compreensível, coerente e ricamente detalhada.

Elabore conteúdos em linguagem afável, coerente, acessível, concisa e primorosamente estruturada. A inteligência artificial generativa poderá ser empregada para engendrar encontros de aprendizagem abrangentes, munidos de estratégias eficazes, sugerir tarefas, atividades e projetos lúdicos, atrativos, conquanto desafiadores. Conceba comandos perspicazes para discussões em grupos; simplifique conceitos complexos a fim de facilitar a compreensão; recorra a exemplos do mundo real para abordar princípios e teorias; crie histórias, parábolas e metáforas. Promova diálogos eficazes para cenários específicos, sintetize artigos e livros.

As imagens não devem limitar-se ao carácter meramente ilustrativo, mas precisam auxiliar diretamente o processo de aprendizagem. Analise o assunto ou tema que deseja estampar, especifique o cenário, o propósito e a qualidade. Selecione o estilo representativo que melhor se coadune com o objetivo (fotorrealista, desenho colorido, desenho preto e branco, entre outros). Considere o estilo artístico da imagem (arte pop, impressionismo, Van Gogh, futurista). Exercite cautela quanto às palavras, evite imagens vectoriais, salvo se expressamente especificadas. Atente para os direitos autorais das imagens.

Conforme observamos, a inteligência artificial amplia substancialmente a capacidade de personalização da aprendizagem. Ao analisar o desempenho individual dos educandos, identifica dificuldades, obstáculos e lacunas na assimilação, facultando que a inteligência artificial generativa conceba, produza, adapte e gere conteúdos sob medida, consoante as necessidades individuais de cada discente. "Não crie cavalos, seja mais transformador", salientava Henry Ford, ao intentar persuadir um cliente a adquirir um de seus automóveis. Similarmente, como educadores, não nos compete assumir o papel de meros criadores de conteúdos, mas sim promover a conectividade, o nexialismo, enfim, o desafio da aprendizagem impulsionada pela inteligência artificial generativa, com todo o seu poder inovador, disruptivo e revolucionário.

9
Enfoque na avaliação
e IA generativa

> Atreva-se a acreditar e aplicar a IA
> generativa. Ela é capaz de gerar conteúdos
> e argumentos inéditos e insólitos, bem
> como avaliações válidas, confiáveis e
> consistentes.

As escolas tradicionais acordam e anuem que o estudante está apto a sobrelevar de nível, alicerçadas na avaliação de resultados e ranqueamento, definida por certos conhecimentos, habilidades e competências que demonstraram domínio (memorização), em testes, provas e exames conteudistas, costumeiramente de múltiplas escolhas.

Com a transmutação e o advento da plataforma evolutiva digital cognitiva, os conhecimentos, competências e habilidades requeridos revestem-se de efemeridade e alteram-se reiteradamente. As instituições de ensino necessitam acompanhar essas mutações, e as avaliações precisam adquirir nova significação – não por receios concernentes a possíveis ardis dos estudantes mediante a utilização da inteligência artificial generativa – mas porque se afigura imprescindível que os educandos sejam preparados para corresponder aos padrões profissionais deste mundo digitalizado, distinto, inédito e exigente.

O mercado, as indústrias, os serviços, todos os domínios do conhecimento experimentam profundas transmutações em virtude da interação com a inteligência artificial. Negligenciar esta realidade constitui o verdadeiro risco existencial para qualquer instituição de ensino e aprendizagem. Projetos de mapeamento curricular devem ser regularmente implementados, com vistas à atualização e à redefinição dos conhecimentos, competências e habilidades adequados à Era da Inteligência Artificial. Para tal desiderato, sugiro o emprego das ferramentas de PDDA e BSC-Acadêmico.

Superado o pânico inicial acerca do ChatGPT e demais inteligências artificiais generativas, bem como as discussões relativas aos instrumentos de detecção de fraudes nas tarefas e exames, inaugura-se um debate mais construtivo, profícuo e edificante concernente à necessidade de adotar abordagens mais lídimas e fidedignas para a avaliação, com maior ênfase no processo do que no resultado e na classificação hierárquica.

Essas concepções e propostas pedagógicas não são inéditas; integram o movimento rumo às abordagens construtivistas, à aprendizagem experiencial e experimental, mais centrada no estudante, as quais contemplam a avaliação como elemento constitutivo do processo instrucional, assumindo progressiva relevância em face dos desafios suscitados pelas mutações promovidas pelas contemporâneas tecnologias. Afigura-se destituído de sentido conceber currículos em colaboração com a inteligência artificial generativa e, simultaneamente, recorrer a provas e exames tradicionais.

Historicamente, os desafios relacionados com avaliações mais fidedignas e confiáveis apresentam maior dificuldade de expansão. Entretanto, a tecnologia atual disponibiliza as ferramentas necessárias, sem incrementar os custos e a carga de trabalho dos educadores. As melhores práticas em *design* instrucional preconizam o emprego individual, e não coletivo, de rubricas de avaliação de processos, desafios e tarefas. Esta metodologia clarifica as expectativas do estudante e contribui para a mitigação da ansiedade pré-avaliativa.

À semelhança dos instrumentos de transcrição baseados em inteligência artificial, utilizados no âmbito corporativo para registar e gerar atas de reuniões, as quais servem como apontamentos para preservar o histórico das principais decisões e ações a empreender, as instituições de ensino poderão empregar estes recursos no processo avaliativo. Um estudante poderá participar de uma agnição oral, gravada e transcrita, mediante a aplicação das técnicas da maiêutica socrática sob a forma de diálogo, a qual servirá como exame avaliativo. A própria inteligência artificial generativa, desde que existam critérios previamente estabelecidos, poderá gerar os conceitos e os comentários analíticos com base nas rubricas.

Os indícios indicam que a dicotomia entre competências humanas e habilidades da inteligência artificial se tornará progressivamente menos profícua à medida que a capacidade da inteligência artificial generativa se expande. Revela-se mais salutar e produtivo conceber a inteligência artificial como amplificadora das capacidades humanas, engendrando o paradigma tecnológico centrado nas pessoas e potencializado pela inteligência artificial.

A avaliação no modelo tradicional de instrução expõe uma visão limitada, muitas vezes, distorcida das carências e demandas dos discentes, pois se adequa aos princípios, paradigmas e escopos internos da escola, e não às competências e habilidades requeridas pelo mundo real. Ao proporcionar visão mais detalhada e adaptada às necessidades individuais dos estudantes, que salvaguarde e testifique a empregabilidade e trabalhabilidade, a IA generativa fornecerá uma avaliação mais precisa e contextualizada, superando e amenizando as limitações do método tradicional, para além de contribuir para uma compreensão mais profunda do desenvolvimento das competências e habilidades de todos os aprendizes.

As ferramentas de inteligência artificial generativa prestam inestimável auxílio aos docentes quanto ao aperfeiçoamento das avaliações, conferindo-lhes maior presteza e eficiência no desempenho de suas funções magisteriais. Essas ferramentas efetuam a correção instantânea não apenas das perguntas de múltipla escolha, mas igualmente das questões abertas e discursivas, além de propiciarem valioso concurso no exame oral e dialógico, modalidade avaliativa que principia a granjear notoriedade no panorama educacional contemporâneo, desde que o professor estabeleça os critérios avaliativos de maneira objetiva e esclarecida. Esta incorporação tecnológica não se restringe à mera economia de tempo para o docente, porquanto também oferece aos discentes retroalimentações automáticas e, por conseguinte, promove uma aprendizagem adaptativa mais adequada e eficaz. As ferramentas de inteligência artificial generativa incrementam a eficiência e a eficácia das avaliações, porquanto geram comentários personalizados para cada estudante individualmente, bem como facultam aos docentes a retificação de rumos, a adequação de estratégias, o refinamento do processo e a adaptação às necessidades individuais dos aprendizes.

As avaliações manifestam variações desde o início da jornada do aprendiz até a sua conclusão no que concerne à instrução. Assim, cumpre concebê-las como evidências para uma decisão e utilizar esse discernimento como sustentáculo para todo o projeto instrucional. Por outras palavras, o objetivo essencial consiste fundamentalmente em proporcionar sólido suporte para a tomada de decisões, para os avanços, os aperfeiçoamentos e as correções de rumos, quando necessários. Daí a magnitude de se compreender a avaliação como processo, e não como resultado de classificação hierárquica.

As avaliações diagnósticas, formativas e de desempenho geram retroalimentações do discente para o docente, ao passo que a avaliação somativa assume a forma de retroalimentação do docente para a escola e para o discente, auxiliando todos os agentes educacionais a remodelar o modo de instrução e a indicar onde modificar e refinar a atuação. As avaliações por pares, que fornecem realimentação de discente para discente, e a autoavaliação, que, de certo modo, constitui a busca do autoconhecimento, são complementares, mas também relevantes para a jornada da aprendizagem (Figura 18.0).

Figura 18.0 – Tipos de avaliação para tomada de decisão.

As avaliações hão de ser contínuas e coesas. Os docentes e os projetistas de avaliação – coadjuvados pela inteligência artificial generativa – devem alterar sua mentalidade de construção de dados de avaliação, para soluções e decisões orientadas por dados. Os dados não podem representar meramente o resultado de práticas e averiguações do processo de ensino, mas devem atuar como propulsores da experiência de aprendizagem. Poderão ser aplicadas e gerenciadas pela inteligência artificial generativa, abrangendo as modalidades: diagnóstica, formativa, de desempenho, somativa, autoavaliação e avaliação por pares, alicerçadas em cenários, minicenários, desafios, projetos e demais atividades acadêmicas. Isto permite uma compreensão mais holística, a qual engloba tanto a aprendizagem e a aplicação dos conteúdos quanto o desenvolvimento das competências e habilidades programadas.

Um dos processos mais extenuantes do docente é a concepção, a aplicação, a correção e a qualificação de exames, provas e testes. Trata-se de uma atividade que, na maioria dos casos, tende a ser repetitiva e a consumir muito tempo. A adoção da inteligência artificial generativa na avaliação permite a sua aplicação de modo automatizado, seguro e eficiente. Facilita ao docente a qualificação do discente com alto grau de precisão, além de fornecer os resultados numéricos, avaliar, detectar anomalias, oferecer estatísticas e fazer cálculos de valores.

A inteligência artificial generativa propicia a geração de banco de questões, alterando aleatoriamente os itens dentro do exame, ajustando as perguntas aos conteúdos das disciplinas e desafios. Facilita a construção de instruções para perguntas baseadas em artigos, a criação de exercícios, de questões de múltipla escolha, de questionários interativos, de retroalimentação de classificação de redação, o fornecimento de respostas modelo, a concepção de rubricas de avaliação, as recomendações de estilos e as melhorias. As avaliações podem ser criadas com marcações automatizadas e inclusão de uma variedade de tipos de perguntas de múltipla escolha e entrada aberta.

Os programas de inteligência artificial destinados à análise e ao gerenciamento da aprendizagem proporcionam aos estudantes o acompanhamento do próprio progresso, registrando-o pormenorizadamente, com fundamento em variáveis, tais como o número de acertos, o tempo de resolução e a recorrência de erros em determinadas questões. Facultam ao professor a obtenção de um diagnóstico imediato, em tempo real, dos pontos fortes e fracos, das áreas de oportunidades, a partir dos dados colhidos e processados em formato de relatórios.

Além de serem extenuantes, as avaliações são de árdua concepção, implementação e gerenciamento. Mas também é precisamente neste domínio que a inteligência artificial poderá contribuir com maior eficácia. Os docentes devem dispor de instrumentos e ferramentas para compreenderem o pensamento dos discentes e adequarem o processo de instrução às necessidades de cada um deles. Para além de conceberem desafios e atividades eficientes para o incremento e o aperfeiçoamento das competências, devem contar com um vasto repertório de estratégias de avaliação. Tais estratégias necessitam permear todo o processo de ensino, desenvolvimento e aprendizagem, a fim de tornar visível o rendimento dos estudantes, bem como a atuação docente, de modo que seja responsiva àquilo de que os aprendizes precisam ser orientados para alcançarem uma assimilação mais efetiva.

Em essência, a avaliação proporciona um tipo de certificação ou garantia de que os aprendizes que receberam o grau foram considerados competentes, não apenas no que toca ao conhecimento de determinado tema, mas também no desempenho e na capacidade de aplicar e transferir os conteúdos assimilados para distintos contextos fora da escola. Em contrapartida, pode revelar-se substancialmente mais complexa para docentes e discentes, razão pela qual foi e ainda é submetida a revisões e validações frequentes, tanto sob a perspectiva de probabilidade, confiabilidade e validade, quanto de conteúdo.

Todo processo de avaliação tem por propósito comum gerar informações para a tomada de decisão. Na educação, as decisões podem variar acerca do que planejar consonantemente ao resultado de um prévio diagnóstico, bem como acerca do que focar na subsequente atividade de aprendizagem, indicar se o discente apresenta lacunas de aprendizagem, se domina o conteúdo para ascender ao próximo tema, ao nível seguinte, e até mesmo se está apto a receber uma certificação. O ponto comum é que gerem informações concernentes aos níveis de desempenho dos estudantes em relação aos objetivos de aprendizagem, às metas, às diretrizes e às expectativas estabelecidas. Certamente a inteligência artificial generativa está apta a assumir grande parte dessas incumbências.

Em programas tradicionais, as expectativas podem incluir classificação em uma turma, na qual os escores refletem onde o discente se encontra em relação ao grupo, indicar se o aprendiz angariou o mínimo necessário para ascender ao próximo período, normalmente 60% a 70% de acerto das questões. Essas regras de pontuação, conhecidas como avaliação referenciada, são úteis para classificar e hierarquizar os estudantes, porém são ineficazes para verificar se o aprendiz assimilou e reteve os conteúdos estudados e atingiu ou não uma competência.

Um propósito importante em um ambiente de competência consiste em fornecer aos discentes atividades instrucionais precisas, consistentes, em tempo real, com objetivos inequívocos, mensuráveis e observáveis, bem como assinalar as competências que deverão ser aprimoradas com a execução das atividades dos desafios. Esses requisitos podem criar obstáculos aos desenvolvedores da avaliação no que concerne a garantir que os métodos e processos sejam eficazes. Dependendo do contexto, alguns impedimentos tornam-se evidentes, como a dificuldade de se chegar a um consenso acerca da definição de quais competências são essenciais para determinada profissão, ainda que tal consonância seja crítica para a concepção da avaliação.

É difícil encontrar um formato padrão de julgamento que seja apropriado para medir o desempenho e a aprendizagem do estudante. É importante selecionar tópicos de avaliação que nitidamente se alinhem com os objetivos de aprendizagem desejados e as competências almejadas. Similarmente, os resultados da avaliação precisam fornecer evidências de que os aprendizes dominam os conhecimentos e habilidades em vez de apenas fatos memorizados.

Para que a avaliação seja produtiva e se beneficie da utilização da IA generativa, é salutar enfatizar a avaliação formativa e somativa, sem deixar de aplicar as demais modalidades de avaliações (diagnóstica, de desempenho, autoavaliação e avaliação por pares). As avaliações formativas e somativas perseguem objetivos distintos: a primeira mensura e acompanha a aprendizagem; a segunda documenta a atuação do discente. É por essa razão que, para que uma sustente a outra, ambas devem encontrar-se conceitualmente alinhadas.

Essas avaliações devem representar com eficiência os objetivos e as metas de aprendizagem, bem como operar a mesma gama de desafios, atividades, tarefas e tipos de problemas para explorar a compreensão dos estudantes. Entretanto, as avaliações somativas não carecem de ser triviais reverberações das avaliações formativas; ao contrário, requerem culminar em atuações que conduzam os estudantes a adquirir o domínio dos conteúdos e o desenvolvimento das competências e habilidades intencionadas.

Enquanto a avaliação formativa é conduzida durante a mediação, propiciando que docentes e discentes, auxiliados por uma inteligência artificial generativa, utilizem os resultados para melhorar o processo de instrução, a avaliação somativa é empreendida no final da atividade. Os docentes preservam suas responsabilidades tradicionais de conceder notas aos discentes. A avaliação somativa realiza-se no final de um bimestre ou de uma unidade de ensino, com o propósito de atribuir uma pontuação ou certificar a proficiência do estudante.

Em contraste com o modelo tradicional, no currículo adaptado à era digital para o desenvolvimento de competências e habilidades, os princípios eficazes de atribuição de notas, decorrentes de resultados de áreas de cognição, motivação e medição, sugerem que os estudantes devem ser avaliados de diversificadas formas para demonstrar proficiência e precisam ser analisados em relação às expectativas de desempenho e à potencialização das competências programadas, e não serem dispostos em listas hierárquicas.

O modelo de avaliação formativa exige que docentes e discentes possuam cognoscível percepção compartilhada dos objetivos e metas de aprendizagem. Dessa forma, para que sejam úteis no processo instrucional, as metas não podem ser vagas, inconsistentes e amorfas, e sim específicas, claras e mensuráveis. As rubricas de aprendizagem devem capturar o que é essencial para a qualidade do estudo, do trabalho, do desenvolvimento dos desafios e da execução das atividades, e não tão-somente constituir um meio de justificar a atribuição de notas.

A avaliação formativa apresenta-se dificultosa e amiúde de baixa qualidade em salas de aula superlotadas, em um ensino coletivo conteudista e ineficiente. Existem duas maneiras pelas quais a inteligência artificial poderá aperfeiçoar a avaliação formativa:

1. *Quantidade*: Os sistemas de aprendizagem adaptáveis proporcionam maior número de retroalimentações do que os professores humanos. Por sua natureza escalável, a inteligência artificial generativa supre milhões de elementos de retroalimentação para grandes contingentes de estudantes em ínfimos fragmentos temporais. Acresce que, ao adotar o

diálogo e a maiêutica socrática como metodologia, à medida que a conversação se desenrola, por meio de perguntas e respostas, a inteligência artificial generativa já logra mensurar o estágio da aprendizagem e oferecer retroalimentação para que o professor humano tome as providências adequadas. Por outras palavras, a avaliação formativa transmuta-se literalmente em processo ininterrupto e permanente.

2. Qualidade: A inteligência artificial proporciona retroalimentações de maior condão, as quais servem para determinar os erros e acertos da atuação do professor e do desempenho dos estudantes.

A avaliação formativa constitui, portanto, um processo em que a inteligência artificial já vem granjeando proeminência. Cada vez mais, presenciaremos a avaliação ser ministrada verbalmente, à medida que o reconhecimento de voz se torna comum e eficiente.

No que concerne à avaliação somativa, o objetivo principal consiste em chegar a decisões acerca do nível de assimilação dos conhecimentos, habilidades e competências programadas por parte do estudante, após um período de instrução e aprendizado. Em praticamente todas as situações de avaliação somativa, o propósito é obter uma estimativa explícita e estável do desempenho do aprendiz na execução dos desafios e utilizar essa aferição para subsidiar as decisões acerca do desempenho do professor, das adequações das metodologias e do planejamento dos materiais didáticos e instrumentos empregados no processo instrucional. Na avaliação somativa, a inteligência artificial proporciona questionamentos adaptativos e, utilizando a teoria de respostas ao item, fornece retornos que incluem a confiança dos estudantes e outros dados durante a avaliação que nenhum professor poderia reunir.

Conforme exposto em Fava (2022, p. 345), metaforicamente podemos comparar as diversas modalidades de avaliação a uma corrida de maratona, que tem uma linha de partida, outra de chegada e múltiplas estações para revigoramento ao longo do trajeto. Nessa alegoria, o estudante é o atleta e o professor, assessorado por uma inteligência artificial generativa, o treinador que auxilia o discente a percorrer o trajeto tão bem quanto possível. Cada uma das modalidades de avaliação, se utilizadas de modo correto, pode auxiliar o corredor (estudante) a perfazer o trajeto de maneira mais lúdica e eficiente.

A avaliação diagnóstica revela-se mui proveitosa antes mesmo do início da maratona, pois auxilia a determinar qual a estratégia de corrida mais adequada. A avaliação formativa manifesta-se benéfica durante o percurso para acompanhar e apontar os ajustes que devem ser efetuados. A avaliação somativa impera ao término do desafio, para avaliar a atuação, verificar como o atleta (estudante) percorreu o trajeto, bem como analisar, sintetizar os erros e acertos e planejar os aprimoramentos para a próxima maratona. A autoavaliação, por sua vez, faz com que o desportista conheça seus pontos fortes e fracos, se aprimore e corrija sua atuação no próximo desafio.

Em síntese, o manejo de todas as modalidades de avaliação visa auxiliar o professor a determinar o que, por que, como ensinar e desenvolver os conteúdos, desafios e atividades programadas, bem como evidenciar ao estudante sua atuação e as oportunidades de melhorias. No desfecho final, o que se pretende saber é se a aprendizagem ocorreu e se os discentes efetivamente desenvolveram as competências e habilidades planejadas.

10
IA generativa e o aprendizado adaptativo

A inteligência artificial não nasceu para substituir o professor humano, seu grande objetivo é assessorá-lo em como ensinar, aprender e se desenvolver com efetividade.

A individualidade do estudante manifesta-se na sua história de vida; no ambiente que o circunda; no repertório que acumulou de vitórias e fracassos; nas experiências que vivenciou; nas habilidades cognitivas que desenvolveu; na personalidade que formou. Todos esses elementos constituem-no como indivíduo singular, com características próprias, as quais necessitam de consideração no processo instrucional. Nestas circunstâncias e neste contexto aplica-se a aprendizagem adaptativa.

O aprendizado adaptativo caracteriza-se pela flexibilidade, pela inovação e, de certo modo, pela ruptura com padrões anteriores. Trata-se de um modelo que se adequa ao modo de aprendizagem de cada aprendiz, que se amolda às suas necessidades e que se ajusta às suas condições. As plataformas de aprendizagem adaptativas compõem-se de múltiplos meios e, com a introdução da inteligência artificial generativa, tornaram-se mais lúdicas e eficientes, o que confere ao processo instrucional maior atrativo, firmeza e eficácia.

A maior parte dos sistemas de gerenciamento de aprendizagem já oferece alguns recursos adaptáveis; contudo, para que se aproveite tal funcionalidade, o conteúdo deve encontrar-se na plataforma, pronto para que os estudantes dele se sirvam. Isto requer um método combinado de entrega que utilize o sistema de gerenciamento de aprendizagem como espaço para interação e troca, em vez de mero depósito digital.

Para que funcionem com eficiência e eficácia, as plataformas necessitam de conexão com as atividades individuais do estudante. Esta condição interfere na privacidade das informações, pois a Lei Geral de Proteção de Dados estabelece regras para o tratamento de dados pessoais, tanto físicos quanto digitais. No entanto, o acompanhamento e a vigilância na aprendizagem constituem matéria distinta e, por conseguinte, devem integrar a importante discussão concernente à inteligência artificial e à sua ampla adoção na sociedade.

A ciência da aprendizagem, área interdisciplinar que estuda como as pessoas adquirem e desenvolvem competências, habilidades, conhecimentos e, por consequência, alteram os seus comportamentos, reúne princípios e teorias da Psicologia, da Neurociência, da Educação, da Linguagem e da Tecnologia, para que se avaliem as diferentes maneiras de aprender. Os especialistas desta área afirmam que grande número de pessoas absorve informações rapidamente quando ouve e lê; poucas, como este autor, precisam escrever para que memorizem e sedimentem a aprendizagem; outras necessitam de um método mais prático e interativo. Eis o que a aprendizagem adaptativa procura aperfeiçoar: um método adequado ao estilo, ao ritmo e ao tempo de cada estudante.

Pesquisas mostram que, com o uso dessas plataformas de aprendizagem adaptativa, é possível ampliar a retenção dos conhecimentos em até trinta por cento, o que indica que, com os instrumentos adequados, todos podem ter uma experiência de assimilação mais eficaz, efetiva e personalizada. Assim, em vez de métodos instrucionais coletivos, é possível oferecer uma experiência que realmente faça diferença, a qual promova um aprendizado individualizado contínuo e mais valioso. Com os programas de conversação movidos por inteligência artificial generativa, a aprendizagem adaptativa tornou-se mais eficiente, mais atraente e, principalmente, mais barata.

A evolução da humanidade divide-se em gerações. Karl Mannheim (1892-1947), sociólogo húngaro, foi o primeiro a referir a importância das gerações e definiu-as como: "[…] um grupo de pessoas unidas pelo tempo e pelo espaço, que se comportam de maneira única, que duram uma vida inteira, formando um tipo de significado coletivo ligado a certas experiências", (Fava, 2024, p. 127). Classificar os indivíduos representa mais do que delimitar datas e períodos. É uma forma de ensinar a aprender e reaprender, de lidar com os paradigmas, com os modelos mentais e com as características comportamentais de cada geração.

Cada indivíduo, adornado com os atributos e particularidades peculiares à sua geração, confere ao ambiente de aprendizagem uma perspectiva única, própria de sua constituição intelectual. Quando as instituições de ensino logram integrar esta riqueza de experiências e saberes, conseguem estimular a criatividade por sendas que surpreendem o observador atento. Uma plataforma de cunho adaptativo, que respeita as características intrínsecas às diversas gerações, potencializa tanto o processo de aprendizagem quanto a permuta de experiências entre os que se dedicam ao estudo.

Por intermédio do diálogo, aprimorado pela inteligência artificial generativa, os estudantes podem compartilhar conhecimentos especializados, competências, habilidades e saberes de distintas ordens, o que intensifica a interação, a colaboração e a aprendizagem, além de maximizar as potencialidades de cada discente. É imperioso reconhecer que presenciamos um momento extraordinário na educação, no qual as tecnologias transformam substancialmente os modos pelos quais se adquire conhecimento. Diante da diversidade geracional que se manifesta nas empresas e instituições de ensino, acolher esta dinâmica de aprendizagem personalizada constitui passo essencial para o êxito do processo instrucional.

As plataformas e os programas de conversação destinados à aprendizagem adaptativa proporcionam recursos que facultam aos educadores a personalização de seus métodos, com ajustes de materiais e metodologias conforme o progresso específico de cada estudante. Além de fomentar e intensificar o aprendizado, estes instrumentos mantêm o engajamento, pois os discentes sentem-se participantes de um grupo com propósitos comuns, bem como conectados aos conteúdos que se lhes ministram.

A inteligência artificial generativa, ao viabilizar a aprendizagem adaptativa, apresenta-se como solução inovadora e eficaz para atender à diversidade geracional que se verifica nas empresas e nos ambientes destinados à aprendizagem. Acresce-se que tais recursos permitem demonstrar o compromisso das organizações, das escolas e de todos os gestores e educadores com o desenvolvimento e o bem-estar dos estudantes.

Cada cérebro tem conformação singular, e qualquer indivíduo assimila os conhecimentos de modo muito particular. O aprendizado constitui experiência profundamente pessoal, razão pela qual as ciências e suas teorias relacionadas à aprendizagem, no que concerne ao ensino, à prática, à aplicação e à transferência, apontam para a indispensabilidade e a relevância da atenção e da sensibilidade em torno das carências e necessidades individuais de cada estudante. Cumpre salientar que nada há de intrinsecamente incorreto na instrução direta e no ensino coletivo, pois, a despeito de recursos limitados, podem certamente revelar-se eficientes e eficazes. Contudo, a personalização efetiva e real representa o magnânimo e egrégio regalo que a inteligência artificial generativa oferece aos educadores, professores e estudantes.

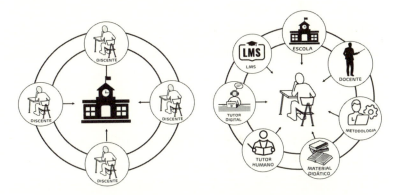

Figura 20.0: Ensino tradicional: estudante.

Figura 21.0: Aprendizagem Adaptativa: se adequa à escola. Escola se ajusta ao estudante.

Durante largo período, os discentes foram obrigados a adaptar-se à escola, aos métodos e às maneiras como se ensinavam os conteúdos (Figura 20.0). Com a inteligência artificial generativa, que possibilitou o ensino verdadeiramente adaptativo, este protótipo inverte-se: agora, cabe à escola, aos currículos, às metodologias, aos materiais didáticos e aos conteúdos ajustar-se à forma como o estudante aprende (Figura 21.0).

Nos ambientes de aprendizagem que acolhem número significativo de aprendizes, os docentes discorrem acerca da diferenciação e esforçam-se por customizar o ensino. Isto merece louvor; todavia, devido à escassez de recursos, não raro mostram-se infrutíferos em suas batalhas. Quando, porém, esta singularização entrega-se a um poderoso programa de conversação movido por inteligência artificial generativa, ela significa uma individualização relevante, oportuna, autodeterminada, autogerada, direcionada, privada e até mesmo íntima.

Os programas de conversação dedicados à aprendizagem personalizada já se utilizam com eficiência no ensino fundamental e médio, na educação superior e nas universidades corporativas, pois todos buscam aprimorar o processo instrucional para proporcionar o aprendizado perfeito, no momento adequado, ao estudante certo. Os custos e investimentos tornam-se cada vez mais acessíveis, o que permite que não apenas os grandes grupos educacionais possam valer-se deles, mas também os médios e pequenos.

O alerta que se impõe, assaz pertinente à matéria em discussão, concerne à insuficiência da mera adoção de ferramentas tecnológicas sem a concomitante modificação, diria mesmo, sem a substancial transfiguração do currículo e da metodologia instrucional, os quais devem abandonar o caráter de mera transmissão de conteúdos, metamorfoseando-se numa metodologia dialógica e maiêutica, de inspiração socrática, por meio da qual a prática e o aprendizado adquirem efetiva solidez.

Múltiplos são os objetivos da aprendizagem adaptativa. Entre estes, destaca-se o apoio aos educadores para que alcancem noção concreta acerca dos modos pelos quais os estudantes assimilam o conhecimento, permitindo-lhes, por conseguinte, a concepção de intervenções individualizadas e criativas destinadas à promoção de um aprendizado efetivo. Ao acolher a aprendizagem adaptativa, altera-se fundamentalmente o papel do docente, o qual deixa de constituir mero transmissor de conteúdos e passa a deter a responsabilidade do acompanhamento do desenvolvimento do discente, proporcionando-lhe subsídios pedagógicos para o preenchimento das lacunas observadas. Acresce a este encargo o de estimular a autonomia e a confiança do aprendiz, para que este compreenda a sua individualidade e respeite o seu próprio processo de assimilação do saber.

As plataformas e os programas de conversação utilizados são aqueles que analisarão o desempenho do estudante e das interações com a tecnologia, gerando dados que evidenciam os erros e acertos, o tempo de dedicação, entre outros elementos significativos. Ao colher informações relevantes para todos os envolvidos, proporcionam resposta imediata que auxilia na adequação e conformação do processo instrucional. Apresenta-se como salutar que o uso adaptativo esteja aliado a atividades, projetos e abordagens para além daquelas que a tecnologia propicia. A efetividade da aprendizagem concretiza-se na medida em que educadores humanos e tecnologia operem de maneira articulada para o aprimoramento dos conteúdos e do processo instrucional.

O ensino e a instrução na educação tradicional caracterizam-se por serem coletivos e universais, idênticos para todos, com ênfase na apresentação de conteúdos e mídias que geralmente ignoram a inteligência de rua, ou seja, os conhecimentos tácitos e prévios-vivenciais, bem como conteúdos, habilidades e competências que se adquirem para além dos muros da escola (família, mercado, sociedade). Com efeito, exceptuando-se os conteúdos específicos de uma profissão, mais de oitenta por cento dos conhecimentos e habilidades de um indivíduo encontram-se contidos na inteligência de rua, e não na inteligência escolar.

Ao aproveitar competências, habilidades e conhecimentos da inteligência de rua, em vez de compelir o discente a adaptar-se aos conteúdos e métodos de ensino compulsórios, a personalização ajusta-se ao indivíduo, mostrando e disponibilizando apenas o que se faz necessário e correto naquele momento particular. Os programas de conversação dedicados à aprendizagem realizam esta tarefa por meio da curadoria constante de conteúdos, conforme o estudante progride na experiência de aprendizagem.

A abordagem linear do ensino apresenta-se como comum no processo instrucional tradicional, mas incomum na experiência personalizada. Navegar e aprender, dependendo da intensidade dos conteúdos, para um estudante considerado "médio" ou mediano", conduz ao aumento do fracasso e à perda de tempo para os mais competentes. Alguns discentes assimilam com maior rapidez e menor necessidade de suporte, enquanto outros aprendem mais lentamente e requerem maior auxílio. Com a inteligência artificial generativa, esta forma de "tutoria" adaptativa poderá disponibilizar-se em escala ampla.

Se existe um sistema escalável que suporta o aprendizado personalizado, este é, indubitavelmente, o aprendizado "adaptativo". Tal abordagem mostra-se sensível às necessidades pessoais, potencialmente acelerando o êxito e prevenindo o malogro. A personalização depende sobremaneira dos dados e agregados individuais de cada estudante, bem como dos algoritmos utilizados para determinar os caminhos a serem trilhados. A personalização revela ampla relevância no que tange à sensibilidade e à diferenciação do estudante individual. A aprendizagem adaptativa, por seu turno, apresenta-se mais específica, pois amolda-se às necessidades do discente à medida que este progride por uma experiência fundamentada no auxílio de um programa de conversação movido por inteligência artificial generativa.

As adaptações de aprendizagem podem assumir dimensões diminutas ou grandiosas. É factível concretizá-las em diferentes patamares e por plurais sendas, desde a singela avaliação diagnóstica e pré-testes, até o ajustamento dinâmico integral que abranja todo o processo instrucional. Podem efetivar-se tanto no plano coletivo, no âmbito do ambiente de aprendizagem, quanto no plano individual. Um projeto de adaptação de dimensão exígua evidenciará a hierarquização de conteúdos ou unidades temáticas; a harmonização da metodologia e dos procedimentos avaliativos; a reformulação do encadeamento dos desafios e disciplinas; a eleição de oferecer tão-somente os conteúdos imprescindíveis, olvidando aqueles apenas importantes e complementares.

À semelhança de um tutor humano, os programas de conversação mais avançados amoldam a aprendizagem às necessidades do indivíduo à medida que este saboreia a interação. O escopo é proporcionar o que poucas instituições facultam: uma experiência de aprendizagem individualizada e ajustada às necessidades, às fragilidades e ao tempo de cada aprendiz. A adaptação pode materializar-se de inúmeras formas, mas o âmago do processo reside na decisão de apresentar opções de intervenções, fundamentadas no que os programas de conversação e a inteligência artificial generativa conhecem acerca do discente, tais como atividades instrucionais, domínio do tópico ministrado, fluência educacional, modalidade de aprendizagem, contexto, entre outras.

O programa de conversação adaptativo poderá aplicar-se em todos os cursos, num conjunto de cursos ou em qualquer currículo. A concepção basilar é que, quanto mais se utiliza a inteligência artificial generativa, mais esta aprende, propiciando que a personalização se torne mais direcionada e pessoal. Os objetivos compreendem: aprimorar o desempenho; reduzir os índices de evasão; preservar a autoestima e a motivação dos discentes; refinar a eficácia dos docentes; tornar o aprendizado efetivo.

Uma das dificuldades da aprendizagem adaptativa orientada pela inteligência artificial generativa consiste na concepção de conteúdos práticos, sintéticos, objetivos e utilizáveis. Os docentes do modelo tradicional estão familiarizados com o processo de criação e produção de conteúdos lineares, com dependências e pré-requisitos. A personalização exige que os conteúdos se estruturem em redes não lineares, desprovidas de amarras, acoplados com elementos de avaliação, respeitando o perfil do estudante.

A recomendação é que, antes de iniciar o curso, o semestre ou o ano letivo, realize-se uma avaliação diagnóstica e um pré-teste para criar o perfil do estudante. Em essência, baseado nesse perfil, o programa adaptativo ajusta algoritmicamente a sequência de atividades de aprendizagem predefinidas e as avaliações geradas. O objetivo primordial é evitar atividades (desafios, projetos, avaliações) para as quais o discente não esteja preparado. Se o programa puder auxiliar no nivelamento e solucionar problemas concernentes ao aprendizado anterior, o novo também encontrará resolução.

A perspectiva é que a inteligência artificial generativa procure gerar um nível adequado de desafio, com uma dificuldade desejável para determinar uma experiência de aprendizagem que seja árdua e incitadora o suficiente para manter o aprendiz em progresso, mas não tão desafiadora a ponto de desmotivá-lo. Utilizando técnicas e estatísticas de extração de dados e informações que coleta, a inteligência artificial generativa poderá oferecer os seus serviços customizados para cada estudante individualmente.

Os programas adaptativos, com base na avaliação formativa e noutros fatores, tomam as decisões alicerçadas no que o sistema detecta do nível de capacidade do discente em determinado momento. O teste regular e contínuo ao longo da jornada de aprendizagem não somente melhora a retenção, a motivação e o empenho, mas também reúne dados úteis acerca do aprendiz. Fracassos e dificuldades não constituem problemas; as evidências sugerem que cometer erros pode ser essencial para a construção de estratégias eficientes de aprendizagem. Incorporar essas práticas representa o gatilho para introduzir métodos frequentemente contraintuitivos no ensino, como a prática de recuperação e a utilização da inteligência de rua do aprendiz, aspectos que muitas vezes são ignorados pelos professores humanos.

Quanto à inteligência artificial generativa, técnicas como aprendizagem automática e aprendizagem profunda serão empregadas para o aperfeiçoamento contínuo do sistema. Estas são instruídas mediante os dados iniciais da avaliação diagnóstica e do pré-teste do perfil do estudante. À medida que progridem e geram maior número de informações, o sistema torna-se mais eficiente; por outras palavras, quanto mais os discentes e docentes o utilizam, mais ele se aprimora. Em sentido metafórico, assemelha-se a um sistema de navegação que pode auxiliar inúmeros condutores simultaneamente, cada qual percorrendo rotas e destinos distintos. Se algum deles se desvia do itinerário, o sistema interfere imediatamente para reconduzir o condutor à rota correta. De modo similar procedem os agentes adaptativos de aprendizagem em relação aos estudantes.

Os sistemas adaptativos produzem dados minuciosos e proveitosos acerca de cada estudante. Múltiplos painéis oferecem perspectivas sem precedentes, em instantâneo, do desempenho de cada discente. Isto permite que os docentes e tutores disponham de subsídios para auxiliar e orientar aqueles que enfrentam dificuldades. O aprimoramento é contínuo, não apenas da aprendizagem dos estudantes, como também dos professores, da instituição escolar e da própria inteligência artificial generativa.

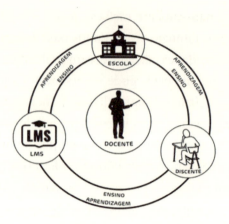

Figura 22.0: Ecossistema Educação Tradicional (primeira e segunda revolução cognitiva).

A tecnologia digital cognitiva vem provocando uma substancial alteração no ecossistema instrucional. No Ecossistema da Educação Tradicional (Figura 22.0), o modelo é constituído pela tríade: escola, docente e discente. A escola instrui o docente, o docente ensina o estudante. O centro é o professor, a metodologia é de transmissão com aulas expositivas e analógicas em um ambiente fechado e isolado do mundo real.

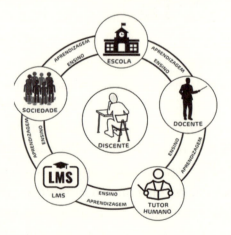

Figura 23.0: Ecossistema Educação Digital (terceira e quarta revolução cognitiva).

No Ecossistema da Educação Digital (Figura 23.0), é possível dividi-lo em duas fases. Em um primeiro momento, a escola se abre para o mundo real e a aprendizagem adquire três aliados, formando a quintessência: sociedade (mercado); escola; professor; estudante; tutor humano, que responde por meio das interações via Sistema de Gestão da Aprendizagem. Nessa fase, essa plataforma digital adquire notoriedade, pois auxilia na gestão, entrega, rastreamento e avaliação. As plataformas possibilitam, ademais, que os educadores criem, organizem e disponibilizem conteúdos, bem como acompanhem o progresso dos estudantes.

Com o aperfeiçoamento e a popularização da inteligência artificial generativa, o tutor humano é substituído pelo tutor digital. Esses agentes conversacionais facultam a aprendizagem adaptativa e promovem uma cultura coletiva de mão dupla, na qual todos os integrantes da quintessência permanentemente ensinam e aprendem simultaneamente uns com os outros. O centro literalmente passa a ser o estudante.

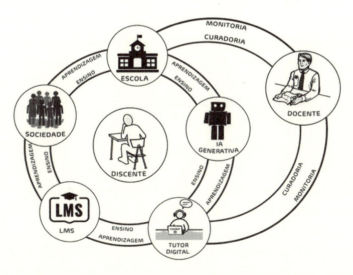

Figura 24.0: Ecossistema Educação Digital Cognitiva (quinta revolução cognitiva).

O ecossistema da Educação Digital Cognitiva (Figura 24.0) constitui uma hipótese, certamente polêmica e controversa, que há de gerar considerável resistência, discórdia e contestação. No modelo proposto, a inteligência artificial generativa assume o compromisso da execução do processo de ensino, desenvolvimento e aprendizagem. O professor humano passa a ser o responsável pelo planejamento e pela gestão da concepção e adaptação dos conteúdos, mídias e materiais didáticos; pela curadoria de tudo o que a inteligência artificial generativa disponibiliza; por guiar o docente IAG quando este ainda manifesta dificuldades no processo instrucional; bem como por participar da orientação das aplicações, transferências e práticas quando o conteúdo assim o exige.

Se este pressuposto se tornar viável, e tenho convicção de que poderá sê-lo, alterará drasticamente o modelo de negócio da educação superior. As estruturas físicas e operacionais serão inéditas, as metodologias, os materiais didáticos, a avaliação, enfim, o processo instrucional será radicalmente transformado. No entanto, é necessário enfatizar que, mesmo com a inteligência artificial generativa exercendo as funções operacionais de execução do processo instrucional, o papel estratégico e tático persiste como incumbência do ser humano – diretor, coordenador, professor – por outras palavras, estes continuam a ser os responsáveis pelo comando de todo o sistema.

O estratégico constitui o nível mais elevado do planejamento institucional, porquanto envolve definições dos diretores e gestores humanos, as quais repercutem na organização e nos grupos interessados em sua totalidade (Figura 25.0). Responde a indagações como: "onde estamos?"; "para onde desejamos seguir?" e "de que maneira nos adaptarmos e adotarmos a tecnologia digital cognitiva e a inteligência artificial em todos os produtos e serviços da instituição?". Para tanto, torna-se

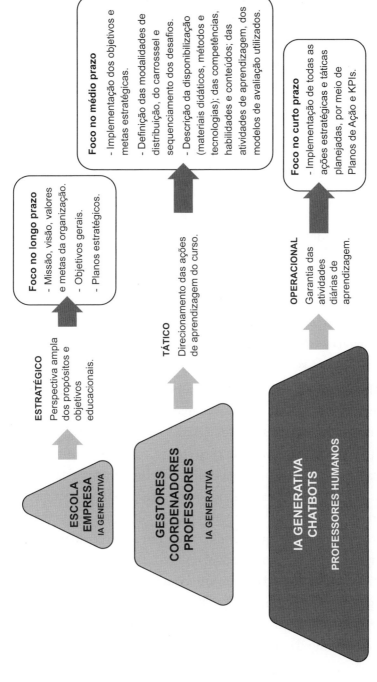

Figura 25.0: Planejamento e execução nos níveis estratégico, tático e operacional.

imprescindível considerar os fatores externos e internos, tais como a análise de mercado; as oportunidades e as ameaças; a concorrência; a modalidade de distribuição; a forma de disponibilização; os recursos disponíveis; as tecnologias a serem utilizadas; as competências da organização; entre outros. Nessa dimensão, a inteligência artificial poderá prestar auxílio, por meio da busca e da análise de todo o conjunto de dados e informações necessários para a tomada de decisões.

O nível tático relaciona-se com a implementação das definições deliberadas na dimensão estratégica, para os cursos e departamentos da instituição. Assim sendo, o propósito consiste em responder à pergunta: "De que modo alcançar os objetivos estratégicos?". Para esse fim, devem-se construir planos de ação; identificar prazos; designar responsabilidades; erigir indicadores (KPIs) de acompanhamento e desempenho; definir os desafios, a matriz curricular, o carrossel, o ciclo e o sequenciamento, os materiais didáticos, as metodologias e a avaliação.

O nível operacional representa os objetivos estratégicos e táticos transformados em ações concretas e executáveis. Instrumentaliza as atividades quotidianas e, portanto, deve respeitar e refletir as diretrizes já estabelecidas nas dimensões anteriores. A natureza desse nível é de curto prazo, fornece instruções práticas acerca dos desafios, das tarefas, das atividades e das trilhas de aprendizagem, das metodologias, das avaliações, enfim, de tudo o que deve ser executado para a entrega de um eficiente produto e serviço, que conduzirá e norteará o estudante rumo à aprendizagem e ao desenvolvimento das competências e habilidades programadas; bem como ao fomento das inteligências cognitiva, socioemocional, volitiva e *decernere*; ao aperfeiçoamento da inteligência de vida e, consequentemente, à aquisição e ao estímulo da empregabilidade e da trabalhabilidade.

No nível operacional ocorre a resolução de problemas do quotidiano, o auxílio aos discentes com lacunas e dificuldades no desempenho das tarefas, enfim, lida-se com os imprevistos e com as decisões céleres para testificar que as operações acadêmicas sejam dinâmicas e eficazes. A fim de assegurar a eficiência, é salutar e apropriado se utilizar de metodologias ágeis, como OKR (*Objectives and Key Results*), por exemplo. É nessa dimensão que a inteligência artificial generativa exercerá as funções instrucionais com maior vigor e quase exclusividade. Todavia, a inteligência artificial somente executa; o comando "do que" e "de como fazer" ainda pertence ao professor humano.

A inteligência artificial permite inovar, atualizar-se e buscar a utilidade nos múltiplos processos operacionais, tais como:

- *Eficiência competitiva*: currículo e plano de ensino fundamentados em um modelo de competências e habilidades, sem vinculações (pré-requisitos); ênfase na aprendizagem por vinte e quatro horas diárias, durante os sete dias da semana; ciclo e sequenciamento que permitam a admissão a qualquer momento; procedimento de inscrição célere e simplificado; conjunto de ferramentas e processos impulsionados pela inteligência artificial generativa.

- *Eficiência operacional*: concentração na aprendizagem generativa; todos os professores devem dispor de seu agente conversacional que funcione ininterruptamente; cada estudante deve contar com uma alma gêmea digital; eliminar e tornar os processos mais eficientes e, ao mesmo tempo, obter produtividade mediante a redução de custos e o aprimoramento do desempenho.

- *Eficiência financeira*: capacidade de utilizar recursos próprios e de terceiros com eficiência para alcançar rentabilidade e lucratividade positivas. Para tanto, a inteligência artificial generativa auxilia na otimização da estrutura de custos, na gestão operacional, nos investimentos e no controle de perdas.

- *Eficiência cultural*: maximizar os mecanismos artísticos e instrutivos para extrair plena motivação de seus talentos.

- *Eficiência inovadora*: inteligência artificial como parte fundamental do processo instrucional; utilizar todas as possibilidades oferecidas pela inteligência artificial generativa, como a interação, o relacionamento e o diálogo alicerçados na maiêutica socrática digital.

De forma sucinta, o nível estratégico é responsável pelo direcionamento geral da instituição, ao passo que o nível tático traduz essa direção em planos, ações e indicadores de desempenho. Já o nível operacional tem como papel garantir que as atividades diárias sejam executadas de acordo com as decisões estratégicas, de modo eficiente e eficaz.

O estratégico direciona a organização, evitando que fique sem rumo e estagnada. Sendo assim, é necessário concentrar esforços na capacitação de toda a equipa – diretores, coordenadores, professores e demais educadores – para a melhoria do desempenho, a qualificação das decisões tomadas, a adaptação às transformações no ambiente de negócios provocadas pela tecnologia digital cognitiva e pela inteligência artificial.

A relevância do nível tático consiste em implementar, do modo mais eficiente possível, as estratégias preestabelecidas. Isso inclui evitar desperdícios de recursos, repartir e compartilhar com transparência as responsabilidades, garantir o alinhamento entre as equipas. O nível operacional, por sua vez, mantém o foco nas tarefas e nas atividades diárias, atento ao desempenho e à aprendizagem dos discentes, e ao padrão de satisfação desejado de todos os grupos interessados na instituição.

Esta épica alteração do ecossistema instrucional mostra-nos que ainda conseguimos observar apenas a superfície do *iceberg*, uma vez que o futuro da aprendizagem está repleto de possibilidades e oportunidades que desconhecemos e não sabemos como utilizar. Não obstante a inteligência artificial seja a grande fonte de impulso e inspiração para grande parte disso, não podemos esquecer que se trata de uma ferramenta e, portanto, cabe a nós, educadores humanos, moldá-la e direcioná-la.

O futuro não diz respeito a maneiras mais rápidas e eficientes de aceder a informações; de outro modo, a monumental transformação não está "no que ensinar", mas "no como aprender". É o cenário de aprendizagem personalizada que metamorfoseia o modo como absorvemos e utilizamos o conhecimento. Diante disso, não basta implantar e implementar sistemas adaptativos de aprendizagem movidos pela inteligência artificial generativa; é vital instruir como compreender e utilizar. A alfabetização em inteligência artificial passa a ser prioridade, e não apenas uma opção. Docentes e discentes precisam conhecer e dialogar com a língua da inteligência artificial; caso contrário, essa ferramenta poderá tornar-se ineficiente.

A alfabetização em inteligência artificial envolve a compreensão de como a inteligência artificial funciona, as suas possibilidades, os seus benefícios, as suas limitações e os seus riscos. A inteligência artificial generativa expõe desafios e oportunidades em relação à integridade acadêmica. É salutar discorrer acerca da factual possibilidade de plágios e, simultaneamente, ressaltar os valores humanos, como a honestidade, a ética, o respeito e a responsabilidade da criação autêntica.

A inteligência artificial generativa constitui uma ferramenta e, como tal, deve permanecer sob o domínio dos humanos. Qualquer tomada de decisão, intervenção, interatividade apoiada pela inteligência artificial generativa deve permitir, quando necessária, a intervenção e a aprovação humanas. É fundamental disponibilizar um protocolo, um regulamento, orientações para garantir que a utilização do sistema adaptativo de aprendizagem esteja em conformidade com os propósitos e valores da instituição.

A promessa da inteligência artificial generativa para o processo instrucional é fornecer eficiência e efetividade de aprendizagem de alta qualidade a um custo reduzido por discente. O aprendizado adaptativo pode ser a solução para os custos crescentes de personalização na educação em escala, porquanto fornece suporte inteligente em todos os pontos da jornada de aprendizagem e é sensível às necessidades individuais de cada estudante.

11

Empregabilidade, trabalhabilidade e IA generativa

> Estamos prestes a vivenciar o maior
> período de requalificação de toda a
> história humana. Tudo o que sabemos
> fazer está ficando obsoleto. Isso trará
> grandes oportunidades para escolas,
> empresas e educadores.

A inteligência artificial redefine as competências e habilidades necessárias para prosperar neste mundo volátil, incerto, complexo e ambíguo, altamente digitalizado. Não basta nutrir as denominadas competências suaves – competências mentais, comportamentais, emocionais e sociais – que facilitam a interação e o convívio com outras pessoas. Também é indispensável adquirir e desenvolver as renovadas e inabituais competências rígidas – competências técnicas que podem ser adquiridas em treinamentos, capacitações e qualificações.

As competências e habilidades básicas necessárias para trabalhar com inteligência artificial incluem: entender de que modo a tecnologia funciona, os principais riscos a serem considerados ao interagir com os múltiplos modelos de inteligência artificial.

Trata-se de uma área vasta que se estende desde a compreensão do cenário geral de desenvolvimento, a qual engloba regulamentações, tópicos acerca da ética e de que modo exercer julgamento crítico acerca da forma como os modelos estão a ser treinados, bem como questões relativas ao viés nos dados de treinamento, segurança, incluídos os delírios e as alucinações infundadas.

É reconfortante pensar que certos atributos são essencial e insubstituivelmente "humanos" e, portanto, seguros da inteligência artificial invasora. Porém, esse binário (humano e inteligência artificial) tem data de validade paulatinamente mais abreviada. Com o crescimento da computação afetiva e da inteligência artificial empática para classificar competências relacionadas com a inteligência emocional, essa linha se tornará cada vez mais subtil e tênue.

As inéditas competências rígidas advindas com a popularização da inteligência artificial generativa alteram significativamente o mercado do emprego, facultando inéditas ocupações, outras profissões, diferentes exigências, novas modalidades de atuação (presencial, teletrabalho, híbrida), bem como transformando o mercado de trabalho, mediante insólitos cenários, ênfase no empreendedorismo, contemporâneas competências e habilidades, mais atitude volitiva e de discernimento, mutações rápidas, portanto, exigência de aprendizagem contínua, permanente e ininterrupta. É vital que as empresas e as escolas vislumbrem o impacto da inteligência artificial na sociedade, no trabalho, no emprego, no subemprego e no desemprego.

Apesar de apresentarem conceitos distintos, a empregabilidade e a trabalhabilidade são complementares entre si. A empregabilidade constitui a aptidão de o indivíduo ingressar, manter-se e ascender no mercado de emprego. Esse conceito relaciona-se com a capacidade profissional e com a adequação às competências exigidas pelo mercado, bem como com a construção de uma rede de contatos. A trabalhabilidade vincula-se ao empreendedorismo, porquanto situa o profissional para além do emprego. O objetivo principal consiste em gerar renda por meio dos próprios conhecimentos, da inteligência de vida, das competências e das habilidades cognitivas, socioemocionais, volitivas, discernitivas e criativas.

Figura 26.0 – Empregabilidade e trabalhabilidade.

Tanto o mercado de emprego (empregabilidade) quanto o mercado de trabalho (trabalhabilidade) são afetados pela inteligência artificial (Figura 26.0). As mutações acarretadas pela tecnologia e aceleradas pela inteligência artificial generativa suscitam múltiplas possibilidades, mas também grandes ameaças, as quais ocasionam sérios obstáculos no cenário atual, tais como o término de numerosos serviços, profissões e ocupações, o que sugere dificuldades de continuidade para as organizações; falta de oportunidades para os profissionais que não se adaptam e não se reciclam; ineficiências para os educadores que não se amoldam e que enfatizam a ideologia em vez da aprendizagem; estes não observam o que ocorre no mundo tangível e real, afastado dos muros das escolas.

Tais contextos não são inéditos. A tecnologia alterou substancialmente o modo de produção e as relações de emprego na Primeira Revolução Industrial. As transmutações foram rápidas e radicais: a manufatura deu lugar à maquinofatura; a fábrica substituiu o ateliê manual. No decadente regime mercantilista, os indivíduos trabalhavam em pequenas oficinas artesanais com recursos rudimentares e produção em escala bastante reduzida. O artesão era especializado, com afazeres essencialmente manuais. A relação com o empregador, denominado "mestre", era de proximidade intrínseca.

As profissões eram reguladas por rígidos estatutos das corporações de ofícios. Existiam regras que evitavam a concorrência, asseguravam padrões de qualidade e preservavam o prestígio das ocupações. Neste nexo, os jovens eram considerados "aprendizes", os quais recebiam do "mestre" comida, moradia e os ensinamentos do ofício. Depois do domínio da profissão, poderiam continuar a trabalhar para o "mestre" e receber salário, ou abrir sua própria oficina, geralmente pequenas unidades que controlavam todo o processo produtivo.

A dilapidação do mundo pela tecnologia industrial transformou um cenário aparentemente inerte, protecionista e previsível. A máquina mecânica exigiu aptidões diversas, condições laborais diferentes e ocupações inéditas. As grandes fábricas surgiram com produção ampliada. As máquinas tomaram o lugar do artesão, e apareceram os operários, os quais, de maneira ilusória, julgavam controlar a linha de produção, quando, na verdade, constituíam quase extensões das próprias máquinas.

O universo das corporações foi aniquilado, e a relação entre mestre e aprendiz desvaneceu-se por completo. As inovações tecnológicas intensificaram drasticamente a produtividade. O empresário almejava exclusivamente o lucro, reduzia custos e diminuía salários. Os antigos artesãos, convertidos em operários, perceberam as mudanças e organizaram-se em "clubes de ofício", na tentativa de recriar as antigas corporações, principalmente por meio do auxílio mútuo em situações de necessidade. O Estado reprimiu os participantes desses clubes, e as corporações extinguiram-se definitivamente.

Nottingham, além de ser a terra natal de Robin Hood – o herói lendário que executava roubos espetaculares na floresta de Sherwood, no condado vizinho de Yorkshire, e distribuía o produto dos roubos com os mais necessitados –, foi também um centro de confecção de meias, o qual empregava grande parcela da população local. A partir de 1812, os ofícios e as funções nas fábricas começaram a transformar-se conforme se introduziam máquinas movidas a vapor, as quais substituíam o trabalho de artesãos qualificados, destruíam muitas profissões, mas também geravam outras ocupações.

Na época presente, experimentamos algo semelhante. Na proporção em que as máquinas e os robôs apoderam-se das ocupações físicas, repetitivas e previsíveis, a empregabilidade, a capacidade de trabalho e o espírito empreendedor tornam-se cada vez mais valiosos como meios para os profissionais distinguirem-se no ambiente digital cognitivo. De acordo com essa perspectiva, a tecnologia não representa somente uma ameaça, mas também uma fonte de oportunidades, pois não apenas destrói, mas também gera atividades novas e potenciais nas quais os seres humanos são mais eficientes do que as máquinas movidas por inteligência artificial.

Na revolução industrial, os operários e o trabalho físico foram substituídos por máquinas mecanizadas. Na revolução digital, os funcionários administrativos, os quais se dedicavam a tarefas e ofícios repetitivos, foram substituídos por computadores.

Na incipiente revolução digital cognitiva, o profissional graduado, de colarinho branco, o qual realiza funções previsíveis, está sendo substituído pela inteligência artificial. Sublinho que afirmar que cem por cento dos trabalhos físicos, repetitivos e previsíveis serão automatizados constitui um grande exagero, mas certamente a quantidade de ocupações nessas três modalidades será reduzida drasticamente, porque se trata de uma decisão estratégica e não operacional.

As escolas, as quais sempre tiveram a responsabilidade de preparar profissionais para suprir o trabalho físico, repetitivo e previsível, precisarão adaptar-se e formar egressos com o perfil nexialista – conceito presente em Fava (2022, p. 189) – com conectividade, criatividade, competências comportamentais, cooperação, raciocínio reflexivo e crítico; precisarão desenvolver as inteligências cognitiva, socioemocional, volitiva e *decernere*; precisarão aprimorar a inteligência de vida; enfim, precisarão formar indivíduos que saibam navegar nesse mundo digital cognitivo, não linear, inconstante, disruptivo e imprevisível.

Com o desenvolvimento vertiginoso da IA generativa, essa inteligência artificial começa a substituir o trabalho criativo, algo inconceptível até momentos muito recentes. Ao imaginar um futuro no qual a tecnologia substitui, total ou parcialmente, o esforço físico, repetitivo, previsível e criativo, tendemos a delinear três expectativas extremas:

1. Dádiva da produtividade dos serviços e dos estabelecimentos fabris e comerciais;

2. Drama e infortúnio para os indivíduos que se tornam obsoletos e anacrônicos nos labores que exigem esforço físico e mental;

3. Tribulação das escolas e dos educadores que se acham perdidos e desorientados acerca do que ensinar e de como ensinar, desenvolver e aperfeiçoar egressos com conhecimentos,

competências e aptidões exigidas por essa inédita e assombrosa plataforma digital cognitiva, o que facilita o crescimento das universidades corporativas.

Em algum momento desse cenário mutável, desponta a possibilidade de a IA generativa eliminar algumas ocupações que os próprios candidatos consideram desprovidas de sentido e psicologicamente degradantes. Assistimos também ao advento do subemprego e do desemprego de colarinho branco, na proporção em que a inteligência artificial se torna capaz de realizar todas as funções ou parte das funções dos trabalhadores graduados, preparados e bem-educados.

Não é plausível supor que a educação permaneça imune a tais transformações evolutivas. Persistir na formação de egressos que apenas memorizam alguns conteúdos; que adquirem inteligência de escola, mas que não conseguem aplicar produtivamente o que assimilaram; que não transformam as informações em atitudes práticas; que não conseguem transferir os conhecimentos para projetos e para a resolução de problemas distintos daqueles que viram na escola; enfim, que não obtiveram a inteligência de vida.

Nesse estrato encontra-se a maior parcela da população, uma multidão de indivíduos que não acreditam, desencantam-se e, portanto, não desejam e não querem instrumentar-se na educação formal. Adquirem informações suficientes para o cotidiano na internet, na rua, nos mecanismos de busca; procuram e apegam-se aos aplicativos e aos programas conversacionais movidos por IA generativa para aprender e desenvolver o que entendem ser necessário e correto, iludindo-se muitas vezes, pois não são orientados e acabam por assimilar o que não interessa para o mercado, exatamente o que ocorre nos modelos instrucionais tradicionais.

A estagnação econômica, o ensino ofertado que não condiz com as necessidades requeridas pelo mercado, a inutilidade da aprendizagem de conteúdos que visam ao passado e não ao futuro têm causado perturbação psicológica, agitação, desespero, pessimismo e imobilismo e, consequentemente, evasão e baixa captação de estudantes nas escolas e nas faculdades.

Enfrentamos um futuro incerto, o qual faz com que necessitemos ajustar-nos e adaptar-nos para encontrar um significado, um propósito para a vida, para a assimilação, para o trabalho. Por esse motivo, a IA generativa na aprendizagem torna-se vital, pois auxilia na personalização do processo instrucional de cada pessoa, podendo refinar a empregabilidade e a capacidade de trabalho, desde que as escolas remodelem e adequem seus currículos e suas metodologias, por exemplo, utilizando o diálogo e a maiêutica socrática digital.

As transformações ocasionadas pela inteligência artificial não apresentam caráter linear. Em numerosas profissões, o contexto, a cultura e as circunstâncias indicam que a automação completa não ocorrerá com tanta celeridade. Em outras ocupações, a tecnicização e a substituição, ainda que exequíveis, dependerão de uma deliberação estratégica. Existem conjunturas, ambientes, cenários e expectativas que requerem a presença humana. Por exemplo, é factível tornar plenamente autônomos automóveis e até aeronaves, mas o receio, o temor, a insegurança e as hesitações fazem com que as pessoas não aceitem sobrevoar o majestoso e deslumbrante Pantanal Mato-Grossense, a treze mil metros de altitude, sem nenhum piloto humano na cabine ou, ainda, viajar em um automóvel a duzentos quilômetros por hora sem um condutor humano. Existem percepções que, apesar de irracionais, precisam ser superadas. Assim, essas profissões e muitas outras, pelos mesmos motivos, necessitarão de algum tempo para serem eliminadas.

As organizações nascem e expandem-se em torno de pessoas e são administradas e geridas por indivíduos. Processos, planos, orçamentos e projetos não garantem necessariamente produtividade acelerada por meio da automação, afinal, esses mesmos indivíduos que defendem a tecnicização são aqueles que também protegem e refreiam a automatização. Trata-se de uma questão cultural, psicológica, de mentalidade e de vontade. Isso aplica-se a todos os setores e áreas. Na educação, essa resistência e estagnação são muito mais acentuadas.

A maior parte das instituições de ensino dispõe de ecossistemas que dificultam a transformação – tradição, espaço reduzido para renovação, regulamentações rígidas e restritivas, ideologias que superam a disposição de ensinar e evoluir, temor e insegurança. Afinal, é árduo fazer com que um profissional compreenda e consinta com algo quando a possível perda de seu salário mensal depende de que ele entenda e aceite a automação. Tudo isso atenua a mudança inovadora, principalmente quando esta é disruptiva. Mesmo que tais alterações e evoluções possam economizar quantidade expressiva de tempo e custo e aumentar a produtividade, existe uma tendência de apegar-se e firmar-se à prática existente.

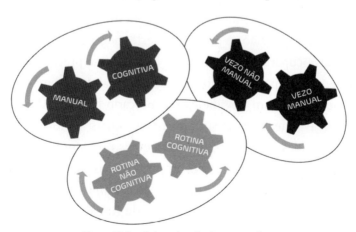

Figura 27.0 – Categorização das ocupações.

É fato que o processo de automação constitui uma atividade complexa com múltiplas variáveis. As profissões podem ser classificadas como: cognitivas *versus* manuais; rotina cognitiva e não cognitiva; tendência manual e não manual (Figura 27.0). Todos esses aspectos do trabalho encontram-se disponíveis para automação por meio da IA generativa. Além disso, a distinção entre manual e cognitivo não é tão simplista quanto parece, uma vez que poucas tarefas manuais não exigem conhecimentos, planejamento e resolução de problemas durante a execução. Por outro lado, com os avanços tecnológicos, a maioria das ocupações há séculos apresenta-se parcialmente automatizada.

Em Fava (2016, p. 297), faço a seguinte citação:

> Atualmente estamos preparando estudantes para empregos que ainda não existem, usando tecnologias que não foram inventadas, para resolver problemas que ainda não sabemos que serão problemas.

Conquanto a inteligência artificial generativa esteja provocando, em brevíssimo tempo, transformações substanciais em todos os domínios da sociedade, cumpre reconhecer que tal ideia se alicerça em fundamentos exagerados, porquanto a maioria dos egressos do sistema educacional exercerá funções que já existem há longo tempo. Não se pode, por certo, negar que muitos profissionais ocuparão cargos para os quais não se prepararam inicialmente, que passaram por processo parcial de automatização, ou que configuram novidades no mercado laboral. Afigura-se consideravelmente mais simples prever quais atividades serão automatizadas do que prognosticar quais novas profissões surgirão. Uma certeza, contudo, impõe-se: nos anos vindouros, ainda que a inteligência artificial não elimine o emprego das pessoas, estas terão necessariamente de trabalhar em parceria com tal tecnologia.

Outrora, o trabalho humano concentrava-se no campo; posteriormente, nas fábricas; mais tarde, nos escritórios, onde proliferavam os denominados "colarinhos brancos". Segundo Richard Florida, no ano de 1900, quarenta por cento da população trabalhava na agricultura (cf. Florida, 2013, p. 27). Com o progresso da mecanização e da automatização, as atividades manuais sofreram profundas alterações, de modo que o trabalho rural se tornou mais eficiente e produtivo. Aquilo que exigia, no passado, o esforço de centenas de camponeses e animais, pode realizar-se, atualmente, por meio de máquinas e equipamentos robotizados controlados por inteligência artificial, de sorte que a agricultura representa, hoje, menos de dois por cento da força de trabalho humano no campo.

Na indústria, setor que demanda habilidades fundamentais, o número de operários diminui continuamente desde então. Certamente, haverá sempre ocupações para seres humanos nas fábricas; todavia, com a automatização no espaço fabril, as competências e habilidades requeridas se diferenciarão de maneira notável. No setor de serviços, que congregam os funcionários dedicados a tarefas cognitivas rotineiras, o ápice de contratações ocorreu em 1980. Em virtude da potência crescente dos computadores e do advento da inteligência artificial generativa, o trabalho cognitivo repetitivo experimenta acelerado processo de automatização.

Por sua característica de onipresença, os algoritmos permeiam permanentemente o cotidiano e as práticas de nossa existência. Quando alguém utiliza computador, *tablet* ou aparelho de telefonia móvel para reservar acomodações em hotel, efetuar procedimentos de embarque em voo, alugar automóvel ou adquirir ingressos para eventos, age sem a intervenção de outro ser humano. Ao realizar compras ou transações bancárias pela rede mundial de computadores, o indivíduo confirma a substituição do emprego de outrem. Com a óbvia exceção de ocupações que dependem de localização específica, o setor de serviços declina rapidamente. Para determinar a vulnerabilidade de uma profissão, cabe perguntar se a inteligência artificial pode executar a mesma atividade de maneira mais eficaz e veloz; se a resposta for afirmativa, existe grande probabilidade de que tal ocupação tenda a desaparecer.

A classe criativa compreende pessoas que executam trabalho cognitivo não rotineiro e que empregam competências e habilidades digitais regularmente. No momento em que o setor de serviços principia seu declínio, a classe criativa começa a expandir-se. Com o rápido desenvolvimento da tecnologia digital cognitiva e da inteligência artificial, não se observa apenas uma sutil modificação no gráfico de empregabilidade, mas uma reversão acentuada. As razões para tal fenômeno são as mesmas que afetaram os dois setores precedentes: o computador pessoal, a tecnologia digital cognitiva e a inteligência artificial tornaram-se acessíveis para grande parcela da população. Mesmo essa classe, que a princípio estaria imune a qualquer forma de automatização, começa a enfrentar determinados riscos diante da inteligência artificial generativa.

Do mesmo modo que as gerações precedentes testemunharam uma transmigração das atividades campesinas para a indústria e, posteriormente, da manufatura para os serviços, encontramo-nos, presentemente, em uma época em que certas categorias profissionais não mais se circunscrevem a determinado espaço físico. Assistimos a um período no qual o trabalho remoto internacional, modalidade preeminente da classe criativa, adquire consistência por duas razões fundamentais: de um lado, pelo desenvolvimento de plataformas digitais que facultam às empresas a contratação e o acompanhamento de talentos em qualquer parte do globo; de outro, pelas transformações tecnológicas que permitem a interação com o mercado mundial a partir de qualquer localidade. Os reflexos na empregabilidade mostram-se significativos; cumpre ressaltar, entretanto, que somente os serviços passíveis de transmissão eletrônica, sem prejuízo da qualidade, podem integrar o conjunto dessas atividades.

O "desemprego tecnológico", expressão cunhada pelo economista britânico John Maynard Keynes (1883-1946) para designar a perspectiva econômica de supressão de postos de trabalho em decorrência do avanço tecnológico, constitui tema de debate secular. Com o rápido desenvolvimento da inteligência artificial e o surgimento da inteligência artificial generativa, tanto pessimistas quanto otimistas refletem acerca da seguinte questão: eliminará a inteligência artificial generativa a maioria das profissões hodiernas ou gerará novas ocupações e oportunidades em número superior?

Da mesma forma que a grande maioria das ocupações agrícolas foi eliminada pela mecanização e pela automatização, assim como os empregos fabris em que os operários foram substituídos por robôs, as profissões de gerentes, advogados, médicos, jornalistas, arquitetos, contabilistas, entre outras, certamente sofrerão, de algum modo, os efeitos da inteligência artificial. Todas essas ocupações necessitarão de adequação e ajustamento a esta nova era algorítmica.

Embora incipiente, evidencia-se claramente a transformação promovida pela inteligência artificial generativa, a qual já se manifesta em todos os domínios, setores e áreas do conhecimento, particularmente nas nações mais prósperas e desenvolvidas. A classe média desperta para o fato de que, à semelhança da classe operária, sua função no mercado diminui progressivamente. Patenteia-se que a inteligência artificial generativa amplifica a produtividade na gestão, ao assumir funções de análise preditiva, o que permite aos seres humanos dedicarem-se mais intensamente ao trabalho reflexivo, criativo e à tomada de decisões futuras. O espaço para o aumento da eficiência e da eficácia revela-se imenso, especialmente entre aqueles que percebem elevados salários para elaborar e analisar relatórios de natureza relativamente rotineira.

No que concerne às ocupações relacionadas com o ensino e a aprendizagem, estas também se sujeitam às mesmas pressões que afetam os trabalhadores de escritório. Nesse âmbito, contudo, não se verificará uma perda líquida e simplificada, mas uma conjuntura assaz complexa. No recente passado histórico, o universo da aprendizagem manteve-se relativamente incólume, razão pela qual os princípios da Revolução Industrial – padronização, especialização, centralização, maximização, concentração, sincronização – permanecem vigorosos na maior parte dos processos instrutivos.

Verifica-se uma propensão entre os educadores para examinar o universo da aprendizagem exclusivamente pela perspectiva institucional – escolas, faculdades, universidades. Tal visão, no entanto, representa apenas uma parcela do amplo panorama educacional. Nesse contexto, a tecnologia permanecia sob o domínio dos educadores e dos administradores escolares e corporativos. Com o surgimento e a evolução da inteligência artificial generativa, esse cenário modifica-se radicalmente, o que provoca inquietação nos educadores. Até o presente momento, as tecnologias encontravam-se sob o controle da instituição escolar, dos educadores e dos gestores; com as inteligências artificiais generativas, passam para o âmbito dos estudantes. Estes terão a possibilidade de escolher entre ouvir a transmissão de conteúdos efetuada por um professor ou por um assistente virtual de conversação, visto que a transmissão constitui meramente a reiteração de um conteúdo elaborado por alguém e, como bem sabemos, no que concerne à repetição, as máquinas consideradas "inteligentes" executam ou executarão tal tarefa de modo mais eficaz que os seres humanos.

Grande parte da preparação para o mundo do emprego (empregabilidade) e para o mundo do trabalho provém da inteligência de rua ou, dito de outro modo, da aprendizagem em ambientes não institucionais – sociedade, comunidade, empresa, família, amigos. Quando examinamos com mais atenção, por meio de uma análise mais acurada, percebemos o quão surpreendentemente a inteligência artificial generativa vem substituindo os elementos humanos no processo instrucional, os quais poderão desempenhar muitas das tarefas escolares, de modo que a inteligência de rua se torne progressivamente mais vigorosa para o desenvolvimento da inteligência vital.

A tecnologia, propulsora das revoluções cognitivas, sempre democratizou, descentralizou, popularizou e eliminou intermediários no acesso ao conhecimento. Tal fenômeno ocorreu com a invenção da escrita, do alfabeto, do papel e da imprensa. Todos esses elementos evolutivos constituíram impulsos tecnológicos para a transmissão de informações que ampliaram o progresso humano, ao libertar o conhecimento da tradição oral milenar. Com o advento da eletricidade, a difusão e a disseminação da informação conquistaram novos instrumentos, como o telégrafo, o rádio, os filmes e a televisão. Na era digital, o acesso tornou-se franqueado, ao propagar o conhecimento pela rede mundial de computadores, conferindo-lhe caráter globalizado.

Com os mecanismos de busca, muitas das ocupações do ramo editorial foram eliminadas. O imenso setor de enciclopédias desapareceu; as bibliotecas públicas e privadas tornaram-se menos úteis e frequentadas. O declínio e a derrocada das livrarias relacionam-se minimamente com a diminuição da leitura e, em contrapartida, vinculam-se integralmente ao incremento do acesso ao conhecimento por meio de livros digitais, os quais são mais econômicos e acessíveis.

A proliferação de cursos livres pela rede mundial de computadores corrói o mercado institucional. Afigura-se plausível que tal fenômeno produzirá impacto na educação superior, com a perda da relevância do diploma e, até certo ponto, a paulatina substituição do professor humano por assistentes virtuais de conversação impulsionados pela inteligência artificial generativa. Em todos os contextos em que as soluções digitais realizem, ao menos parcialmente, o processo de ensino, desenvolvimento e aprendizagem, os empregos de professores humanos que apenas transmitem conteúdos encontram-se, indubitavelmente, ameaçados, pois tais conteúdos podem ser facilmente gravados, replicados e distribuídos em larga escala.

Entre as tendências contemporâneas, destacam-se a inteligência artificial generativa e a aprendizagem adaptativa, as quais prenunciam a erosão dos componentes instrucionais, inicialmente por meio de modelos de ensino aprimorados pela tecnologia híbrida, e, posteriormente, mediante sistemas autônomos fundamentados na inteligência artificial generativa. Afigura-se improvável que todas essas transformações, em curto prazo, exerçam expressiva influência nas instituições de ensino básico, nas quais a responsabilidade para com os jovens educandos transcende a mera transmissão de conteúdos. Não obstante, mesmo nesse âmbito, dificilmente se pode conceber que a tecnologia não produza efeitos concretos. Porventura o maior benefício resida na gestão acadêmica e na avaliação, funções em que a carga laboral do professor poderá sofrer significativa redução.

Tal fenômeno reveste-se de particular interesse, porquanto as escolas e os educadores necessitam desenvolver a capacidade de adaptação e identificar aquilo que imperativamente deverão ensinar, os métodos a empregar e o público a que se destina o ensino. À medida que a inteligência artificial generativa progride e acelera as transformações, educadores e gestores precisam cultivar maior sensibilidade, resiliência e flexibilidade, bem como menor resistência em aceitar e acolher o cenário hodierno. A auspiciosa notícia reside na elevada probabilidade de que não ocorra uma transformação súbita, mas gradual, passo a passo; tal prognosticação, entretanto, não sugere que se possa permanecer inerte por determinado período em cada etapa. Quanto mais célere for a adequação, o ajustamento, a moldagem, a adaptação e a adoção, maior êxito se alcançará nessa emergente plataforma digital cognitiva.

Da mesma forma que a Uber, empresa desprovida de veículos próprios, mas que faculta aos motoristas parceiros o encontro com passageiros que necessitam de viagens acessíveis e confiáveis, e a Airbnb, plataforma de locação de hospedagens que estabelece conexão entre anfitriões e hóspedes sem dispor de acomodações próprias, provavelmente assistiremos à desintermediação em escala mundial da educação, na qual a aprendizagem será proporcionada por instituições escolares ou não, que mantêm um quadro extremamente reduzido de professores e educadores humanos.

12
Epílogo

No planejamento instrucional, por mais
que IA seja disruptiva, a experiência e
a aprendizagem efetiva vêm antes da
possibilidade de se utilizar qualquer
tecnologia.

Uma circunstância que suscita particular admiração, a qual muitos não atentaram com o devido discernimento acerca desta colossal manifestação da inteligência artificial generativa, consiste no seu desenvolvimento célere – com incomparável velocidade. Esta assimila e incorpora características humanas com extraordinária eficiência e presteza. Constitui, indubitavelmente, a tecnologia adotada com maior rapidez em toda a história humana. O aprimoramento da produtividade e do rendimento apresenta-se concreto, efetivo, incessantemente admirável. As instituições comerciais, estabelecimentos educacionais e academias corporativas carecem de aceitação, anuência e aprendizado, de modo pronto e diligente, deste singular contexto.

A interação e o relacionamento com instrumentos tecnológicos constituem meramente o princípio, o marco inicial para a edificação do letramento e da consciência concernentes à inteligência artificial generativa. Isto representa tão somente leve arranhadura na superfície de um colossal *iceberg*. A inteligência artificial apresenta-se preparada e capacitada para transformar não apenas o que ensinamos, mas, principalmente, o que aprendemos.

Evidencia-se com absoluta clareza que o porvir da educação será determinado pela associação, colaboração e participação conjunta da inteligência artificial em todos os procedimentos e campos do saber, os quais, por conseguinte, sofrerão profundas alterações. Na medida em que "o que ensinar" e "como aprender" se modificam, a inteligência artificial generativa se incorporará progressivamente como elemento intrínseco do processo instrucional. Tal fenômeno acarretará significativas implicações na construção, disseminação e instrução do conhecimento, visto que o método de ensino estará intimamente vinculado ao conteúdo da aprendizagem.

Os estabelecimentos de ensino devem preparar os discentes para um futuro no qual criar, gerar, aprender, explorar, propagar não poderão realizar-se sem a colaboração, o auxílio e a parceria entre seres humanos e máquinas. Com a multiplicação de diversas inteligências artificiais generativas, disponíveis como fontes de perícia, assimilação e experiências práticas, o papel do educador isolado, detentor do conhecimento e transmissor de conteúdos, definha-se progressivamente, aproximando-se de um modelo de inspirador e guia que caminha lado a lado com o aprendiz. As funções dos professores humanos e da inteligência artificial generativa se tornarão mais nítidas, fluidas e espontâneas, à medida que esta agregação e colaboração se consolidam.

Os aprendizes necessitam desenvolver a capacidade de "atribuir significado" àquilo que a inteligência artificial generativa reproduz. Devem observá-la em um contexto mais amplo, com consciência crítica, talvez como um antagonista disfarçado de assistente obsequioso e subserviente. Nisto reside a essência da aprendizagem centrada na associação entre o ser humano e a máquina.

As indagações fundamentais que as instituições de ensino e os educadores precisarão refletir e procurar responder são:

- De que modo projetar experiências de aprendizagem que estimulem a construção de senso crítico, necessário para interagir e trabalhar com esta tecnologia cognitiva emergente e ainda profundamente jovem, inexperiente e leiga?

- De que maneira aproveitar as potencialidades generativas e sociais da inteligência artificial e ainda manifestar e aperfeiçoar as inteligências cognitiva, socioemocionais, volitiva e de discernimento dos estudantes?

- Como promover a necessária e vital inteligência de vida dos discentes?

- Como utilizar a IA generativa para priorizar a qualidade e eficiência dos produtos e serviços, e não apenas focar a guerra dos preços das mensalidades?

Como administradores e educadores, faz-se necessário precaver-nos para não nos fixarmos exclusivamente no presente e no passado, conferindo escassa consideração ao futuro. Devemos evitar a tentativa de aplicar a inteligência artificial generativa em instrumentos antiquados, em currículos tradicionais que se limitam a conteúdos retrospectivos, desprovidos da visão do amanhã, e em metodologias inadequadas e pouco aderentes às características da inteligência artificial generativa. Se isto ocorrer, o resultado consistirá na ineficácia da aprendizagem e na imperícia no desenvolvimento das competências e habilidades programadas.

Convém ponderar acerca de propostas concretas pelas quais a aplicação da inteligência artificial generativa possa ampliar, aperfeiçoar e conceber formas inéditas de ensino e aprendizagem, reconfigurando instituições educacionais mais adaptadas e contemporâneas, gerando novos universos pedagógicos, concepções instrucionais distintas, metodologias renovadas de aprendizagem consonantes com a tecnologia digital cognitiva, quiçá fundamentadas no diálogo e na maiêutica socrática digital.

Afigura-se improvável que normas, regras, rotinas, hábitos e o estado presente, que vigoram nas instituições, escolas, faculdades e universidades corporativas, transformem-se com a mesma celeridade com que a inteligência artificial generativa progride. Os professores persistem na ministração de aulas expositivas; os conferencistas continuam a dissertar acerca de determinados temas para vastas audiências que assistem e escutam passivamente. Tal circunstância não significa que a inteligência artificial não deva ser utilizada, pois esta demonstra aptidão e potencial para aprimorar o processo instrucional mediante a personalização, tornando os aprendizes mais autônomos e conscientes de que devem assumir o papel de protagonistas de sua aprendizagem. Para expressar-me com franqueza e autenticidade, em razão da ineficiência de numerosas escolas, grande quantidade de estudantes já realiza tal procedimento.

Os discentes confrontam-se com um ambiente digital cognitivo no qual máquinas, robôs e programas informáticos, impulsionados pela inteligência artificial, executam parcela crescente do trabalho que as pessoas deveriam realizar. As profissões compreendem cada vez menos atividades físicas, repetitivas e previsíveis. Com o aperfeiçoamento da inteligência artificial generativa, o trabalho criativo também principia a ser compartilhado. Para as escolas, faculdades e universidades corporativas, isto constitui uma formidável oportunidade para o desenvolvimento integral do ser humano e para o retorno aos preceitos da Paideia grega que, em Fava (2016, p. 49), denomino "Paideia digital".

Para os aprendizes, apresenta-se um motivo convincente a fim de descobrir maneiras de diferenciar-se das máquinas "inteligentes", visto que, ao menos por enquanto, considera-se improvável que a inteligência artificial generativa evolua a ponto de superar as mais elevadas capacidades humanas de criatividade, afetividade, flexibilidade mental, bem como a faculdade de contemplar o futuro, e não apenas o presente e o passado.

Eis a oportunidade para as escolas incorporarem os benefícios da inteligência artificial generativa na aprendizagem, integrarem os tutores digitais nas práticas de ensino existentes, a fim de aliviar o encargo dos professores, assim como proporcionar aos estudantes uma experiência de aprendizado personalizado e ampliado, na qual eles próprios possam explorar e obter profundidade e eficácia, por meio do estudo autônomo.

Se você é um educador (todos nós somos, de alguma forma, na escola, na família, na empresa e na vida), cruzar as fronteiras do ensino tradicional, adentrar em um ambiente de aprendizagem compartilhado com a IA generativa poderá ser espinhoso de imaginar, aceitar, implantar e implementar. Um modo do professor ultrapassar esse limite é, após realizar o que tem que fazer em seu ecossistema de ensino, passar o bastão para um *chatbot* que continuará escalando o processo instrucional, incentivando, encorajando e motivando o aprendizado independente, por meio do engajamento e do diálogo.

Tarefa difícil, complicada, hermética, porquanto o poder de transformação e ingerência da inteligência artificial generativa mostra-se atípico, quase anormal; todavia, faz-se necessário idealizar e aplicar um modelo acadêmico resistente aos robôs. Assim, não se deve preocupar unicamente em fornecer aos estudantes dados, informações e conteúdos técnicos. Pelo contrário, cumpre ajustar os mecanismos cognitivos, calibrando-os com mentalidade sintetizadora e elasticidade intelectual para criar, inventar, descobrir, produzir, disseminar algo que a sociedade considere valioso. Qualquer criação deverá, de alguma forma, mostrar-se suficientemente original para escapar do rótulo de "rotina" e, por conseguinte, da ameaça de automação.

Imagine, idealize, planeie um porvir em que empresas, instituições educacionais, estudantes, empregadores, tecnologia e inteligência artificial operem contíguos e irmanados por uma modalidade absolutamente inaudita de ensinar, aprender e desenvolver-se. Todos colaboram integralmente para proporcionar a aprendizagem efetiva, perene, congruente com as exigências desta nascente quinta revolução cognitiva. Que se mostrem capazes de conceber um novo paradigma que tratará do desenvolvimento constante de competências e habilidades, fomentará o incremento, tanto para os discentes atuais quanto futuros.

Institui-se um centro de aprendizagem e inovação mutuamente proveitoso, com o compromisso de assegurar a contínua empregabilidade e aptidão para o trabalho. Os limites, as demarcações, as fronteiras entre empresas, instituições, escolas, empregadores e tecnologia se apresentarão muito mais fluidas, descomplicadas, espontâneas e nítidas. Diligenciarão todos conjuntamente para edificar um ecossistema de economia criativa sustentável, inovador e empreendedor, no qual os estudantes possam participar, aprender e desenvolver-se de modo ativo e incessante.

Aparenta utópico, mas não o é. Parece prescindível, também não o é. Com efeito, constitui a única via para alcançar êxito nesta longa, árdua, bem como estimulante e sedutora jornada evolutiva. Mais que isto, em comunhão com a inteligência artificial generativa, torna-se factível engendrar um movimento, uma insurreição, uma revolução que transmutará o mundo em um estado inédito e, se possível, muito mais propício à existência.

Ingressamos na Era da Inteligência Artificial Generativa, o recôndito dos algoritmos, os quais se manifestam em nossa vida cotidiana e integram tudo o que realizamos e deixamos de realizar nesta incipiente plataforma digital cognitiva. Todo este cenário infunde temor, angústia, intimidação, mas igualmente suscita otimismo, convicção e confiança na oferta de uma educação autêntica e responsável, bem como juízos e avaliações fidedignas que tornarão a aprendizagem mais útil, profícua e efetiva. Trata-se de um caminho irreversível; faz-se necessário, com resiliência, adotar, adaptar-se, ajustar-se.

Qualquer jornada principia com o primeiro passo, com empreendimentos restritos que, gradualmente, darão origem a grandes transformações. Trilhar novos e inéditos caminhos não significa renunciar às conquistas pretéritas, mas apenas prosseguir na senda evolutiva. Impõe-se aceitar, reconhecer e ingressar nesta inédita plataforma digital cognitiva. Para tal fim, cumpre assumir uma renovada perspectiva para ver, compreender e executar as coisas.

Expresso minha gratidão pela paciência, resignação em consentir ler e refletir acerca de minhas considerações referentes à interferência da inteligência artificial generativa nesta nascente quinta revolução cognitiva.

Obrigado!

Referências

ANTHONY, A. *The era of the automobile revisited 1867-1938*. Montreal: Du Pont of Canada, 1968.

BATESON, M.; BATESON, G. *Steps to an ecology of mind*: collected essays in anthropology, psychiatry, evolution, and epistemology. Chicago: University of Chicago Press, 2000.

BIGGS, J.; COLLINS, K. *Evaluating the quality of learning*: the Solo taxonomy (structure of the observed learning outcome). London: Academic Press, 2014.

BLOOM, B. *Human characteristics and school learning*. New York: McGraw-Hill, 1983.

CLARK, C.; MAYER, R. *Scenario-Based E-Learning*: evidence-based guidelines for online workforce learning. San Francisco: Pfeiffer, 2012.

CLARK, D. *Artificial intelligence for learning*: using AI and generative AI to support learner development. London: Kogan Page, 2024.

CLARK, D. *Learning technology*: a complete guide for learning professionals. London: Kogan Page, 2023.

COLLINS, S.; NEWMAN, C.; ALEXANDER, J. *Global white supremacy*: anti-blackness and the university. New Brunswick: Rutgers University Press, 2023.

DECKMAN, W. *Mastering multi-agent systems*: a comprehensive guide to building intelligent, collaborative, and scalable systems from design to real-world applications. London: Springer, 2024.

DESMURGET, M. *A fábrica de cretinos digitais*: os perigos das telas para nossas crianças. São Paulo: Vestígio, 2021.

DEWEY, J. *Democracia e educação*: introdução à filosofia da educação. Lisboa: Plátano, 2007.

DEWEY, J. *Experiência e educação*. Petrópolis: Vozes, 2023.

EHLERS, D.; EIGBRECHET, L. *The university of the future*: a global view on future skills and future higher education. Karlsruhe: Zukunft der Hochschulbildung, 2024.

FAIX, J.; MERGENTHALER, J. *The creative power of education*: on the formation of a creative personality as the fundamental condition for innovation and entrepreneurial success. Stuttgart: Steinbeis-Edition, 2015.

FAVA, R. *Currículo 30-60-10*: a era do nexialista. Maringá: Viseu, 2022.

FAVA, R. *Educação 3.0*: aplicando o PDCA nas instituições de ensino. São Paulo: Saraiva, 2014.

FAVA, R. *Educação para o século 21*: a era do indivíduo digital. São Paulo: Saraiva, 2016.

FAVA, R. *O estrategista*: decisão em administração. Maringá: Viseu, 2022.

FAVA, R. *Paradigmas da educação*: conectando revoluções e gerações através da aprendizagem. São Paulo: Saraiva, 2024.

FAVA, R. *Trabalho, educação e inteligência artificial*. Porto Alegre: Penso, 2018.

FLORIDA, R. *The rise of the creative*. New York: Basic Books, 2012.

HARAWAY, D. *Manifiesto cíborg*. Madri: Kaótica Libros, 2020.

LEMBKE, A. *Dopamine nation*: why our addiction to pleasure is causing us pain. London: Headline Publishing Group, 2021.

LÉVY, P. *A inteligência coletiva*: por uma antropologia do ciberespaço. São Paulo: Loyola, 1998.

LÉVY, P. *O que é virtual*. São Paulo: Editora 34, 2011.

MARCUS, G.; DAVIS, E. *Rebooting AI*: building artificial intelligence we can trust. New York: Vintage, 2019.

MAYER, R. *Multimedia learning*. Cambridge: Cambridge University Press, 2020.

MCCARTHY, J.; MINSKY, M. L.; ROCHESTER, N.; SHANNON, C. E. A proposal for the Dartmouth Summer Research Project on Artificial Intelligence, August 31, 1955. *AI Magazine*, v. 27, n. 4, p. 12-14, dez. 2006.

MINSKY, M.; PAPERT, S. *Perceptron's*: the front lines of toxic chemical exposure in the United States: an introduction to computational geometry. Cambridge: MIT Press, 1987.

MITCHELL, M. *Artificial intelligence*: a guide for thinking humans. London: Pelican, 2019.

NIETZSCHE, F. *Assim falou Zaratustra*. Valinhos: Montecristo, 2021.

OLDENBUR, R. *The great good place*: cafes, coffee shops, bookstores, bars, hair salons, and other hangouts at the heart of a community. Massachusetts: Berkshire Publishing Group, 2023.

PAPERT, S. *Mindstorms*: children, computers, and powerful ideas. New York: Basic Books, 2020.

ROUSSEAU, J. *Discurso sobre a origem e os fundamentos da desigualdade entre os homens*. Porto Alegre: L&PM Rocket, 2013.

RUSSEL, S. *Human compatible*: artificial intelligence and the problem of control. London: Penguin Books, 2019.

RYAN, R.; DECI, E. *Self-determination theory*: basic psychological needs in motivation, development, and wellness. New York: The Guilford Press, 2017.

SCHLOCHAUER, C. *Lifelong learners*. São Paulo: Gente, 2021.

SCHUMPETER, J. *Can Capitalism Survive?* Creative destruction and the future of the global economy. New York: Harper Perennial, 2009.

TRIGGO. O que são Multiagentes? *Blog Triggo.ai*, 4 out. 2024. Disponível em: https://triggo.ai/blog/o-que-sao-multiagentes/. Acesso em: 14 mar. 2025.

TURING, A. *The essential Turing*: seminal writings in computing, logic, philosophy, artificial intelligence, and artificial life plus the secrets of enigma. Oxford: Clarendon Press, 2004.

UNESCO. *Beijing consensus on artificial intelligence and education*. Paris: UNESCO, 2019. Disponível em: https://unesdoc.unesco.org/ark:/58223/p0000368303. Acesso em: 4 fev. 2025.

UNESCO. *Recomendación sobre la ética de la inteligencia artificial*. Paris: UNESCO, 2022. Disponível em: UNESCO Biblioteca Digital. Acesso em: 4 fev. 2025.

VYGOTSKY, L. *Thought and language*. Cambridge: MIT Press, 1997.

WELLER, W. A atualidade do conceito de gerações de Karl Mannheim. *Sociedade e Estado*, Brasília, vol. 25, n. 2, 2010. Disponível em: https://www.scielo.br/j/se/a/pYFGppjZyvTjJH9P89rMKHMv. Acesso em: 4 fev. 2025.

WITTROCK, M. Generative learning processes of the brain. *Educational Psychologist*, London, vol. 27, n. 4, p. 531-541, 1992.

WITTROCK, M.; CARTER, J. Generative processing of hierarchically organized words. *American Journal of Psychology*, Champaign, vol. 88, n. 3, p. 489-501, 1975.

Conecte-se conosco:

 facebook.com/editoravozes

 @editoravozes

 @editora_vozes

 youtube.com/editoravozes

 +55 24 2233-9033

www.vozes.com.br

Conheça nossas lojas:

www.livrariavozes.com.br

Belo Horizonte – Brasília – Campinas – Cuiabá – Curitiba
Fortaleza – Juiz de Fora – Petrópolis – Recife – São Paulo

EDITORA VOZES LTDA.
Rua Frei Luís, 100 – Centro – Cep 25689-900 – Petrópolis, RJ
Tel.: (24) 2233-9000 – E-mail: vendas@vozes.com.br